财政纵向失衡、转移支付与基本公共服务供给

王 冰 著

中国财经出版传媒集团
中国财政经济出版社

图书在版编目（CIP）数据

财政纵向失衡、转移支付与基本公共服务供给／王冰著．——北京：中国财政经济出版社，2023.3

ISBN 978-7-5223-1907-0

Ⅰ.①财… Ⅱ.①王… Ⅲ.①财政体制－影响－社会服务－研究－中国 Ⅳ.①D669.3

中国国家版本馆 CIP 数据核字（2023）第 021544 号

责任编辑：彭　波　　　　责任印制：史大鹏
封面设计：孙俪铭　　　　责任校对：胡永立

中国财政经济出版社 出版

URL：http://www.cfeph.cn
E-mail：cfeph@cfeph.cn

（版权所有　翻印必究）

社址：北京市海淀区阜成路甲 28 号　邮政编码：100142
营销中心电话：010-88191522
天猫网店：中国财政经济出版社旗舰店
网址：https://zgczjjcbs.tmall.com
北京财经印刷厂印刷　各地新华书店经销
成品尺寸：170mm×240mm　16 开　12.75 印张　204 000 字
2023 年 3 月第 1 版　2023 年 3 月北京第 1 次印刷
定价：68.00 元
ISBN 978-7-5223-1907-0
（图书出现印装问题，本社负责调换，电话：010-88190548）
本社质量投诉电话：010-88190744
打击盗版举报热线：010-88191661　QQ：2242791300

前　言

　　基本公共服务关乎居民的生存权和发展权，政府在基本公共服务供给中承担主导职能和兜底义务。财政资金是保障基本公共服务供给的物质基础，财政体制是理解和分析我国基本公共服务供给问题的基本制度背景。一方面随着经济的高速发展、社会生产力的不断提高，人们在基本生存需求得以满足后会有更深层次的追求，从而对教育、医疗卫生、社会保障和就业、环境保护等基本公共服务的需求明显提高；另一方面由于我国人口老龄化加剧、生态环境不断恶化、人口亚健康比例增加，我国基本公共服务的需求在迅速增长。近年来，虽然我国人均基本公共服务财政支出逐年增加，基本公共服务供给水平不断增强，但是由于国际形势复杂多变、国际贸易单边主义盛行，国内人口红利逐渐消失、经济结构面临转型升级，经济"新常态"下我国经济增速放缓，这无疑制约了我国基本公共服务财政支出规模的扩张，使我国面临基本公共服务需求迅速增长与供给有限扩张的矛盾。

　　在经济增速放缓的新形势下，从财政体制入手，分析财政体制对我国基本公共服务供给的影响，有利于提高基本公共服务供给效率，保障地方基本公共服务供给水平，缓解经济"新常态"下我国基本公共服务的供需矛盾。已有研究多是从财政分权或转移支付角度分析财政体制对基本公共服务供给的影响，然而财政纵向失衡与大规模转移支付已经成为分税制改革后中国财政体制的重要特征。本书试图以财政纵向失衡和转移支付为切入点研究中国财政体制对基本公共服务供给的影响，从而为优化财政体制保障基本公共服务供给指出可行的路径。

　　本书主要包含7章内容：第1章从经济"新常态"背景下我国基本公共服务的供需矛盾和我国当前财政体制的主要特征出发，明确本书的研究价值与意义，阐述本书的研究目的和写作的逻辑框架。第2章对财政纵向失衡、转移支付和基本公共服务相关概念进行界定，并探索涉及三者关系的理论渊源。第3章归纳总结了我国财政纵向失衡的特征事实和我国转移支付制度的现状，在理论分析转移支付对财政纵向失衡影响的基础上，通过实证检验我国转移支付对财政纵向失衡的影响。第4章是对我国基本公共服务供给的现实考察，分别从基本公共服务供给水平和效率两个层面综合评价我国基本公共服务供给的现状。第5章将理论分析与实证检验相结合，探究财政纵向失衡和转移支付对基本公共服务供给水平的影响。第6章主要研究财政纵向失衡和转移支付对基本公共服务供给效率的影响。第7章梳理和总结本书的基本观点和结论，并提出相应的政策建议，同时对今后的相关研究提出展望。本书的研究得出以下主要结论。

第一，1994年后中国财政纵向失衡的加剧主要源于中央政府为了满足当时国家治理的需要对财政收入分配体系的主动调整，以加强中央政府的统筹协调和政策引导能力。由于不同地区的经济发展、资源禀赋不同，在相同的财政收支分配制度下，各地区依然面临不同程度的财政纵向失衡，我国东部地区的财政纵向失衡程度要远远小于中部、西部和东北地区。分税制改革后，我国逐步建立了规范的转移支付制度，转移支付可以实现政府间财政收入的再分配，以缓解财政纵向失衡下地方政府自有财政收入不足的压力，同时中央政府也可以通过转移支付引导地方财政支出行为，均衡地方财政能力。然而转移支付作为政府间财政收入再分配的手段本质上与征税这种汲取财政收入的方式不同，转移支付会降低地方政府征税努力、刺激地方财政支出规模扩张。实证研究发现，转移支付规模的扩张确实会对地方政府行为产生逆向激励，造成财政纵向失衡加剧，而且与专项转移支付相比，一般性转移支付对财政纵向失衡的推动作用更强。

第二，构建基本公共服务供给水平综合测算指标体系，根据熵权TOPSIS法计算出的我国各省（自治区、直辖市）基本公共服务供给水平综合评价指数，发现2009~2017年我国四大区域的基本公共服务供给水平均呈现上升趋势，并且随着时间的推移基本公共服务供给高水平地区在东部沿海地区集聚。用总泰尔指数及其分解指数测算我国基本公共服务供给水平的总体差距、区域内差距和区域间差距，发现我国基本公共服务供给水平的总体差距和区域内差距呈现收敛，而基本公共服务供给水平的区域间差距对总体差距的贡献率不断提升甚至超过50%，说明近年来我国基本公共服务供给水平的区域间差距更为突出。

第三，构建基本公共服务供给效率综合评价指标体系，采用SE–SBM模型测算2009~2017年我国各省（自治区、直辖市）基本公共服务供给的综合效率，发现东部和中部地区各省市的基本公共服务供给综合效率整体高于西部地区和东北地区，同时发现，北京、上海、天津等地基本公共服务供给的综合效率并不高，为了探究其原因，我们将基本公共服务供给的综合效率分解为纯技术效率和规模效率，发现实际生产规模与最优生产规模的偏离是造成上海、北京等地基本公共服务供给低效的主要原因。2009~2017年我国基本公共服务供给综合效率的区域内差距对总体差距的贡献率始终高于50%，这说明我国基本公共服务供给综合效率的区域内差距要远大于区域间差距。

第四，财政纵向失衡影响转移支付对基本公共服务供给水平的作用机制，当财政纵向失衡度较低时，转移支付有助于基本公共服务供给水平提升；当财政纵向失衡度超过某阈值时，转移支付会降低基本公共服务供给水平。在我国经济最发达、财政自主度较高的地区，中央的转移支付可以提高当地的基本公共服务供给水平；然而在经济欠发达、财政纵向失衡严重的地区，中央的转移支付却抑制当地基本公共服务供给水平的提升，这也是我国基本公共服务供给水平区域间差距扩大的原因。推进基本公共服务均等化是转移支付的重要目标，然而过度的财政纵向失衡会阻碍转移支付推进基本公共服务均等化的进程。不同类型的转移支付对基本公共服务供给水平的影响存在异质性，实证研究发现，当财政纵向失衡低于门槛值时，一般性转移支付和专项转移支付均显著提升基本公共服务供给水平；当财政纵向失衡超过门槛值后，专项转移支付显著抑制基本公共服务供给水平的提升，而一般性转移支付与基本公共服务供给水平不存在显著相关关系。

第五，财政纵向失衡与基本公共服务供给效率存在倒"U"形非线性关系，适度的财政纵向失衡有助于提高基本公共服务供给效率，而过度的财政纵向失衡会降低基本公共服务供给效率。实证研究发现，我国超过半数的省区市财政纵向失衡程度位于拐点右侧，不利于基本公共服务供给效率的提升。转移支付会直接降低基本公共服务供给效率，同时转移支付也影响财政纵向失衡对基本公共服务供给效率的作用机制，削弱财政纵向失衡对基本公共服务供给效率的正向影响。不同类型的转移支付对基本公共服务供给效率的影响存在异质性，从直接效应来看，专项转移支付比一般性转移支付对基本公共服务供给效率的负向影响更强。从调节效应来看，专项转移支付比一般性转移支付在更大程度上削弱了财政纵向失衡对基本公共服务供给效率的正向影响。因此，与一般性转移支付相比，专项转移支付对基本公共服务供给效率的负向影响更强。

  根据以上研究结论，本书认为我国亟须按照"财政事权划分—支出责任划分—收入划分—转移支付"的基本逻辑进行政府间财政关系改革，先理顺政府间权责划分，把财政纵向失衡控制在合理的水平，在此基础上完善转移支付制度，而不是过度依赖转移支付进行纵向财力的再分配而忽略初次分配中政府间财权与事权的平衡。具体地，首先，从四个方面深化政府间财政事权与支出责任划分改革；其次，应当以税制改革为依托逐步调整政府间收入划分模式，使收入划分与支出责任划分相适应；最后，应建立科学的、激励相容的转移支付制度，并在规范转移支付分类标准的基础上，切实依据分类标准划分具体项目，推进转移支付的实体结构优化。

作者

2022 年 12 月

目录

第1章 绪论 … 1
1.1 问题的提出 … 1
1.2 研究的意义与目的 … 5
1.3 文献综述 … 7
1.4 框架结构与研究方法 … 20
1.5 本书的创新与不足 … 26

第2章 相关概念及理论探源 … 28
2.1 相关概念与范畴界定 … 28
2.2 理论探源 … 38
2.3 本章小结 … 49

第3章 体制剖析：财政纵向失衡与转移支付 … 51
3.1 我国财政纵向失衡的特征事实 … 51
3.2 我国转移支付制度的经验分析 … 63
3.3 转移支付影响财政纵向失衡的理论机制 … 71
3.4 我国转移支付影响财政纵向失衡的实证检验 … 75
3.5 本章小结 … 89

第4章 我国基本公共服务供给的综合考察与评价 … 90
4.1 我国基本公共服务供给水平的考察 … 90

4.2 我国基本公共服务供给效率的评价 …… 109
4.3 本章小结 …… 123

第5章 财政纵向失衡、转移支付与基本公共服务供给水平 …… 125

5.1 理论分析与研究假说 …… 125
5.2 研究设计 …… 128
5.3 实证结果分析 …… 132
5.4 异质性分析 …… 138
5.5 稳健性检验 …… 145
5.6 本章小结 …… 147

第6章 财政纵向失衡、转移支付与基本公共服务供给效率 …… 149

6.1 理论分析与研究假说 …… 149
6.2 研究设计 …… 151
6.3 实证结果与分析 …… 154
6.4 稳健性检验 …… 159
6.5 本章小结 …… 162

第7章 主要结论、政策建议与研究展望 …… 163

7.1 主要结论 …… 163
7.2 政策建议 …… 165
7.3 研究展望 …… 174

参考文献 …… 176
后记 …… 195

第1章 绪 论

基本公共服务关乎居民的生存权和发展权，政府在基本公共服务供给中承担主导职能和兜底义务。"十二五"以来，我国基本公共服务设施不断改善，基本公共服务水平不断提高，并且初步构建了覆盖全民的基本公共服务制度体系。《"十三五"推进基本公共服务均等化规划》指出，我国仍存在基本公共服务供给规模不足、质量不高、发展不平衡等问题。政府是基本公共服务供给的主体，财政资金是保障基本公共服务供给的物质基础，财政体制是理解和分析我国基本公共服务供给问题的基本制度背景。财政体制本质是政府间财政关系，包括政府间收入的划分、支出责任的划分以及政府间转移支付制度（孙开、王冰，2019）。

1.1 问题的提出

着眼于财政纵向失衡这一体制特征，分析转移支付对地方政府财力配置和支出行为的影响，进一步剖析财政纵向失衡和转移支付对于基本公共服务供给的影响，是本书的逻辑起点。

1.1.1 经济"新常态"背景下我国基本公共服务的供需矛盾

改革开放40多年来，我国经济发展取得了令人瞩目的成就，2018年我国名义人均GDP比1978年增长170倍，实际人均GDP比1978年增长24倍。随着经济的高速发展，社会生产力的不断提高，人们的基本生存需求得以满足，人们对生活会有更深层次的追求，对于教育、医疗卫生、社会保障和就业、环境保护等基本公共服务的需求明显提高。相应地，我国基本公共服务供给水平也在不断提升,从我国基本公共服务财政支出绝对规模来看(见图1-1),2009~2018年我国人均基本公共服务财政支出从1796.36元提升至5812.23元,增加了2.24倍;2009~2018年我国基本公共服务财政支出相对规模也整体处于上升趋势(见图1-2),2009年我国基本公共服务财政支出占GDP比重为6.88%,而2018年该比重达到9.01%,是2009年的1.30倍;2009年我国基本公共服务财政支出占财政支出比重为31.42%,2018年该比重达到36.71%,是2009年的1.17倍。2009~2018年我国基本公共服务财政支出相对规模的涨幅要明显小于基本公共服务财政支出绝对规模的涨幅,从每年的变动趋势来看,人均基本公共服务财政支出一直处于上升趋势,而基本公共服务财政支出占GDP的比重在2013年、2017年和2018年均处于下降趋势,基本公共服务财政支出占财政支出的比重在2013年和2018年也略有下降①。

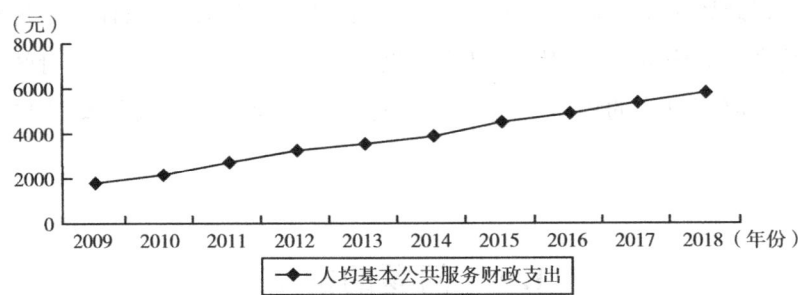

图1-1 2009~2018年我国人均基本公共服务财政支出

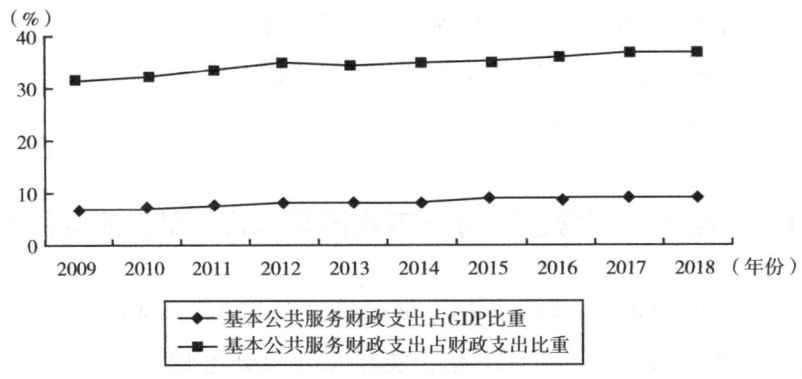

图1-2 2009~2018年我国基本公共服务财政支出相对规模

---

① 数据来源于《中国统计年鉴》(2010~2018年),本书的基本公共服务财政支出主要包括财政支出中的教育支出、医疗卫生支出、社会保障和就业支出、环境保护支出。

虽然我国人均基本公共服务财政支出逐年增加，基本公共服务供给水平不断增强，但由于国际形势复杂多变、国际贸易单边主义盛行，国内人口红利逐渐消失、经济结构面临转型升级，经济"新常态"下我国经济增速放缓，这无疑制约了我国基本公共服务财政支出规模的扩张。如图1-3所示，自2013年以来，我国人均基本公共服务财政支出的增速明显放缓，2016年以来我国人均基本公共服务财政支出的增速基本维持在10%左右。而我国基本公共服务财政支出占GDP比重自2017年开始就处于负增长的状态。经济发展水平和经济增长速度直接决定了我国财政资金的充裕程度，而财政资金的充裕程度又影响政府基本公共服务的财政投入力度，进而影响基本公共服务供给水平。

基本公共服务直接关系民生底线。随着我国人口老龄化加剧、生态环境不断恶化、人口亚健康比例增加，我国基本公共服务的需求也在迅速增长。经济"新常态"背景下我国面临基本公共服务需求迅速增长与供给有限扩张的矛盾。地方政府的财力充足程度是制约地方基本公共服务供给水平的重要因素。在经济增速放缓的新形势下，从财政体制入手，分析财政体制对我国基本公共服务供给的影响，有利于提高基本公共服务供给效率，保障地方基本公共服务供给水平，缓解经济"新常态"下我国基本公共服务的供需矛盾。

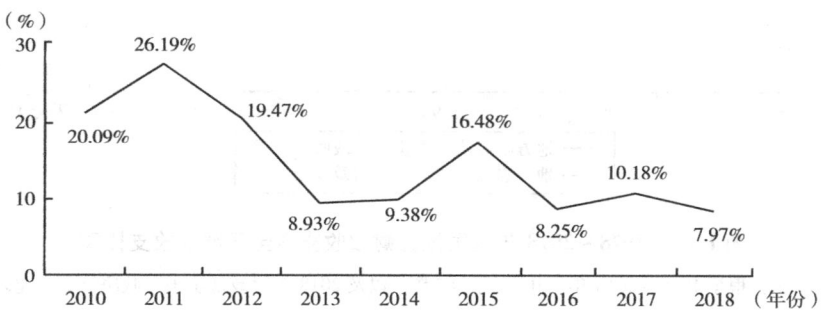

图1-3　2010~2017年我国人均基本公共服务财政支出增速

1.1.2　政府间权责划分的匹配性问题

自1978年改革开放以来，我国就在财政分权体制改革的道路上不断探索。

1994年的分税制改革重新划分了中央和地方的财权,强调中央政府对资源的主导与掌控,这次"财权上移"的体制改革并没有减少地方政府的事权与支出责任。如图1-4所示,1994年分税制改革以来,我国地方财政收入占全国财政收入比重明显下降,而地方财政支出占全国财政支出比重的反而略有上升;1994年以后我国地方财政收入占全国财政收入的比重明显低于地方财政支出占全国财政支出的比重,近五年我国地方财政收入占全国财政收入约为50%,而地方财政支出占全国财政支出比重约为85%[①]。任何一个分权制国家都可能出现政府间收支权责划分不匹配的现象,可称其为财政纵向失衡,适度的财政纵向失衡有利于中央政府通过转移支付制度发挥宏观调控职能、规范地方行为。当财政纵向失衡达到一定程度时,权责错配的财政体制很可能会扭曲地方政府的支出行为,地方政府为谋求更大的财政自主度,会倾向于能够带来更多税源的生产性支出而忽视民生类的基本公共服务财政支出。1994年的分税制改革无疑加剧了我国的财政纵向失衡程度。

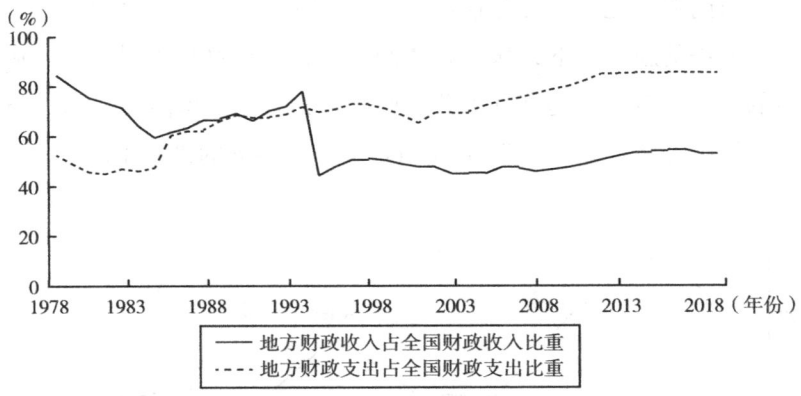

图1-4 1978~2018年我国地方财政收支占全国财政收支比重

数据来源:根据1979~2018年《中国统计年鉴》以及2018年财政部全国财政决算数据整理而成。

2018年我国中央基本公共服务财政支出占全国基本公共服务财政支出的比重仅为4.38%,而地方基本公共服务财政支出占全国基本公共服务财政支出比重高达95.62%,从中央与地方政府的财政支出结构来看,中央基本公共服务财

---

① 图1-4的地方财政收入为地方本级财政收入,地方财政支出为地方本级财政支出。

政支出占中央财政支出的比重约为10%，地方基本公共服务财政支出占地方财政支出的比重约为40%。在当前财政体制下，我国地方政府承担了大部分的基本公共服务支出责任，而这仅靠地方政府的自有财力是难以支撑的。

1.1.3 财政纵向失衡下我国转移支付规模持续扩张

转移支付在弥补地方财力缺口、平衡地区财力差异、调控地方政府行为等方面发挥着重要作用。自1995年以来，我国转移支付规模不断扩张，中央对地方税收返还和转移支付从1995年的2470.62亿元增加至2018年的69680.66亿元，增加了27.20倍[①]。2018年中央对地方税收返还和转移支付是中央本级财政支出的2.13倍，占地方本级财政收入的71.17%，占地方财政支出的37.03%；2018年中央对地方转移支付占中央财政总支出的60.21%，占地方财政总收入的36.79%，占地方本级财政收入的62.97%。

转移支付是矫正财政纵向失衡、平衡政府间收支关系的重要制度工具。我国如此大规模的转移支付是否意味着我国存在过度的财政纵向失衡？在弥补地方财力缺口，平衡地方事权与地方财力的同时，大规模的转移支付是否会扭曲地方政府的行为？除了弥补财政纵向失衡外，转移支付还是均衡地方财政能力推进基本公共服务均等化的重要手段。在财政纵向失衡体制下，中央加大对某一地区的转移支付力度一定会提高当地基本公共服务供给水平吗？换而言之，财政纵向失衡的加剧是否会影响转移支付促进基本公共服务均等化功能的发挥？财政纵向失衡和转移支付又如何影响基本公共服务供给效率？这些问题学术界尚未得出一致的结论，需要进行更为深入的探讨。

1.2 研究的意义与目的

本书以财政纵向失衡和转移支付为切入点研究财政体制对基本公共服务供给的影响，在理论层面和实践层面均具有重要意义。

---

① 数据来源：1995年中央和地方预算执行情况报告和2017年财政部全国决算数据。

1.2.1 选题的意义与价值

（1）理论意义。

政府作为基本公共服务供给的主体，财政体制的设计必然影响基本公共服务供给的水平和效率。对于财政体制与基本公共服务的关系，学术界进行了广泛而深入的探讨，财政分权理论从不同视角阐述财政分权对于提升基本公共服务供给效率的重要性，然而在关注财政分权与基本公共服务供给效率的关系时却忽略了收支分权不对称所产生的财政纵向失衡与基本公共服务供给效率的关系，转移支付相关理论认为推进基本公共服务均等化是转移支付的目标和功能，然而探讨转移支付对基本公共服务的影响时却忽略了财政纵向失衡这一体制特征的影响。本书认为财政纵向失衡是中国式财政分权体制的重要制度背景，转移支付是财政分权体制下重要的政策工具，以两者为切入点研究财政体制对基本公共服务供给的影响具有以下理论意义：第一，进一步厘清财政分权、财政纵向失衡与转移支付之间的逻辑关系，尝试从理论层面诠释转移支付对财政纵向失衡的影响，有助于完善转移支付的理论体系；第二，以财政纵向失衡作为制度背景研究转移支付与基本公共服务供给水平的关系，并分析不同财政纵向失衡程度下的转移支付对基本公共服务供给水平的影响，从理论上丰富了转移支付对基本公共服务供给水平的影响机制；第三，通过分析财政纵向失衡和转移支付与基本公共服务供给效率的关系，从理论上完善了财政分权体制对基本公共服务供给效率的作用机制。

（2）实践意义。

根据我国目前的财政体制特征，研究财政纵向失衡和转移支付对基本公共服务供给的影响机制，有助于明确我国政府间财政关系改革的方向，即面对经济"新常态"下基本公共服务的供需矛盾，是应该维持分税制改革后逐步形成的政府间财政关系，还是应该进一步理顺政府间的权责划分，把财政纵向失衡控制在合理的水平。财政是国家治理的基础与重要支柱，财政体制作为这个基础和支柱的重要组成部分，决定了国家治理的绩效与水平。明晰财政体制改革的方向，优化政府间财政关系，有助于提高基本公共服务供给效率，保障基本公共服务供给水平，使全体公民能够享有与经济社会发展水平相适应的基本生存和发展权利，提高居民的幸福感和获得感。

1.2.2 本书试图解决的主要问题

本书主要围绕财政纵向失衡、转移支付与基本公共服务供给的关系展开，其中财政纵向失衡和转移支付代表财政体制的特征与工具，通过分析其对基本公共服务供给的影响机制，论证并探索如何通过财政体制的调整来保障基本公共服务供给，是本书要解决的核心问题。具体而言，本书的研究需要达到以下目标：

一是通过系统回顾财政分权等相关理论，理顺财政分权、财政纵向失衡和转移支付的关系，并且基于中国的基本国情剖析在中国式财政分权体制下我国财政纵向失衡的基本特征以及转移支付与财政纵向失衡的关系。

二是在厘清相关概念的基础上，界定本书基本公共服务的研究范畴，选择适宜的研究方法从水平和效率两个层次对我国的基本公共服务供给进行评价。

三是采用理论分析和实证检验相结合的方法分析财政纵向失衡和转移支付对基本公共服务供给水平的影响，通过研究不同财政纵向失衡程度下转移支付对基本公共服务供给水平的影响，分析在目前财政纵向失衡的体制下转移支付是否能推进基本公共服务均等化。

四是在理论分析的基础上实证检验财政纵向失衡和转移支付对基本公共服务供给效率的影响，探索在全球新冠肺炎疫情大爆发、国际形势复杂多变、经济"新常态"的社会经济背景下，如何在有限的财政投入下提升基本公共服务供给效率。

1.3 文献综述

国内外学者对于财政体制中存在的财政纵向失衡问题和转移支付制度均进行了大量的研究，近年来基本公共服务供给问题也一直是国内学者关注的热点问题并且已经形成了较为丰富的研究成果。结合本书的研究目标，笔者对相关研究进行梳理、分类和总结。

1.3.1　财政纵向失衡的内涵及度量方法

国内外学者对财政纵向失衡的理解和认知并未达成一致，可以说财政纵向失衡没有统一的定义，也不存在共同认定的度量方法。大部分国内外学者是从预算平衡的视角界定财政纵向失衡的，即从一级政府的自主收入能否为其应履行的支出责任提供充足的资金保障来判断是否存在财政纵向失衡的状态（Breton，1998；Collins，2002；Walter，2004），他们认为在多级政府管理体制中每级政府都有其独立的收入来源，如果一级政府独立自主的收入刚好能满足其支出则处于财政纵向平衡的状态，反之则是财政纵向失衡的状态（江庆，2007）。还有部分学者从权力配比的角度深挖财政纵向失衡的内涵，认为各级政府汲取收入的权力配置与各级政府履行事权的配置不匹配时就产生了财政纵向失衡（Hallwood and MacDonald，2005），各国政府为了稳定宏观经济、满足管理需要，基本上都会让中央政府拥有更多汲取收入的权力而让地方政府承担更多的支出责任（Massimo et al.，2015），从经济学的比较优势来看，中央政府在收入筹集和监管地方政府竞争上有比较优势，而地方政府在因地制宜提供地方公共产品上有比较优势，因此财政纵向失衡在一定程度上是合理的，也是普遍存在的（江庆，2009；储德银等，2018）。也有少数学者基于经济理论界定财政纵向失衡，Hettich 和 Winer（1986）在福利经济学的理论框架下引入林达尔均衡式分析短期和长期的财政纵向失衡，Dahlby 和 Wilson（1994）将最优税收理论与财政纵向失衡的定义相结合，认为当各级政府筹集公共资金的边际成本不相等时就意味着这个国家存在财政纵向失衡，但这种定义方法使财政纵向失衡的度量变得更为复杂和困难。

综合来看，权力配比失衡是造成各级政府预算不平衡的根源，政府间权力配比的失衡最终会反映为一级政府财政收支的不平衡。在实证研究中，传统的以预算平衡为视角的概念界定方式最容易量化财政纵向失衡的程度，即通过衡量一级政府自有收入占支出的比重反向考量财政纵向失衡的程度（李永友、张帆，2019）。然而由于学术界对自有收入及支出的理解不同，对于财政纵向失衡的界定不同，财政纵向失衡的度量方式也并不统一。有的学者认为当地方财政处于纵向平衡状态时，是不需要依赖转移支付的（Bird and Tarasov，2004；

Rodden and Wibbels，2002；江庆，2009），也就是说，转移支付不属于自有收入；有的学者认为无条件的转移支付可以被地方政府自由支配而不受中央的控制，因此应当作为自有收入的一部分（Bird，2003）；还有少数学者认为当纵向财政缺口没有被转移支付充分弥补时，纵向财政不平衡才会出现（Shah，2006；Boadway and Tremblay，2006）。刘丹（2018）结合中国的实际情况，认为事权与支出责任不匹配是中国财政纵向失衡的主要原因，不能简单地套用西方地方政府自有收支不匹配的方法，而是应通过地方可支配财力与地方政府承担的独有事权支出、中央和地方的共有事权支出以及中央委托地方事权的支出的差额来衡量中国财政纵向失衡程度。Sharma（2012）认为基于预算平衡视角度量财政纵向失衡更像是一种会计核算或赤字测量，他认为政府自有收入不能满足支出的现象只能被描述为垂直财政不对称，而只有当这种不对称需要通过重新配置财权才能得以有效解决时可以称其为财政纵向失衡。

研究财政纵向失衡相关问题必须明确财政纵向失衡的内涵及度量方法，基于预算平衡视角的传统定义和度量方法对于财政纵向失衡的量化有重要意义，但同时也存在很多具有争议的地方，所谓财政纵向失衡究竟是财权与支出责任划分的不匹配还是财力与支出责任划分的不匹配？本书应当在归纳总结学术界已有研究成果的基础上结合我国的实际情况对财政纵向失衡进行更为清晰的界定。

1.3.2 转移支付对财政收支行为的影响

从学者们对转移支付功能的描述中可以初步判断转移支付与财政纵向失衡的关系。贾晓俊、岳希明（2015）指出转移支付的功能或政策目标可以总结为解决两个不均衡和一个外部性，其中两个不均衡包括纵向不均衡和横向不均衡。曾军平（2000）认为外部性、财政纵向平衡和财政横向平衡都是转移支付赖以存在的理由，具体而言，外部性的存在使地方政府在自身利益最大化的驱动下无法充足供给公共产品，因此需要政府间转移支付；由于事权与财权不匹配所产生的财政纵向失衡同样为中央政府将"结构性剩余"转移给地方来弥补其"结构性赤字"提供了理由；由于地方政府横向财政能力的差异，地区间的基本公共服务均等化需要转移支付推动。储德银、邵娇等（2019）认为弥补地方政府收支缺口与矫正财政体制失衡已经成为1994年分税制改革以来我国转移支付制度的定位。杜彤伟、张屹山等（2019）认为我国大规模的转移支付是为了解决分税制改革后所形成的较为严重的财政纵向失衡问题，维持地方财政的正常运转。

尽管学术界普遍认为转移支付是解决财政纵向失衡问题的重要政策工具，但学者们也并不否认转移支付有可能扭曲地方财政收支行为，目前许多学者都研究了转移支付对地方政府征税努力和地方财政支出规模的影响，事实上通过财政纵向失衡的内涵可以看出，地方政府自有收入和支出的变化会影响到财政纵向失衡程度。

由于存在收入上的替代关系，转移支付可能会降低地方政府的税收努力（Inman，1987；Peterson，1997），进而降低地方政府的自有收入。为了验证转移支付的"挤出效应"，国内外许多学者均进行了经验分析。Baretti 等（2002）、Aragon 和 Gayoso（2005）、Panda（2009）、Mogues 和 Benin（2012）、Bravo（2013）分别利用德国、智利等不同国家的数据进行经验分析，均发现转移支付确实会降低地方政府的税收努力程度。乔宝云、范剑勇等（2006）首先建立了政府间转移支付与地方财政努力的理论模型，并利用1994~2002年的省级面板数据进行实证检验，发现我国现行转移支付制度抑制了地方财政的努力程度。刘小勇（2012）发现提高地方政府在分税制中的收入分成比例有助于提高地方财政努力程度，而转移支付对地方财政努力有负向影响。胡祖铨、黄夏岚、刘怡（2013）利用1997~2010年的省级面板数据实证检验了不同类别的转移支付对地方政府征税努力的影响，发现税收返还、均衡性转移支付和定额补助抑制了地方征税努力，而除均衡性转移支付和定额补助外的一般性转移支付和专项转移支付可以提高地方征税努力，但这种激励效应远小于前者的抑制效应。唐善永、李丹（2014）以民族扶贫县为研究对象分析转移支付与财政努力的关系，发现转移支付的增加使地方政府降低了组织自有财政收入的积极性。杨龙见、徐琰超等（2015）利用2001~2006年县级面板实证检验转移支付对地方政府收支行为的影响，发现转移支付的规模越大，地方政府支出规模越大，地方政府税收努力的程度也越低；一般性转移支付和专项转移支付都会抑制地方政府的税收努力，而税收返还会加大地方政府的税收努力，专项转移支付比一般性转移支付更能刺激地方财政支出扩张。鲍曙光、符维等（2018）

基于我国1997~2011年县级面板数据实证研究我国转移支付对地方财政努力的影响，发现转移支付会显著抑制地方财政努力，而且与经济欠发达地区相比转移支付对经济发达地区财政努力的抑制作用更强；分项目回归显示，税收返还可以提高地方财政努力，而一般性转移支付比专项转移支付对地方财政努力有更强的抑制作用。吕冰洋、张凯强（2018）认为政府支出偏向影响了转移支付对地方政府税收努力的作用机制，当政府偏好生产性支出时，增加一般性转移支付会促使地方政府降低税率，增加生产性专项转移支付会促使地方政府提高税率，增加民生性专项转移支付的影响不确定；当政府偏好民生性支出时，结论相反。

国外学者分别从财政幻觉假说（Oates，1979）、税收成本假说（Hamilton，1986；Dahlby，2011；Dahlby and Ferede，2012）、"公共池"效应（Weingast et al.，1981）、利益集团假说（Niskanen，1968）、救助预期假说（Rodden，2002）分析转移支付刺激地方财政支出规模扩张的作用机制，简称转移支付的"粘蝇纸"效应。近年来，许多国内学者用中国的经验数据论证转移支付"粘蝇纸"效应。吕炜、赵佳佳（2015）发现转移支付依存度的提高会刺激地方政府扩大支出规模。刘畅、马光荣（2015）使用1999~2009年的县级面板数据，采用断点回归的方法，发现转移支付的"粘蝇纸"效应确实存在，一般性转移支付和专项转移支付占GDP的比重每提高1%，财政支出占GDP的比重平均分别提高1.5%和3.0%。毛捷、吕冰洋等（2015）运用中国2000~2007年的县级面板数据验证了税收成本假说，发现转移支付的"价格效应"是其促使地方政府支出规模扩张的关键因素。吴敏、刘畅、范子英（2019）利用1994~2015年省级面板数据发现，我国的转移支付产生了较大的"粘蝇纸"效应，中央对地方的一般性转移支付每增加1元，地方一般预算支出增加1.61元；中央对地方的专项转移支付每增加1元，地方一般预算支出增加2.12元；在2010年中央实施提前下达固定数额转移支付改革后，一般性转移支付对地方财政扩张的刺激作用有所下降；分月数据回归结果显示，专项转移支付对"年底突击花钱"的作用比较明显；转移支付引发的地方财政收入的不确定性、转移支付下拨时滞以及刚性的年度预算平衡制度是转移支付"粘蝇纸"效应的重要原因。

通过以上研究可以发现，转移支付确实对地方政府的收支行为有一定的扭曲作用,但这种扭曲效应对财政纵向失衡的影响如何,有待进一步的研究和探讨。目前国内学者只有储德银、迟淑娴(2018)采用理论与实证相结合的方式直接检验了我国转移支付制度对财政纵向失衡的影响,发现从总量层面转移支付并不能发挥矫正财政纵向失衡的作用,从结构效应来看,一般性转移支付和税收返还有助于降低财政纵向失衡程度,但专项转移支付反而助推了财政纵向失衡。

1.3.3 基本公共服务供给评价的角度及方法

1.3.3.1 基本公共服务的内涵及范畴

近年来,随着国内学者对基本公共服务研究的不断深入和细化,学术界对基本公共服务的内涵基本达成共识。基本公共服务是基于一定的社会共识(曾红颖,2012;孙志华,2014;杨波,2019),在当前的经济社会发展阶段中最核心的、应该被优先保证的公共服务(郭小聪、代凯,2013;刘蓓、赵修安,2016),它保障了全体居民的生存权和发展权(刘蓓、赵修安,2016;杨波,2019),是公民最关心的切身利益的直接体现。从基本公共服务的内涵就可以发现,基本公共服务的范畴不是一成不变的,而是随着经济发展水平的变化而不断调整(孙志华,2014)。杨光(2015)指出,基本公共服务的范畴应当适度,不应该过分拓宽,也不应该过分缩窄。刘蓓、赵修安(2016)认为,基本公共服务应该包括养老、就业、医疗等体现公民生存权的公共服务和教育、文化等体现公民发展权的公共服务。事实上,我国基本公共服务的范畴一直在发展变化之中,从我国"十二五"和"十三五"在基本公共服务相关文件中的规定就可以看出,不同学者出于不同的研究目的对于基本公共服务的范畴界定并不完全一致,但教育、医疗和社会保障基本是学术界公认的基本公共服务研究范畴。

1.3.3.2 评价基本公共服务供给的角度及方法

整理基本公共服务相关文献,发现基本公共服务均等化、基本公共服务供给水平、基本公共服务供给效率、基本公共服务绩效评价是学术界研究基本公共服务的关键词。其中，关于基本公共服务均等化的文献数量最多，实际上基本公共服务均等化是对基本公共服务供给水平在各地区间差异程度的进一步分析；基本公共服务绩效评价主要是分析基本公共服务投入资金的使用效率，与基本公共服务供给效率的研究方法和内容基本一致。综上所述，学术界主要是从水平和效率两个角度评价基本公共服务供给的。

（1）评价基本公共服务供给水平的方法。

部分学者在实证研究其他变量对基本公共服务供给水平的影响时，选择用基本公共服务财政支出代表基本公共服务供给水平（宋小宁等，2012；李丹、裴育，2016；郑垚、孙玉栋，2018）。而大部分学者在评价基本公共服务供给水平时，会先构建相关的指标体系，然后根据相应的研究方法将众多的单项指标拟合成一项综合指标进行评价。由于不同学者对于基本公共服务的范畴界定存在一定差异，因此不同文献的指标选取也不尽相同，但指标的选取基本有三种思路：一是基于产出视角构建指标体系（魏福成、胡洪曙，2015；熊兴、余兴厚等，2018；辛冲冲、陈志勇，2019）；二是同时从投入和产出的视角构建指标体系（王晓玲，2013；孔薇，2019）；三是从居民满意度视角构建指标体系（纪江明、胡伟，2013；吕炜、张妍彦；2019）。

在指标体系构建完成后，评价基本公共服务供给水平的方法主要有综合评价法和熵权 TOPSIS 评价法。综合评价法主要是将各个指标去量纲化后，赋予各个指标相应的权重系数，最后采用数学方法将多个评价指标合成为一个综合指标。对于综合评价法而言，最关键的是如何为指标赋权，不同学者选择的赋权方法不同，基本分为主观赋权法和客观赋权法。熵权 TOPSIS 评价法是将熵权法与 TOPSIS 法相结合，熵权法是一种客观赋权方法，TOPSIS 法是一种逼近理想值的排序方法，被广泛运用于多项指标的综合比较分析。

安体富和任强（2008）最早在基本公共服务领域运用综合评价法，他们采用的是将 25 个不同的单项指标赋予相同的权重的主观赋权法，将单项指标合成为综合指标后，进一步采用变异系数衡量各地区的公共服务均等化水平，发现我国地区间公共服务水平的差距正在扩大。刘成奎、王朝才（2011）和魏福成、胡洪曙（2015）在研究基本公共服务均等化问题时，同样采用了赋予各单项指标相同权重的主观赋权法。除了上述简单的主观赋权方法外，还有许多学者采用专家评分法、层次分析法对指标赋权。王新民、南锐（2011）

将专家评分和层次分析法相结合来确定指标权重，所谓层次分析法是指在建立多级指标体系时，先求得最低级层次的指标对上一级指标的优先权重，再通过逐级加权的方法得出一级指标对总指标的最终权重。戚学祥（2015）构建了包含1项一级指标、6项二级指标和20项三级指标的指标体系，采用基准评估和层次分析法相结合的主观赋权方式测算基本公共服务水平指数衡量四川省基本公共服务发展水平，具体而言就是对于每个二级指标下的三级指标赋予相同权重用加权算术平均法合成为二级指标，并根据四川省社会科学院的研究成果对二级指标赋权，加权平均后得出基本公共服务水平指数，在得出基本公共服务水平指数后进一步用差异系数法测算出四川省基本公共服务均等化程度，发现四川省基本公共服务水平普遍提升，而且全省基本公共服务均等化程度有所提高。

由于主观赋权法比较容易受研究者个人偏好的影响，随着实证方法和技术的不断成熟和完善，许多学者开始采用主成分分析法和熵权法等客观赋权方式。张建清、严妮飒（2017）选取了20个指标构建了包含教育、医疗、公共文化、基础设施、社会保障和就业、生态环境六大领域的基本公共服务评价体系，并对这20个指标进行主成分分析，在得到主成分后，将各主成分的方差贡献率作为权重进行加权，得到基本公共服务的综合得分。孙浩、王玉凤（2018）构建了公共文化服务发展水平指标体系，并用主成分分析法提取出三个公因子，用公因子对应的方差贡献率为权重计算湖北省公共文化服务发展综合指数。王晓玲（2013）利用熵权法测算我国各省区市的基本公共服务水平，并探讨基本公共服务供给水平所呈现出的区域差异，发现2011年我国各省区市的基本公共服务水平整体偏低，在区域分布格局上虽有所差异但并不显著，而省际间基本公共服务的外溢效应较为明显。辛冲冲、陈志勇（2019）在构建指标体系的基础上，采用熵权法计算基本公共服务供给水平，之后运用核密度估计方法和Dagum基尼系数分析其分布动态与地区差异，继而利用变异系数与静态面板模型检验其α收敛和β收敛特征。

南锐、王新民、李会欣（2010）率先采用熵权TOPSIS法评估我国省际间基本公共服务均等化水平。纪江明（2013）构建了我国城市基本公共服务满意度指标体系，并采用熵权TOPSIS法对32个城市公共服务满意度现状和差异进行了评价分析，发现中西部地区城市公共服务满意度排名要明显落后于东部经济发达地区的城市。近年来，越来越多的国内学者运用熵权 TOPSIS 法评价基本公共服务供给水平。熊兴、余兴厚、王宇昕（2018）构建了基本公共服务水平综合评价指标体系，并运用熵权 TOPSIS 方法客观评价我国 287 个市域基本公共服务综合水平，然后进一步采用基尼系数测度各省区市基本公共服务均等化水平。陈聪（2020）运用熵权 TOPSIS 法综合评价 31 个省区市农村公共品供给水平，并实证分析农村公共品供给对城乡收入差距的影响。

（2）评价基本公共服务供给效率的方法。

续竞秦、杨永恒（2011）通过 Bootstrap 修正的 DEA 两步法分析省级政府基本公共服务供给效率，发现西部地区各省区市基本公共服务供给的综合效率明显低于东部和中部地区。单菲菲、高秀林（2015）采用 DEA – BCC 模型从投入角度评价新疆 14 个地州市在义务教育、医疗卫生、社会保障和就业三类主要基本公共服务领域的财政支出效率，发现技术低效是新疆大部分地区义务教育、社会保障领域财政支出效率偏低的主要原因。易莹莹（2016）采用 Bootstrap – DEA 方法测算我国基本公共服务支出效率，发现传统 DEA 模型明显高估了基本公共服务支出效率。刘玮琳、夏英（2018）运用投入导向的三阶段 DEA 模型和三阶段 Malmquist 模型分析 2011~2015 年我国 29 个省区市农村基本公共服务供给的静态效率和动态效率，发现在剥离环境和随机因素后，我国农村基本公共服务供给效率均值整体处于上升态势，中部、东部和西部地区农村基本公共服务供给效率依次递减。王谦、董艳玲（2018）构建公共风险约束下财政支出效率评价指标体系，采用 SE – U – SBM – DEA 模型测算 2006~2016 年中国 30 个省区市地方财政支出效率，并进一步采用随机效应 Tobit 模型研究地方财政支出效率的影响因素。杨莉、张雪磊（2019）运用投入为导向的 SBM – DEA 模型和 Malmquist 指数对 2012~2016 年长三角 25 个城市环境基本公共服务效率进行静态和动态分析，同时采用 Tobit 模型分析环境基本公共服务效率的影响因素。胡洪曙、武锶芪（2020）基于投入导向的 DEA – CCR 和 DEA – BCC 模型对我国 31 个省区市基本公共服务的供给效率进行静态分解，同时分析 2013~2017 年基本公共服务供给效率的变化趋势。

综上所述，DEA 是学术界评价基本公共服务供给效率的主要方法，学者们大多基于自身的研究需求选择不同的 DEA 分析方法。鉴于传统 DEA – CCR 和 DEA – BCC 模型的局限，越来越多的学者开始使用 SBM – DEA 模型、SE –

SBM 模型、SE – U – SBM 模型，或是将 Bootstrap 法与传统 DEA 模型相结合构建 Bootstrap – DEA 模型，又或者将 SFA 分析模型与传统 DEA 模型相结合构建三阶段 DEA 模型。

1.3.4 财政纵向失衡与基本公共服务供给

（1）财政纵向失衡与基本公共服务供给水平。

国外学者在财政分权体制下探讨了财政纵向失衡对公共服务水平的影响。Bardhan 和 Mookherjee（2003）认为收入分权与支出分权的不对称限制了财政分权对公共服务水平的扩张效应。Jiménez – Rubio（2011）根据加拿大和 OECD 国家和地区的数据进行实证研究发现，税收自主权在财政分权体制下有助于提高地方医疗健康服务水平。许多国内学者从财政分权角度分析地方政府支出偏好（傅勇、张晏，2007；龚锋、卢洪友，2009），认为中国式财政分权使地方政府更倾向于经济性支出，而忽略了与居民福利息息相关的教育、医疗卫生等社会性支出。近几年，国内学者开始立足中国国情研究财政纵向失衡或财政收支分权不匹配与公共支出结构的关系。储德银、邵娇（2018）通过理论分析财政纵向失衡对公共支出结构的影响，并建立动态面板数据模型，基于 2007~2015 年省级面板数据，采用系统 GMM 估计方法实证检验财政纵向失衡对我国公共支出结构的影响，发现财政纵向失衡的加剧会降低一般公共服务、公共安全、住房保障、科教文卫、社会保障和就业五大民生性支出占政府总支出的比重，使地方政府更偏向于经济建设支出，在一定程度上抑制了民生性支出的增加。孙开、张磊（2019）认为分析财政分权应当同时考虑收入和支出两侧，根据测算出的财政收入和支出分权程度分别将财政收入分权和支出分权划归为下沉型和中凹型两类，通过将财政收入分权和支出分权的类型配比把 286 个地级市数据分为四组，分组测算财政压力对地方政府基本公共服务支出偏向的影响，发现只有当权责错配时，地方政府的财政压力会显著降低地方政府基本公共服务支出偏向，在权责关系基本协调的基础上，增加地方政府财政压力不会显著影响基本公共服务支出偏向。

（2）财政纵向失衡与基本公共服务供给效率。

许多国外学者从提高公共服务供给效率的视角论证财政分权的必要性

(Tiebout，1956；Oates，1972；Besley and Smart，2007）。国内学者也实证分析了财政分权对教育、卫生等领域财政支出效率的影响（张仲芳，2013；程侃，2013；亓寿伟、俞杰等，2016；崔志坤、张燕，2017）。有学者发现财政纵向失衡会影响财政分权对财政支出效率的作用机制。赵为民、李光龙（2016）认为严重的财政纵向失衡已经成为中国式财政分权体制的重要特征，在分析财政分权对地方政府社会性支出效率影响时应当考虑财政纵向失衡的影响，选取1997~2013年中国省级面板数据构建空间门槛计量模型以及空间外溢效应模型，发现财政收入分权和财政支出分权都有助于提高地方政府的社会性支出效率，但是财政纵向失衡会削弱财政收入分权对社会性支出效率的正向影响，因此权责匹配的财政分权制度才能加强对地方政府的良性激励，改善地方民生福利。但鲜有学者直接研究财政纵向失衡与财政支出效率或基本公共服务供给效率的关系，也有部分学者在分析基本公共服务供给效率的影响因素时发现财政自主权显著提升了地方基本公共服务供给效率（续竞秦、杨永恒，2011；易莹莹，2016），而地方的财政自主权与财政纵向失衡程度息息相关。

综上所述，财政纵向失衡虽然是各国财政分权体制的共同特征，但国内外学者对财政纵向失衡理论和实证研究的丰富程度却远不及财政分权，直接分析财政纵向失衡与基本公共服务供给关系的文章更为稀少。

1.3.5 转移支付与基本公共服务供给

（1）转移支付与基本公共服务供给水平。

国外学者主要研究了转移支付对公共产品供给的影响。有学者认为在财政分权体制下转移支付不仅可以弥补地方财力的不足，还可以弥补跨区域公共产品的外溢性，确保教育、医疗卫生和社会保障等公共产品的有效供给（Musgrave et al.，1969；Alesina and Ferrara，2005）。也有学者发现转移支付的"粘蝇纸"效应更多地作用于地方经济建设支出，对社会性支出的激励作用较小（Hines and Thaler，1995），转移支付的"公共池"效应加强了地方政府转嫁公共服务供给成本的动机，阻碍了转移支付对公共服务增长的激励（Oates，1972；Baretti et al.，2002）。

国内学者分别从转移支付的总量和结构视角研究转移支付对基本公共服务

供给水平的影响。部分国内学者将所有类别的转移支付作为一个整体，研究转移支付与基本公共服务供给水平的关系。郭庆旺、贾俊雪（2008）根据 1995～2005 年的省级面板数据实证考察了中央转移支付对基础教育服务、医疗卫生服务和交通基础设施服务水平的影响，发现中央转移支付促进了交通基础设施服务的发展，抑制了医疗卫生服务的发展，对基础教育服务的影响不显著；同时通过比较转移支付制度实施前后各类公共服务水平基尼系数和泰尔指数的变化，发现转移支付促进了医疗卫生服务均等化，加剧了交通基础设施和基础教育的省区市差距。田侃、亓寿伟（2013）基于 1978～2009 年省级面板数据实证分析了中央转移支付对不同公共服务供给水平的影响区域差异，发现转移支付显著促进了中部地区交通基础设施和西部地区基础教育、医疗卫生服务水平的发展，抑制了中部、东部地区基础教育和医疗卫生服务发展。李永友、张子楠（2017）分别从筹资机制和分配机制研究转移支付对社会性公共产品供给的激励效应，发现转移支付不仅没有提高地方政府对社会性公共产品的供给水平，而且超过门槛值的支出补助还会引致地方政府降低社会性公共产品的供给水平。

近几年的实证研究中，学者们不仅关注转移支付对基本公共服务供给水平的影响，还开始关注其他因素如何影响转移支付对基本公共服务供给水平的作用机制。曾明、华磊、刘耀彬（2014）认为，地方政府财政自给能力影响转移支付推进公共服务均等化的作用机制，以财政自给能力作为门槛变量，实证考察 1994～2012 年中央转移支付与公共服务均等化的关系，发现随着财政自给能力的提升转移支付的均等化效用先增强后减弱，地方财政自给能力低导致转移支付制度不能有效促进公共服务均等化。马文浩、彭奥蕾（2015）发现财政集权会抑制转移支付对民生类公共品供给的激励效应。朱润喜、王群群（2017）认为，地方政府的非正式财权影响转移支付对公共服务均等化的作用机制，将非正式财权作为门槛变量，利用 2001～2014 年省级面板数据实证检验转移支付对公共服务均等化的影响，随着地方政府非正式财权的变化，转移支付对公共服务均等化的影响呈现出较显著的双门槛效应。郑垚、孙玉栋（2018）通过理论和实证检验发现财政自给率影响转移支付对地方基本公共服务支出规模和支出偏好的作用机制。胡洪曙、武锶芪（2019）发现，财政供养人口和财政努力程度都影响转移支付对基本公共服务供给的作用机制，财政供给人口弱化了转移支付对基本公共服务供给的促进作用，随着地方财政努力程度的不断提升，转移支付对基本公共服务供给的促进作用也呈现阶梯性提升。

部分国内学者研究不同类别转移支付对基本公共服务供给水平的影响。宋小宁、陈斌、梁若冰（2012）研究发现，一般性转移支付促进基本公共服务供给的效应极其微弱，尽管专项转移支付管理上存在弊端，但提升基本公共服务供给水平更应依靠专项转移支付。贾晓俊、岳希明、王怡璞（2015）通过理论分析认为分类拨款是最有效的推进基本公共服务均等化的手段，使用河北省内2002~2006年136个县的数据分析不同类别转移支付对教育支出的影响，不同于财政学教科书中将分类拨款划分一般性转移支付的分类方式，而是将分类拨款和专项拨款都作为专项转移支付，发现专项转移支付更能促进地方政府加大教育投入。胡斌、毛艳华（2015）通过实证研究发现税收返还和专项转移支付对基本公共服务均等化无显著影响，而一般性转移支付显著推进了基本公共服务均等化。朱光、李平、姜永华（2019）研究了不同类别转移支付对教育、社保、环保、医疗和交通运输五大类地方公共服务支出的影响，发现专项转移支付对于五大类公共服务支出都有显著正向影响，而一般性转移支付对教育、医疗、社保领域公共服务支出没有显著影响，对环保和交通运输领域的促进效应弱于专项转移支付。李丹、裴育（2016）和丁玮蓉、张帆（2018）都发现均衡性转移支付有利于提升基本公共服务供给水平。

（2）转移支付与基本公共服务供给效率。

国外学者理论上探讨了转移支付与财政效率的关系。Oates（1994）认为，转移支付不同于地方自有财政收入，地方政府更珍惜从本辖区纳税人取得的税收收入，因此地方政府对转移支付资金的使用效率要低于本地税收收入资金的使用效率。Borck 和 Owings（2003）认为，转移支付的分配主要受政治因素的影响，效率并不是转移支付的主要目标，这也是转移支付效率低下的原因。

国内学者实证分析了转移支付与财政支出效率的关系。徐琰超、杨龙见（2014）使用1998~2006年中国城市面板数据进行实证研究，首先用DEA测算不同城市的福利性支出效率，然后考察不同类型的转移支付与地方福利性支出效率的关系，发现一般性转移支付和专项转移支付都会降低地方政府的福利性支出效率，税收返还可以提升地方政府的福利性支出效率。吴永求、赵静

（2016）通过超效率 DEA 模型测算发现 1995 年以来我国财政支出效率呈现下降趋势，进一步通过 2000~2011 的省级面板数据分析转移支付结构对地方财政支出效率的影响，发现一般性转移支付并不比专项转移支付更有利于财政支出效率，而税收返还与两者相比明显更有利于财政支出效率。崔志坤、张燕（2017）从理论层面阐述财政分权、转移支付和地方财政支出之间的关系，基于 2002~2013 年省级面板数据，采用 DEA-Tobit 模型实证分析财政分权和转移支付与地方福利性支出效率的关系，发现财政分权与地方福利性支出效率负相关，转移支付与地方福利性支出效率正相关。

从已有文献的梳理来看，财政纵向失衡相关的理论和实证研究远不如财政分权丰富，国内外学者多以财政分权和转移支付为切入点分析财政体制对于基本公共服务供给的影响。事实上，财政纵向失衡和大规模转移支付已经成为中国式财政分权体制的重要特征，厘清财政纵向失衡和转移支付的关系，同时分析两者对基本公共服务供给的交互影响，对完善财政体制进而提升基本公共服务供给至关重要。

1.4 框架结构与研究方法

本书以财政纵向失衡和转移支付为切入点研究财政体制对基本公共服务供给的影响，并根据此逻辑设计本书的主要架构，同时利用四种研究方法对财政纵向失衡、转移支付与基本公共服务供给的关系进行系统论证与探索。

1.4.1 框架结构

本书共分为 7 章，主要研究内容如下。

第 1 章从经济"新常态"背景下我国基本公共服务的供需矛盾和我国当前财政体制的主要特征出发，明确本书的研究价值与意义，阐述本书的写作目的，同时对国内外相关研究进行归纳总结。在明晰本书的整体思路和框架结构的基础上，确定本书所使用的主要方法以及技术路线，从宏观角度概括本书的逻辑结构。

第 2 章对财政纵向失衡、转移支付和基本公共服务相关概念进行界定，并探索涉及三者关系的理论渊源。本章剖析了财政纵向失衡的内涵，在界定转移支付和基本公共服务内涵的基础上明确转移支付的分类和基本公共服务的研究范畴，同时尝试用第一代财政分权理论、第二代财政分权理论、"公共池"效应、"粘蝇纸"效应阐述财政纵向失衡、转移支付和公共服务供给之间的关系。

第 3 章归纳总结了我国财政纵向失衡的特征事实和我国转移支付制度的现实选择，在理论分析转移支付对财政纵向失衡影响的基础上，通过实证检验我国转移支付对财政纵向失衡的影响。本章选用不同的财政纵向失衡度量指标分析我国财政纵向失衡的总体趋势以及不同地区的财政纵向失衡的异质性，并将我国财政纵向失衡的基本特征同我国财政体制改革历程相结合，解读我国财政纵向失衡的内在逻辑。通过分析我国转移支付规模的扩张、结构的调整以及转移支付分配的区域差异，了解在我国财政纵向失衡加剧的情况下我国转移支付制度的现实选择。最后，分别从理论和实证两个角度分析转移支付与财政纵向失衡的关系，发现转移支付虽然可以通过政府间收入再分配平衡地方政府财力与支出责任的差异，但是转移支付也会对地方政府的行为产生逆向激励进而导致财政纵向失衡的加剧。

第 4 章是对我国基本公共服务供给的现实考察。本章分别从基本公共服务供给水平和基本公共服务供给效率两个层面综合评价我国基本公共服务供给的现状。一方面，在构建基本公共服务供给水平综合测算指标体系的基础上采用熵权 TOPSIS 评价法测度我国 2009～2017 年各省区市基本公共服务供给水平的综合评价指数，进一步分析我国基本公共服务供给水平的空间分布和时空演变趋势，同时采用变异系数和泰尔指数法分析我国基本公共服务供给水平总体差距、区域内差距和区域间差距的收敛特征；另一方面，构建基本公共服务供给效率综合评价指标体系，结合指标体系设定情况将熵权法和 SE – SBM 方法相结合测算我国 2009～2017 年各省区市基本公共服务供给的综合效率，并对我国各省区市基本公共服务供给的综合效率进行横向比较和分解性探析，将综合效率分解为纯技术效率和规模效率发现实际生产规模偏离最优生产规模是东部地区基本公共服务供给综合效率较低的原因，进一步分析我国基本公共服务供给综合效率、纯技术效率和规模效率的纵向变动趋势，同时为了比较各地区基本公共服务整体"投入—产出"效率的差异情况，采用泰尔指数测算我国基本公共服务供给综合效率的总体差距以及分解的区域内差距和区域间差距。

第5章主要分析财政纵向失衡和转移支付对基本公共服务供给水平的影响。本章从理论上梳理财政纵向失衡和转移支付影响基本公共服务供给水平的作用机制，发现转移支付对基本公共服务供给水平的影响会随着财政纵向失衡程度的变化而改变，不同类型的转移支付对基本公共服务供给水平的影响可能存在一定的差异，然后用2009～2017年我国30个省区市的面板数据，分别采用动态面板模型和面板门槛模型实证检验财政纵向失衡、转移支付对基本公共服务供给水平的影响，得出以下主要结论：一是财政纵向失衡程度的增加会削弱转移支付对基本公共服务供给水平的正向影响；二是当地方财政纵向失衡超过门槛值时，加大中央对地方的转移支付并不能改善当地基本公共服务供给状况，反而通过相应的作用机制降低当地的基本公共服务供给水平，这也说明我国转移支付制度促进基本公共服务均等化的作用有限；三是当地方财政纵向失衡超过门槛值时专项转移支付明显抑制基本公共服务供给水平的提升，而一般性转移支付只是对基本公共服务供给水平的影响不再显著。

第6章主要研究财政纵向失衡和转移支付对基本公共服务供给效率的影响。在经济下行压力大、财政赤字率高的经济社会背景下，提高基本公共服务供给效率是保障基本公共服务供给水平的关键因素。本章从理论上梳理财政纵向失衡、转移支付对基本公共服务供给效率的影响，并根据理论分析设定计量模型，用2009～2017年我国30个省区市的面板数据实证检验财政纵向失衡、转移支付对基本公共服务供给效率的影响，得出以下主要结论：一是财政纵向失衡与基本公共服务供给效率存在倒"U"形非线性关系，适度的财政纵向失衡有助于提升基本公共服务供给效率，而过度的财政纵向失衡则会降低基本公共服务供给效率。二是转移支付会直接降低基本公共服务供给效率，同时转移支付也影响财政纵向失衡对基本公共服务供给效率的作用机制。财政纵向失衡对基本公共服务供给效率的正向影响会随着转移支付的增加而减弱，或者说，财政纵向失衡对基本公共服务供给效率的负向影响会随着转移支付的增加而增强。三是从直接效应来看，专项转移支付比一般性转移支付对基本公共服务供给效率的负向影响更强。从调节效应来看，专项转移支付比一般性转移支付在更大程度上削弱了财政纵向失衡对基本公共服务供给效率的正向影响。因此，与一般性转移支付相比，专项转移支付对基本公共服务供给效率的负向影响更强。

第 7 章梳理和总结本书的基本观点和结论，并提出相应的政策建议，同时对今后的相关研究提出展望。本章依据前面的研究结论，认为我国亟待按照"财政事权划分—支出责任划分—收入划分—转移支付"的基本逻辑进行政府间财政关系改革，先理顺政府间权责划分，把财政纵向失衡控制在合理的水平，在此基础上完善转移支付制度，而不是过度依赖于转移支付进行纵向财力的再分配而忽略初次分配中政府间财权与事权的平衡。具体地，本章认为应当首先从以下四个方面深化政府间财政事权与支出责任划分改革：一是完善财政事权的界定维度；二是以机构改革为依托推动中央财政事权"实体化"；三是建立科学的共同财政事权与支出责任的划分模式；四是健全法律体系，推动政府间财政事权与支出责任划分和调整的规范化。其次应当以税制改革为依托逐步调整政府间收入划分模式，使收入划分与支出责任划分相适应。最后应建立科学、规范的转移支付制度，体现制度设计的激励相容；明晰转移支付的分类标准，并切实依据分类标准划分具体项目推进转移支付的实体结构优化。

1.4.2 研究方法

（1）文献研究法。

查阅国内外学者对财政纵向失衡、转移支付和基本公共服务供给的相关研究，对已有文献的观点进行总结与提炼，发现虽然学术界在三个领域都有较为丰富的研究成果，但在三者关系的研究上仍有待深入，结合中国的基本国情确定本书研究的视角和思路，同时，通过阅读文献从第一代财政分权理论、第二代财政分权理论、"粘蝇纸"效应和"公共池"效应中获取了本书的理论研究的基础，通过梳理和归纳已有文献对基本公共服务供给的评价方法，选择适宜本书使用的评价方法。

（2）定性分析与定量分析相结合。

在定性分析方面，基于转移支付和基本公共服务的内涵界定转移支付的分类与范畴和基本公共服务的研究范畴，根据财政纵向失衡的内涵明确财政纵向失衡的测度方式。在定量分析方面，根据1978～2018年的全国财政数据分析我国财政纵向失衡的总体趋势，通过2009～2018年的省级财政数据比较分析我国不同地区财政纵向失衡程度的变化趋势，根据2009～2018年的全国和省级财政数据分析我国转移支付规模和结构的变化趋势以及转移支付分配的区域异质性，借助一定的统计方法根据2009～2017年的省级面板数据分析我国基本公共服务供给水平和效率的空间分布、时空演变趋势和区域差异。

（3）理论分析与实证分析相结合。

本书第3、第5、第6章都采用了理论分析与实证分析相结合的研究方法。第3章先从理论上分析转移支付对财政纵向失衡的影响机制，然后根据2009～2018年省级面板数据实证检验了转移支付与财政纵向失衡的关系。第5章先从理论上分析财政纵向失衡、转移支付对基本公共服务供给水平的影响机制，然后根据2009～2017年省级面板数据实证检验财政纵向失衡、转移支付对基本公共服务供给水平的影响。第6章先从理论上分析财政纵向失衡、转移支付对基本公共服务供给效率的影响，然后根据2009～2017年省级面板数据实证检验财政纵向失衡、转移支付对基本公共服务供给效率的影响。

（4）历史研究法。

虽然财政纵向失衡是财政分权体制的共性，但中国财政纵向失衡产生及变动的逻辑不能仅依据西方的财政分权理论解释。我国的财政体制一直处于改革与变化之中，本书通过分析我国财政体制改革的历史进程，并将其与我国财政纵向失衡的基本特征相结合，揭示我国财政纵向失衡的内在逻辑。

1.4.3　技术路线

本书主要通过分析财政体制对基本公共服务供给的动态影响机制，探讨我国财政体制的改革方向。根据我国当前财政体制的主要特征，先从财政纵向失衡和转移支付对我国财政体制进行剖析，再以两者为切入点研究财政体制与基本公共服务供给的关系，根据研究结论提出优化我国政府间财政关系的相关政策建议。本书的研究技术路线框架如图1-5所示。

第1章 绪　论

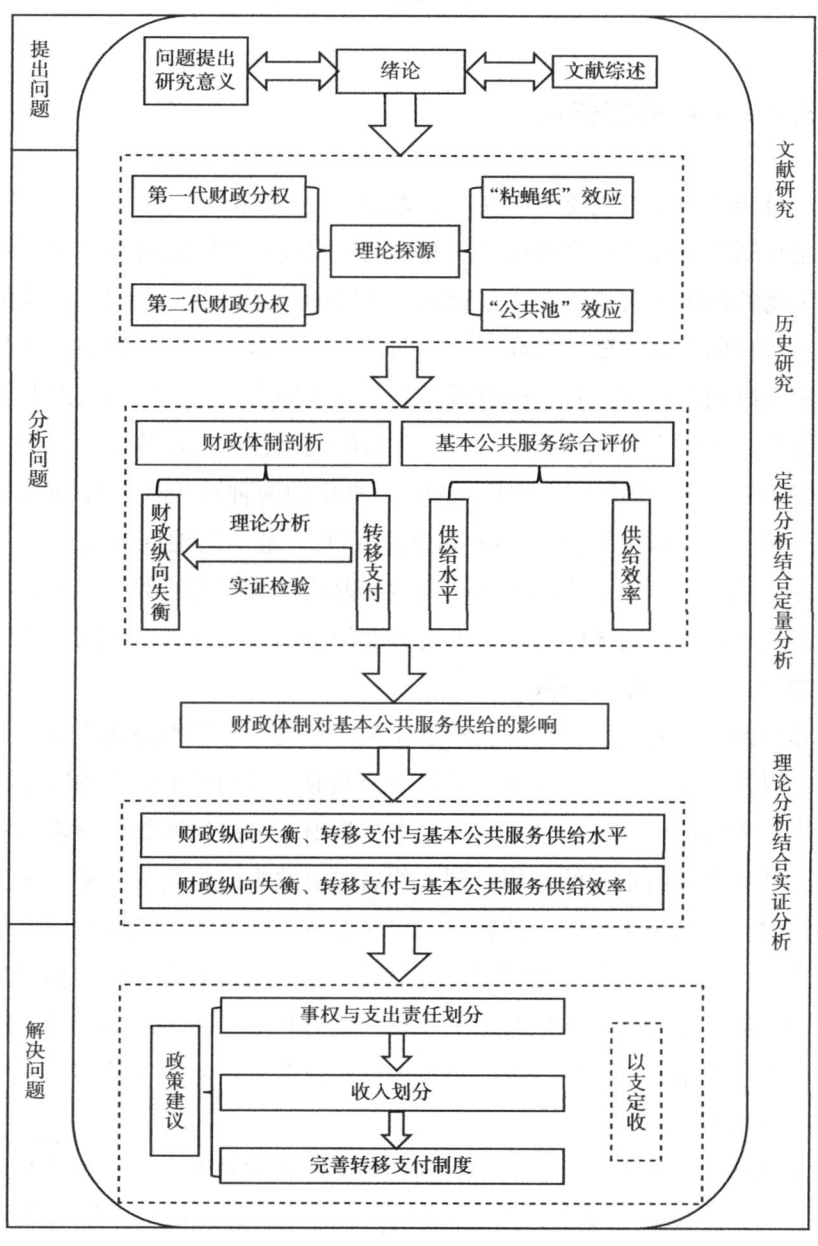

图1-5　本书的研究技术路线

1.5 本书的创新与不足

1.5.1 可能的创新点

本书可能的创新点主要集中在以下方面。

一是在明晰财政纵向失衡内涵的基础上，将我国实际情况与学术界测度财政纵向失衡的两种方式相结合，采用四个不同的公式分别测度和比较我国不同地区的财政纵向失衡程度，提高了研究的可比性。本书认为在使用自有收支缺口衡量财政纵向失衡时，对于税收返还是否属于地方自有财政收入以及专项转移支付筹集资金的支出是否属于地方自有目的支出存在一定争议。因此，除了 Eyraud 和 Lusinyan（2013）、江庆（2009）提出的两种较为代表性的测度公式外，本书第3章还采用了公式 VFI_3 和公式 VFI_4 衡量不同地区的财政纵向失衡程度，发现虽然在不同公式测度下同一地区财政纵向失衡的数值不同，但是不同测度方式下我国各地区财政纵向失衡程度的排序变化不大，不同区域财政纵向失衡的变动趋势也基本一致。

二是以财政纵向失衡作为制度背景研究转移支付与基本公共服务供给水平的关系。以往学者在探讨转移支付对基本公共服务供给水平的影响时往往忽略了财政纵向失衡的影响。本书先从理论上分析财政纵向失衡如何影响转移支付对基本公共服务供给水平的作用机制，然后以财政纵向失衡为门槛变量，实证检验不同财政纵向失衡程度下的转移支付对基本公共服务供给水平的影响。本书研究发现，当财政纵向失衡超过门槛值时，中央增加对地方的转移支付并不能提升当地的基本公共服务供给水平，反而通过相应的作用机制降低当地的基本公共服务供给水平。也就是说，过度的财政纵向失衡阻碍了转移支付推进基本公共服务均等化的进程。

三是从理论上分析财政纵向失衡和转移支付影响基本公共服务供给效率的机制，并实证检验了财政纵向失衡和转移支付对基本公共服务供给效率的影响。以往学者更多的是研究财政分权体制与基本公共服务供给效率的关系，忽略了财政分权体制所产生的财政纵向失衡对基本公共服务供给效率的影响。本书研究发现，适度的财政纵向失衡有助于提升基本公共服务供给效率，而过度的财政纵向失衡则会降低基本公共服务供给效率；转移支付规模的扩张不仅会直接降低基本公共服务供给效率，同时也削弱财政纵向失衡对基本公共服务供给效率的正向影响。

1.5.2　书中的不足之处

受到数据可获得性以及笔者研究能力的限制，本书的研究尚存在以下不足之处。

一是在理论分析财政纵向失衡、转移支付与基本公共服务供给水平和效率的关系时，由于自身研究能力的限制，主要采用将学术界已有的经典理论与中国现实情况相结合的逻辑和经验分析方法，并没有建立数理理论模型进行分析。

二是鉴于转移支付的分类方式在2009年进行改革，而2009年后市县级的转移支付相关数据难以获取，在实证检验方面本书主要采用的省级面板数据，相应的研究结论也主要针对中央与地方财政关系的完善，对省级以下财政体制改革的借鉴意义较小。

三是为了能够在实证研究中同时从投入和产出角度衡量基本公共服务供给的水平和效率，考虑相关指标数据的可得性，本书只选取了教育、医疗卫生、环境保护、社会保障和就业作为基本公共服务的研究对象，使研究对象的广度有待进一步的拓宽。

第 2 章 相关概念及理论探源

财政纵向失衡是我国现阶段财政体制的重要特征，转移支付是矫正财政纵向失衡、实现政府间财政资源再分配的制度工具。基本公共服务直接关系民生底线和社会稳定。本章对财政纵向失衡、转移支付和基本公共服务的相关概念及范畴进行明晰界定，尝试构建财政纵向失衡和转移支付影响基本公共服务供给的理论体系。

2.1 相关概念与范畴界定

准确界定财政纵向失衡、转移支付与基本公共服务的相关概念和研究范畴，是本书研究的基础与前提。

2.1.1 财政纵向失衡的再认识

财政纵向失衡又可称为垂直财政失衡或垂直财政不平衡（Vertical Fiscal Imbalance，VFI）。国内外学者对财政纵向失衡的认知尚存在分歧，对财政纵向失衡的度量也不存在统一的方法。

Wagner（1973）认为，当中央政府的收入大于支出而地方政府的支出大于收入时，财政纵向失衡就产生了。Hunter（1977）提出其对财政纵向平衡的看法，他认为如果各级政府能够掌握必要的财政资源来履行其支出责任，并能够对其税收和支出的决策负责，就是实现了财政纵向平衡，反之则存在 VFI。Breton（1998）指出，财政纵向失衡是指各级政府自身收入与自身支出的不匹配，以及因此所导致的各级政府间的资金流动。Collins（2002）认为，财政纵向失衡是指一级政府（联邦、州或地方）在其税权和支出责任之间的不匹配，更具体地说，财政纵向失衡意味着某一特定级别的政府自有收入（不包括来自其他级别政府的转移支付）和自身支出（不包括来自其他级别政府的转移支付）之间的不匹配。Bird 和 Tarasov（2004）认为，各级政府的自有收入应该足以为其负责的支出提供资金，而不必求助于政府间财政转移。Walter（2004）则将财政纵向失衡定义为一级政府在没有其他资金来源（包括借款）的情况下，自身的收入来源无法为自己的职责提供资金保障。Hallwood 和 MacDonald（2005）指出，当中央政府获得收入的权力大于其行使行政职能的需要，而地方政府获得收入的权力低于其行使行政职能的需要时，就出现了财政纵向失衡。Shah（2006）则认为，当一级政府需要上级转移支付时就意味着出现了财政纵向失衡。

在上述国外学者的研究中可以发现，各级政府收入与支出不匹配是 VFI 的不精确定义，不同学者对地方收入和支出的度量方式尚存在一定分歧，衡量 VFI 最广泛使用的方法之一是计算地方自有财政收入占地方财政支出的份额。就自有财政收入而言，有学者认为只有地方独享税收收入和非税收入才可称为地方自有财政收入；另一部分学者认为共享税也可以由地方政府独立支配，也应是地方自有财政收入的一部分；还有学者认为中央政府的无条件拨款也是地方自有财政收入的一部分。Collins（2002）用一级政府自有收入占自有目的支出的比重来测量 VFI，但部分学者实证中会采用总支出（包括上级政府的转移支付等）来替代自有目的支出。Sharma（2007）认为这种通过比较两级政府收入和支出而进行的 VFI 估计更像一种赤字测量，而 VFI 的定义和估计应该在良好的理论基础上进行研究，而不是仅仅通过这种会计程序进行描述。Sharma（2012）发现在以往的研究和政治辩论中 VFI 和 VFG（垂直财政缺口，英文全称 Vertical Fiscal Gap）经常被不加区别的使用，他认为 VFI 和 VFG 虽然都可以用来描述垂直财政不对称（Vertical Fiscal Asymmetry，VFA），即多层次财政体制下中央政府比地方政府有更多的财政收入而地方政府比中央政府有更多的支出责任，但两者却拥有不同的理论假设和概念视角。VFG 一词隐含的理论假设是，单层政府是最有利于效率和公平的，当多级政府存在时，地方政府存在财政缺口有助于中央政府通过转移支付制度执行再分配方案，解决财政外部性和不平等问题，进而复制单一制国家的效率和公平；VFI 一词隐含的理论假设是，假如政府是一个追求自身利益最大化的实体，政府间转移支付就会被视为共谋手段，导致公共部门支出的过度扩张。VFI 和 VFG 都描述了需要修正的 VFA 状态，但他们所推崇的财政工具却不相同，调整 VFI 的方法更倾向于赋予地方政府独立的财权而不是增加其对政府间转移支付的依赖，而解决 VFG 的办法则是通过政府间转移支付制度。

事实上，Sharma 所提出的 VFA 概念就是传统 VFI 的概念，他认为解决 VFA 有两种办法：一种是通过政府间转移支付制度，另一种是通过政府间财权的再配置，可以用转移支付弥补的 VFA 称其为 VFG，需要重新配置政府间财权才可以解决的 VFA 称其为 VFI。然而当政府间收入与支出不匹配时，我们并不确定在多大程度上可以依赖于转移支付解决，在多大程度上需要提高或降低财权。这两种政策工具在许多国家都是相互配合、相辅相成的，最终的选择也与一国的政体结构与财政原则相关。按照 Sharma 的理论，我们其实只能测算一国实际的 VFA 水平，无法确认他所描述的 VFI 和 VFG，他所给出的计算 VFI 与 VFG 的公式也都要在预测"最优 VFA"的基础上，"最优 VFA"意味着这种垂直财政差异可以由适度的政府间转移支付弥补，它取决于一国的政治体制和社会经济制度，并非一成不变。因此 Sharma 这种细化的概念分析框架虽然强化了概念的理论基础有助于政府做出政治决策，却也将相关概念极端化与复杂化不利于 VFI 的度量和实证分析，后续许多学者对 VFI 的度量依旧是在传统 VFI 定义的基础上进行的。

国内学者对财政纵向失衡的理论研究早在 20 世纪 90 年代就已经开始了，近几年关于财政纵向失衡的实证研究也逐渐增加。大部分国内学者认为地方政府财权与事权不匹配，地方政府自有财力无法满足其支出责任是所谓的财政纵向失衡（孙开，1998；江庆，2009；赵为民、李光龙，2016；储德银等，2018；王瑞祥，2019）。刘丹等（2018）指出，中国的财政纵向失衡并不能简单地理解为自有收入与自有支出的差异，也不仅仅是财权与事权不匹配导致的，而是因为在中国特有的背景下，由于事权与执行责任的分离所导致的地方政府分担较多的事权、支出责任、中央委托代办及央地共同办理的执行责任与较少的地方可支配财力之间的不平衡格局。对于财政纵向失衡的成因，孙开（1998）认为许多国家出于收入再分配、经济稳定和资源配置等因素的考虑，才由上级政府（尤其是中央政府）集中了大部分的财权和相应的财力，进而产生了财政纵向失衡的格局；鲁建坤、李永友（2018）认为，财政体制的垂直关系会随着国家治理需求的变动而变动,中央政府依赖自上而下的纵向激励统筹地区发展和解决地方政府约束机制不完善等问题,具体包括政治激励与财政激励两种机制,政治激励在改善国家治理绩效中的不足导致财政激励的扩张,因而呈现财政体制垂直不平衡,这存在一定的合理性但也存在一定的隐患。

综合国内外学者的研究成果,本书认为财政纵向失衡是由于一国政府间财权与支出责任划分不匹配所产生的财政收入分权与财政支出分权程度的不对称,由于国家治理的需要,多级政府中上级政府往往比下级政府拥有更多的财政收入,而下级政府往往比上级政府要履行更多的支出责任,就一级政府而言则表现为其自有收入与支出的不匹配。财政纵向失衡并非一个负面词语,它在一定程度上是必要的,也是各个国家都客观存在的体制特征,但过度的财政纵向失衡就会损害财政运行的效率和有效性。适度的财政纵向失衡所带来的地方政府收支差异由政府间转移支付制度弥补有助于收入再分配、经济稳定等国家治理目标的实现,过度的财政纵向失衡则应重新配置政府间财权与支出责任。

2.1.2 转移支付的范畴及其分类

(1)转移支付的内涵及范畴。

转移支付具有多重含义,政府与企业、居民之间关于现金、实物、虚拟资产的无偿转移都可称为转移支付。本书所研究的转移支付仅指政府间转移支付,是指政府间财政资金的无偿转移。理论上讲,政府间转移支付包括纵向财政转移支付和横向财政转移支付。纵向财政转移支付是指上下级政府间财政资金的划拨,横向财政转移支付是同级政府间资金的无偿转移。由于我国现在尚未建立规范的横向财政转移支付制度,因此我国政府间转移支付是指纵向财政转移支付,主要指上级政府(尤其中央政府)对下级政府资金的无偿拨付。

学者们对政府间转移支付的范畴界定不尽相同。许多学者认为税收返还是政府间转移支付制度的一个组成部分(郭庆旺、贾俊雪,2008;谢京华,2011;李祥云、徐淑丽,2012;徐琰超、杨龙见,2014;储德银、迟淑娴,2018;胡斌、毛艳华,2018),在我国的政府收支分类科目中,"返还性收入"和"一般性转移支付收入""专项转移支付收入"等都在"转移性收入"类级科目项下①。然而还有不少学者认为税收返还是中央政府为了推进1994年税制改革而对地方政府妥协的产物，它本质上是中央政府和地方政府"契约"内达成的归属于地方政府的税收收入，而且税收返还有确定的计算公式，相当于中央政府预收的地方税收收入（马海涛、任强，2015；曾明，2010；王守义，2017）。本书也认为，税收返还不同于转移支付。税收返还虽然也属于政府间财政资金的无偿转移，但其设立的目的和功能与转移支付有本质区别。我国税收返还和转移支付制度都是在1994年我国分税制改革后逐步确立的，税收返还是中央政府为了让地方政府积极配合税制改革将上划中央的税收收入的一部分按来源地原则返还给地方，这在改革初期维护了地方政府的原有利益格局，而均衡地方政府间财力差距，改变地方政府原有利益格局恰恰是转移支付的功能之一，也可以说税收返还是财政体制改革中的历史遗留问题，长期来看应该取消。财政部每年公布的政府决算表中也是将"税收返还"和"转移支付"分别列示，而不是将"税收返还"作为"转移支付"的子科目。但由于在统计地方财政收入时，税收返还和转移支付都被作为中央补助收入不纳入地方本级财政收入，因此税收返还也不同于地方税收收入。严格来讲，税收返还是不同于转移支付和税收收入的中央补助收入，也可以说税收返还不属于狭义的政府间转移支付范畴，它是一种广义的政府间转移支付。本书对转移支付的研究主要针对狭义的政府间转移支付，如果书中没有特别说明，转移支付仅指狭义的政府间转移支付。

　　从以上论述可以看出，资金的无偿转移只是转移支付的特征之一，深入理解转移支付的内涵和范畴还应该明晰转移支付的目标和功能。政府间转移支付的主要目标和功能是解决财政纵向失衡、财政横向失衡以及区域间的外部效应（贾晓俊等，2015；马海涛等，2015）。财政纵向失衡前面已经详细论述。财政横向失衡是指由于地区间资源禀赋的不均衡和地区经济发展的不平衡所导致的地方政府间的财政能力差异，使各地方政府在同样的税收努力下所能提供的基本公共服务水平也存在较大差异。区域间的外部效应是指地方政府提供的部分公共服务受益范围大于其辖区范围，使地方政府公共服务的供给成本与本地区居民的收益不对等。当外部效应存在时，地方政府从自身利益出发，可能会

---

① 详见财政部预算司编发的《2018年政府收支分类科目》。

减少此类公共服务的提供，使跨区域公共服务供给不足，造成一定的效率损失。政府间转移支付的三个目标并不是相互独立的。例如，转移支付弥补财政纵向失衡是为了保障地方政府的财力可以满足其相应的支出责任，而在相应的转移支付制度设计时，往往会采用"标准支出"去衡量地方政府的支出责任，在"标准支出"的设计中会考虑到各地区所应达到的基本公共服务的最低标准，这就意味着转移支付在解决财政纵向失衡的同时也实现了基本的财政横向平衡作用。总而言之，转移支付不仅是财政资金的无偿转移，更重要的是它体现了中央政府财政平衡与协调的政策意图。

（2）转移支付的分类再思考。

关于转移支付的分类，一种是从理论视角出发，结合各国转移支付制度的一般规律总结出的具有普适性的分类标准；另一种是从实践角度出发，根据一国预算表的科目进行的分类。

理论上，最常见的转移支付分类方式是根据转移支付资金的使用限制，将转移支付划分为一般性转移支付（Non-earmarked Grants）和专项转移支付（Earmarked Grants）。一般性转移支付是指上级政府没有指定用途，可以由下级政府自由支配的财政拨款；专项转移支付是指由上级政府指定用途，下级政府按照规定使用的财政拨款。后来许多学者发现转移支付资金是否被指定用途是相对的，不是绝对的（贾晓俊等，2015；刘士义，2018）。有的转移支付资金是完全不指定用途，有的是指定大致使用方向但不指定具体项目，而有些转移支付则指定具体项目。因此有学者提出分类转移支付（Block Grants）的概念，它是指资金使用部分受限的转移支付，上级指定这部分补助资金的使用领域却不再细化其具体的支出项目。

如表2-1所示，分类转移支付同时具备一般性转移支付和专项转移支付的部分特征，但又与它们有所不同。分类转移支付和一般性转移支付基本都采用因素法分配，但一般性转移支付可以完全由上级政府统筹安排使用，分类转移支付只允许地方政府在特定领域统筹安排使用，都赋予地方政府一定的自主权。分类转移支付和专项转移支付都对资金的使用进行一定的限制，但两者限制程度不同，分类转移支付只限制资金使用的特定领域，专项转移支付会严格限制资金的具体用途；两者的资金分配方式也不同，专项转移支付按项目分配，分类转移支付按因素法分配（刘士义，2018）。综合来看，分类转移支付既赋予了地方政府一定的自主权，提高了资金的使用效率，又通过把握大的支出方向有效贯彻了中央政府的政策方针，校准地方政府的支出偏向。

表 2-1　　　　　　　　　转移支付的分类

分类	资金使用限制	资金分配方式
一般性转移支付	不指定用途	按因素法分配
分类转移支付	指定大致用途	按因素法分配
专项转移支付	指定具体用途	按项目分配

在财政学教科书中，分类转移支付通常被划入一般性转移支付，可能由于资金分配方式的相似性以及这类拨款的用途指定确实较为宽泛。实践中，我国转移支付分类也是采用这种方式。自 1994 年分税制改革以来，我国的转移支付制度不断规范，转移支付的类别也不断变化，目前我国的转移支付主要分为两大类：一般性转移支付和专项转移支付①。其中，一般性转移支付不仅包括按标准收支测算的不指定任何用途的均衡性转移支付（小口径）；也包括由于地方执行中央政策而导致其收入减少或支出增加，进而由中央给予地方的补助性的转移支付，如农村综合改革转移支付，这类转移支付一般也没有规定具体用途；还包括如基本养老金转移支付、城乡居民医疗保险转移支付等由中央规定大致使用方向的转移支付（即理论上的分类转移支付）。理论中，将转移支付进行分类，是因为不同类型的转移支付的作用机制不同，产生的效应也不相同。解决财政纵向与横向失衡时通常采用一般性转移支付，而专项转移支付在解决辖区外溢性上则更加有效（贾晓俊、岳希明，2015）。实践中，涉及转移支付的具体项目是比较繁杂的，尤其我国处在财政体制转型时期中央政策出台也较为频繁，有可能"一事一项"，因此本书对转移支付结构的研究止步于类级科目。实践和理论总会存在一定的偏差，我们用理论去分析机理，用实践去检验效果。

---

① 1995 年我国开始实施过渡期转移支付办法；2002 年将"过渡期转移支付"更名为"一般性转移支付"，专指依据标准财政收支缺口计算的转移支付，同时采用"财力性转移支付"涵盖"一般性转移支付"和没有指定具体用途的其他转移支付；2009 年用"均衡性转移支付"代替原"一般性转移支付"，而将之前的"财力性转移支付"更名为"一般性转移支付"。

2.1.3　基本公共服务的内涵及发展视域的范围界定

（1）公共服务内涵的发展。

基本公共服务属于公共服务的范畴，在厘清基本公共服务的概念之前，应首先明晰公共服务的内涵。学者们对公共服务的解释体现了不同学派和不同历史阶段的学者对政府职能认识。19世纪后期，德国社会政策学派的代表人物阿道夫·瓦格纳拓展了政府的职能范围，认为政府除了具有维护市场经济秩序的职能外还应履行提高社会福利的职能，并初步提出了公共服务的说法，认为筹措用于公共服务的资金是国家财政需要。1912年，法国公法学者莱昂·狄骥给出公共服务的概念，认为掌握公共权力的人应利用其手中的权力来组织并保障公共服务，而不是主观随意行使公共权力，这是现代公法制度背后所隐含的原则。公共服务的意识逐步代替了公共权力的观念，国家不再是发布命令的权力组织，而是用国家强制力保障公共服务的集团。莱昂·狄骥将所有促进社会团结且必须由政府干预和保障的活动称为公共服务。1954年，美国经济学家萨缪尔森从非竞争性的视角界定了"公共产品"的概念，之后萨缪尔森（1955）和詹姆斯·布坎南（1978）等学者在此基础上不断对公共产品理论进行完善，非排他性和非竞争性目前是区分公共产品和私人产品的两大特征，并且成为政府介入公共产品供给的理由。之后公共经济学者经常用"公共产品"的非排他性和非竞争性界定"公共服务"。许多学者认为公共服务的本质就是公共产品，两者没有实质区别；也有部分学者认为公共产品是有形的，而公共服务是无形的。本书认为萨缪尔森把国防作为纯公共产品的代表就证明了形态不是区分公共产品和公共服务的本质特征，两者在某种程度上是一致的。

综上所述，公共服务的主体是政府，公共服务的目的是满足公共需要。公共服务概念的提出意味着政府的意识形态从"权力型"政府到"服务型"政府的转变。后来学者们根据政府职能的发展和公共服务的目的将公共服务分为维护性公共服务、经济性公共服务和社会性公共服务（唐铁汉、李军鹏，2005）。维护性公共服务是指为了政府维护国家的正常运转而提供的公共服务，如国防、公共安全、公共秩序、司法等；经济性公共服务是指政府提供的可以促进经济发展的公共服务，如基础设施（交通设施、水利、电力）的投资、产业补贴等；社会性公共服务是政府为了提高社会公民的福利提供的公共服务，如教育、社会保障、医疗、就业等，这类服务具有较强的再分配功能，体现公平正义的公民权利。维护性公共服务在任何国家任何经济发展阶段都是必不可少的，是国家成立的基础，满足的是安全等较低层次的公共需求；根据马斯格雷夫的经济发展阶段论，在经济发展初期，政府较为重视经济性公共服务；当经济发展到一定阶段，政府会逐步提高教育、社会保障等社会性公共服务的比重。

（2）基本公共服务的内涵及发展视域的范围界定。

基本公共服务作为公共服务的一部分，其概念的提出具有特殊的历史背景。2005年，我国十六届五中全会首次提出"公共服务均等化"，随后国家根据我国现实情况提出基本公共服务的概念，认为我国处于社会主义初级阶段，经济尚不发达，人均财力有限，实现公共服务均等化存在一定困难，应有选择地将部分公共服务列入基本公共服务范畴，确保基本公共服务的充足、均衡供给。陈海威（2007）认为基本公共服务是保障最基本人权的、最具有平等色彩的公共服务，应当被每一位公民平等、普遍的享有，并且随着经济社会的发展其内容也在不断变化。曾红颖（2012）认为基本公共服务具备非排他性和非竞争性，市场难以实现其充足供给，社会成员应普遍认为其可以满足公民的基本需求，基本公共服务对每一位公民而言都应是公平可及的服务。2012年《国家基本公共服务体系"十二五"规划》将基本公共服务界定为建立在一定社会共识基础上，由政府主导提供的，与经济社会发展水平和阶段相适应，旨在保障全体公民生存和发展基本需求的公共服务。孙晓莉（2016）认为基本公共服务与公共服务相比具有强公益性的特点。

总体上看，理解基本公共服务的内涵应把握以下两个要点：一是"基本"体现的是居民最基本的人权，包括生存权和发展权，是公平视角下公共服务的最小边界；二是"基本"的范围是动态发展的，随着我国经济实力的提升和政府财政能力的增强，"基本"的范围也在不断扩大。

学术界对基本公共服务的范围界定也展开了广泛的探讨，陈海威（2007）认为基本公共服务包括四大领域，即底线生存服务（包括社会保障和就业等）、公众发展服务（包括义务教育、公共卫生等）、基本环境服务（包括公共交通和环境保护等）和基本安全服务（包括社会治安和国防安全等）。常修泽（2007）认为社会保障和就业等基本民生性服务、义务教育和基本医疗等公共事业性服务、生态环境保护等公益基础性服务和国防安全等公共安全性服务都属于基本公共服务的范畴。2012 年《国家基本公共服务体系"十二五"规划》对基本公共服务的范围分别进行了小口径和大口径的界定，小口径从保障基本民生需求出发，将教育、医疗卫生、就业、社会保障、计划生育、文化体育、住房保障等列为基本公共服务，大口径下与人民生活环境相关的交通、环境保护以及保障安全需要的国防、公共安全等也是基本公共服务的范畴。郭小聪、代凯（2013）认为基本公共服务是公共服务范围中最应该优先保证的部分，应包括基础教育、医疗卫生、社会保障和就业等领域。2017 年《"十三五"推进基本公共服务均等化规划》将公共教育、社会保险、医疗卫生、劳动就业创业、社会服务、住房保障、公共文化体育和残疾人服务等八类社会性公共服务确定为基本公共服务。

  本书认为陈海威（2007）和常修泽（2007）对基本公共服务范围的界定过于宽泛，"基本"不同于"基础"，国防、公共安全等维护性公共服务是国家运行的基础，只要国家正常运行，每一位公民就可以平等地享受这类服务，而基本公共服务的提出是基于国家正常运行的基础之上，针对国家有能力实现却尚未实现充足、公平供给的关乎人权的公共服务。从学者研究的时间轴来看，学术界对基本公共服务范围的界定呈"横向缩窄、纵向加深"的特征。具体而言，横向范围的细化是针对我国当前社会发展中的主要矛盾，以保障和改善民生为落脚点，突出体现公民基本生存权和发展权的公共服务，将基本公共服务逐步锁定在社会性公共服务的范畴；纵向范围不断深化是指随着我国经济实力的增强，将原来不属于基本公共服务保障范围的体现公民发展权的公共服务逐步纳入基本公共服务，如将基本公共服务中的义务教育拓宽为公共教育。从学者的实证研究来看，受制于数据的可得性和研究问题的差异，学者们选取的基本公共服务类别不尽相同，但基本都包含教育、社会保障、医疗卫生三大类。根据我国现阶段的经济实力以及所处的社会环境，针对新时期社会的主要矛盾，本书基本公共服务的研究范围主要包括教育、社会保障和就业[①]、医疗卫生、环境保护四大领域。因为近年来环境污染已经严重影响了人们的生

[①] 为了与财政支出科目相对应，此处将社会保障和就业划为一类。

活质量，甚至危害人们的身体健康，良好的生态环境也是人类生存与发展的必要条件。

2.2 理论探源

本书立足前人研究的理论基础，分别从第一代财政分权理论、第二代财政分权理论、"粘蝇纸"效应、"公共池"效应分析财政纵向失衡、转移支付与公共产品供给的关系，为分析我国财政纵向失衡程度和转移支付对基本公共服务供给的影响提供理论支撑，有助于研究我国财政体制影响基本公共服务供给的动态机制。

2.2.1 第一代财政分权理论：财政纵向失衡的成因和转移支付的功能

与集权相对应，财政分权是中央政府将部分财政收支的权责下放地方政府的一种制度安排，其核心是给予地方政府一定的财政自主权，使地方政府可以决定其财政支出规模和结构并且拥有相应的税收权。自20世纪以来，财政分权已经成为发达国家和许多转型中的发展中国家普遍采取的财政体制改革策略。财政分权理论主要研究如何将政府财政职能在中央和各级地方政府之间有效地进行划分、如何处理好财政体制中集中与分散之间关系的问题。与财政分权实践相呼应，财政分权的理论研究在不断丰富，根据研究视角、假设前提、政策目标的不同，可以将财政分权理论的研究分为两个阶段，即第一代财政分权理论和第二代财政分权理论。

第一代财政分权理论（也可称为传统财政分权理论）始于20世纪50年代，以1956年Tibeout发表《地方公共支出的纯理论》一文为起点，经Stigler（1957）、Musgrave（1959）、Oates（1972）等学者的补充与扩展，基于公共财政理论，采用新古典经济学的规范分析框架，从公共产品供给和财政职能的视角论证财政分权的必要性，研究如何合理划分中央与地方政府的财政职能，提高社会福利水平。传统财政分权理论的假设前提是政府的行为目标是最大限度地增加社会福利，政府是公共利益守护者。传统财政分权理论认为，无论从效率还是公平的视角，财政分权都是必要的。从效率视角，各地方政府之间的相互"竞争"，会促使地方政府更有效地提供人们所需要的公共产品，尤其是在纳税人可以完全自由流动的情况下，纳税人可以充分考虑某一辖区的税收负担和公共产品供给状况，通过"用脚投票"的方式选择公共产品供给成本较低的辖区，进而提高公共产品的供给效率（Tiebout，1956）；在不考虑规模经济和外部性的情况下，与中央政府在所有司法管辖区提供统一水平的公共产品相比，地方政府根据每个管辖区的需求和特定条件提供地方公共产品，更能够实现地方公共产品供给的帕累托最优，也将提供更高水平的社会福利（Oates，1972）。从公平视角，不同的居民对不同种类的公共产品偏好不同，每一位居民都有权选择自己需要的公共产品的种类和数量，为实现财富分配的公平性和资源配置的有效性，决策应该在低层次的政府部门进行，而且地方政府比中央政府更接近辖区居民，了解辖区居民的效用和需求，因此分级财政管理是必要的（Stigler，1957）。

传统财政分权理论为各级政府财政职能的分配制定了一般的规范框架。中央政府应主要承担经济稳定和收入再分配的职能，资源配置职能应由各级政府共同承担（Musgrave，1959）。因为在开放经济下地方政府进行宏观经济控制的手段非常有限，也无法在其管辖范围内对宏观经济状况产生太大影响，经济单位的流动性也会限制地方政府收入再分配职能的发挥。资源配置职能在各级政府的具体划分应当遵循受益原则，各级政府的事权应按公共产品的受益范围有效划分，即"谁受益谁负担"，全国居民都受益的公共产品应当由中央政府配置，仅惠及某一地区居民的公共产品应交由地方政府提供。若某一公共产品的受益范围恰好与某一级政府辖区范围相吻合，那么由这一级政府提供此公共产品是最有效率的（Olson，1969），当公共产品的受益范围介于两级政府辖区之间，由较低的政府提供此公共产品会产生外溢性问题，由较高的政府提供此公共产品则会随着辖区的扩大产生效率损失，这种情况下应根据公共产品的受益范围及外溢性程度，由两级政府共同配置。这种财政职能的分配对于政府间税收的划分也具有指导意义，税收的划分也应当尽量体现受益原则，反映公共服务的收益。Musgrave（1983）进一步提出了政府间税收划分的原则，认为关乎宏观经济稳定的税种和具有再分配职能的税种应划归中央政府，税基在各地区差异性较大的税种应由中央征收，税基流动性小的税种可以由地方政府征收，受益税和使用者收费适用于所有级次的政府。Oates（1996）和 Minassian（1997）在 Musgrave 的基础上提出"最优"地方税的三个标准：一是税源流动性较差；二是税基分布较为均匀；三是税收收入相对稳定。

传统财政分权理论的实践结果就是地方政府所要承担的支出责任可能超出其自身收入水平，即财政纵向失衡。根据传统财政分权理论，为了一个更公平和更有效率的整体税制，税基差异大、税源流动性大以及更适用于累进税率的税种都适宜于由中央政府征收，而地方政府主要征收税源流动性小、体现受益原则的税种；而在按照受益原则划分政府间事权时，公共产品的受益范围未必与地方政府辖区范围一致，或者说许多公共产品是具有外溢性的，没有绝对最优的方法来决定哪个级别的政府应该对此公共产品负责，若地方政府提供的公共产品范围涵盖了教育等外溢性较强的领域时，根据传统财政分权理论的分税原则设计的分税方案就很难满足地方政府的支出需要，也就产生了财政纵向失衡。政府间转移支付是财政分权体制中重要的政策工具，不同形式的转移支付侧重的功能也不尽相同。对于跨区域公共产品外溢性引起的财政纵向失衡问题，专项转移支付可以将地方政府提供跨区域公共产品的外部收益内在化，在追求社会福利最大化的情况下，地方政府取得专项转移支付资金后会把这种跨区域公共产品的产出扩大到整个社会的边际收益等于边际成本的程度；因为执行有效的税收制度所导致地方政府收支不匹配的财政纵向失衡问题主要通过不指定具体用途的一般性转移支付弥补。如果说弥补财政纵向失衡是一般性转移支付的基础功能，推动财政横向均衡和实现财政均等化则是一般性转移支付的目标功能。一般性转移支付通常基于衡量各个地区"财政需求"和"财政能力"的均衡公式对各个地区进行拨款，使得财政资金向财政能力最低的辖区转移，推进财政均等化。当然，财政均等化是一个有争议的问题，支持财政均等化的学者认为，一些经济发展较好、财政能力较强的地区可以利用自身的财政优势持续的发展当地经济，其中有一些经济增长是以牺牲落后地区为代价的，而财政均等化有助于为地区间创造一个更加公平的竞争环境。但也有学者从效率出发认为一般性转移支付可能阻碍了地方通过竞争实现均衡的自然过程，从这个角度财政均等化实际上可能会阻碍的经济发展。例如，McKinnon（1995）认为，自 1950 年以来，美国南方经济的复苏是由于南方各州政府提供了灵活的劳动力市场和较低的劳动力成本，地方政府间竞争可以在没有中央强制再分配的情况下减少区域不平等，减少这种再分配甚至可能是区域均衡的必要条件。不可否认的是，从公平角度出发，财政均等化作为一个再分配问题，在政治舞台上占据重要位置，财政均等化是一个复杂的经济和政治问题。

总之，财政分权可以提高公共产品的供给效率是传统财政分权理论的核心观点，财政纵向失衡是传统财政分权理论实践的体制特征，政府间转移支付制度是财政分权体制的制度工具，可以解决财政外溢性、弥补财政纵向失衡、推进财政横向均衡。按照传统财政分权理论，一定程度的财政纵向失衡和合理的转移支付制度有助于提高跨区域公共产品的供给效率。

2.2.2 第二代财政分权理论：地方税与转移支付的激励效应

传统财政分权理论并没有关注政治制度和政府角色定位对财政分权的影响，地方政府是公共利益守护者的假设前提违背了客观事实。20世纪80年代，公共选择学派的兴起为财政分权理论提供了新的研究视角。与传统财政分权理论认为政府追求社会福利最大化不同，公共选择学派认为所有政治活动的参与者（包括选民和官员）都有自己的目标，他们都试图在相应的政治环境约束中最大化自身利益。Brennan 和 Buchanan（1980）认为，公共部门可以被想象成怪兽"利堆坦"，它不断从社会经济活动中榨取资源寻求自身规模的扩张，而财政分权是限制政府扩张的一种机制，与私营部门的竞争类似，财政分权下地方政府的竞争可以限制中央政府的垄断，进而限制政府规模的扩张。Qian 和 Weingast（1997）在公共选择理论的基础上，正式构建了第二代财政分权理论，认为提高公民福利并不是政府官员的天然动机，在条件允许的情况下，政治官员将从政治决策中攫取最大份额的租金，因此一个有效的政治制度应建立激励相容的机制使政府官员的动机与公民福利相一致。第二代财政分权认为维护市场激励，实现帕累托效率是政府提高公民福利的行为路径。

一个有效的市场本身具有优胜劣汰的机制，而政府官员面临来自不同社会团体和选区的压力，政府的活动往往会损坏有效市场的激励机制。当政府为了收入再分配对高收入人群征收更高的税时,高收入人群就失去了努力的动机,这破坏了鼓励成功的市场激励;当政府试图挽救失败的项目或继续昂贵、低效的公共项目时,项目负责人就没有避免错误和浪费的动力,这损害了惩罚失败的市场激励。Qian 和 Weingast(1997)借助新公司理论从维护市场激励视角阐述了分权的必要性。根据新公司理论,委托人有时可以通过放弃某些信息和权力来提高效率,管理层的竞争机制可以迫使管理者追求股东利益最大化,与新公司理论相对应,Qian 和 Weingast 认为信息和权力的分散可以减少政府对市场激励的损坏,分权体制下地方政府间的竞争可以硬化预算约束,形成一种"市场保护型"的财政联邦制。例如,中国 20 世纪 80 年代实行的财政包干制的分权改革,地方政府承担了发展本地经济的主要责任,中央政府允许地方政府保留"预算外"和"体制外"账户,中央政府并不完全掌握这些预算信息,也不要求地方政府上交这部分收入,这进一步激励了地方政府发展当地经济;美国的地方政府在征税和借贷方面的权力相比中央政府受到限制,这种限制有助于地方政府维护消极的市场激励,减少对亏损企业的救助。同时分权体制下地方政府间的竞争会减少地方政府对市场的不当干预,因为流动的税源很快会离开低效率支出的地区,对流动税源的竞争阻止了地方政治领导人实施削弱地区经济的税收或监管政策,也可以说分权体制内的地方政府竞争使下级政府具有更严格的预算约束。

然而,并不是所有分权体制国家的政府官员都会做出维护市场激励的行为选择。地方政府存在于一套复杂的制度安排中,包括政治、法律、宪法和经济等方面。财政分权的效果取决于具体制度设计,不同的制度安排会给地方政府官员创造不同的激励,进而影响他们的行为选择。Weingast(2009)通过比较分析不同分权类型国家的经济绩效,总结出激励政府官员改善社会福利的"市场保护型"联邦体系所必需的五个制度特征:第一,政府内部存在层级结构,每一级都有划定的权力范围;第二,地方自治,地方政府有一定的财政自主权,可以监管地方经济,决定当地公共产品和服务的供给;第三,共同市场,国家提供并管理一个允许要素和产品流动的共同市场;第四,硬预算约束,所有政府,尤其是地方政府,都面临严格的预算限制;第五,制度化的权力分配。第一个是每个分权体制国家都具备的特征,然而不同分权体制在不同级别政府的权力配置方面却存在巨大差异,第二至第五个是对分权体制国家权力分配做出限制，任何一个不满足都会阻碍有效的地方政府竞争，扭曲分权体制的激励效应，让地方政府更有可能参与腐败、"寻租"和低效的资源配置。其中，第二个地方自治和第四个硬预算约束都体现了有效分权对财政体制的要求。地方自治，要求中央政府给予地方政府一定的财政自主权，包括独立的税权和相应的事权与支出责任。硬预算约束是政府维护市场激励的必要条件，却不是财政分权体制的必然特征，需要发达的市场经济和一定的财政体制设计相结合。如果中央政府会在地方财政危机时对其进行财政援助，那么地方政府就有一种几乎不可抗拒的动机去扩大他们财政支出项目，甚至忽略自身财政能力的限制和财政支出的效率，这就产生了软预算约束问题。即使中央政府声明会放弃对地方政府的财政援助，地方政府依然会评估这种说法的可信度并采取相应的策略，这其实是中央政府和地方政府的博弈（Goodspeed，2002；Rodden，Eskeland and Litvack，2003；Inman，2003），在"囚徒"困境的博弈形式下，地方政府很可能会抱着中央政府最终会实施财政援助的预期来做出预算决策。因为一方面地方政府的财政危机可能会影响整个国家，地方政府的规模越大其行为的外溢性越强，出现财政危机时获得中央政府救助的可能性越高（Wildasin，1997）；另一方面，当地方财政支出效率较低、当地居民的福利低于预期水平时，选民可能将部分责任归咎于中央政府，进而影响中央政府的选举结果，因此中央政府既有对地方政府财政援助的经济动机也有政治动机（Goodspeed，2002）。一个发达的市场经济本身会造成严格的预算限制，成熟银行体系下高效的信贷市场是地方政府财政自律的重要来源，在流动因素的背景下，有效的土地市场也可以使地方政府制订更为负责的财政决策，因为公共决策的低效，可能使当地房地产价值下降，进而导致经济主体向其他管理更好的管辖区转移（Qian and Weingast，1997；Oates，2005）。同时，财政分权体制的设计对硬化预算约束至关重要。地方政府应当拥有相对独立且良好的地方税收体系为地方预算支出提供所需资金，让当地居民清楚了解地方公共服务的供给成本；同时政府间转移支付制度应当合理，政府间转移支付应当实现跨区域公共产品的外溢收益的内在化并且满足基本的财政再分配职能，但是不能受操纵成为提供财政援助的手段（Oates，2005）。正如Rodden（2003）等人指出的，财政分权本身并不重要，重要的是它采取的形式，当地方政府的收入主要依靠自有税收和融资时，财政分权可以缩小政府规模，如果分权后地方政府的资金主要来自上级的财政转移支付，那么地方政府对"财政公地"的掠夺可能会导致公共预算的规模整体的增加。

可以发现，第二代财政分权理论更关注财政体制对地方政府官员的激励作用。无论地方官员的目标是什么，更多的收入会放松他们的预算限制，有助于他们推进自己的目标。因此，所有的政府官员都倾向于能够增加他们收入的政策，使他们能够资助更多的活动。而财政体制决定了地方政府增加收入的方式，不同的财政体制创造了不同的财政激励，直接影响了政府的行为策略。当地方政府主要依靠自身收入为预算筹措资金，就会对公民更加负责，提供有利于市场的公共产品，也会减少腐败（Rodden，2003）。如果地方政府过度依赖于转移支付或债务为其预算提供资金，会加大地方财政风险。转移支付会降低地方政府对其财政决策的责任意识（他们可以增加支出而不增加税收），同时会减弱地方政府提高支出效率和发展创新的动力（Bahl and Linn，1992）。第一代财政分权理论主要强调政府间转移支付在弥补垂直和水平的财政不平衡、解决公共产品外溢性方面的作用，而第二代财政分权理论更关注转移支付对地方政府行为的激励作用。许多国家的转移支付制度以牺牲地方政府促进经济繁荣的激励措施为代价矫正财政纵向失衡，推进财政横向均等化。为了矫正财政纵向失衡，转移支付有可能发展为填补地方财政缺口的工具，赤字较大的省区市接受的转移支付也较多，大量无条件转移支付降低了地方政府发展当地经济的动力，增加了地方政府参与"寻租"和腐败的动机；为了推进财政横向均等化，转移支付往往与地方经济增长状况呈负相关或微弱正相关，那么地方政府会缺乏促进地方经济增长的财政激励。Weingast（2009）认为这种牺牲是可以通过非线性的转移支付筹资模式避免，非线性的转移支付筹资模式可以使转移支付在调节财政纵向、横向不平衡的同时确保地方发展经济的高边际财政激励，非线性的转移支付筹资模式意味着在某一省份收入达到中央预先确定的水平之前，中央从这个省获取中等或适度比例的收入，当这个省的收入达到中央预先确定的水平之后，中央允许这个省对超出规定水平的收入保留较高的留存率，同时中央对于特别贫穷的省区市要给予特殊的照顾。这种制度的优势在于，当地方政府可以从发展地区经济中获得巨额财政回报时，他们更有可能承担促进市场的公共产品的费用，此外，虽然这种转移支付制度下有些省区市会比其他省区市富裕，但中央所筹集的资金总额要比这些省区市经济增长较少的情况下的资金总额大。

整体来看，第二代财政分权理论和第一代财政分权理论并不是互斥的，第二代财政分权理论是第一代财政分权理论的发展和补充，它试图明确要实现第一代财政分权理论中政府是公共利益守护者的假设前提所需要的制度条件，如"市场保护型"联邦体制所需要的条件。第二代财政分权理论强调了赋予地方税收自主权对地方政府维护和促进当地经济发展的正向激励作用，地方税使地方政府对公民更加负责，当地方政府能够从地方经济增长中取得较大份额的税收收入时，它就更有可能提供促进市场发展的公共产品，而不是参与"寻租"和腐败。同时也关注到如果转移支付制度设计不合理，很可能造成软预算约束问题，对地方政府的行为产生逆向的激励作用，不利于地方经济发展和公共产品的提供。第二代财政分权理论指出了非线性转移支付资金筹集的重要性，应增加地方政府留存的边际收入，为地方政府促进地方经济繁荣提供更高的边际激励。第二代财政分权理论从激励和约束视角研究财政体制对政府行为和公共产品供给的影响，拓宽了理论研究的视角，也具有一定的局限性，它主要是从效率角度论述如何提高公民福利，但公平也是政府部门需要考虑的重要维度。同时，第二代财政分权理论也强调了地方政府竞争对于提高地方公共产品效率的重要性，当然前提是共同市场的成立，不存在设立贸易壁垒的恶性竞争。

2.2.3 "粘蝇纸"效应：转移支付与公共产品供给规模

选民要求地方政府在其可利用资源范围内提供居民利益最大化的公共产品和私人产品组合，居民收入和财政转移支付共同构成了地方政府的可利用资源。早期经济理论认为，地方政府获得一次性转移支付（lump-sum transfer）[①] 与地方居民收入增加都使地方政府预算线外移，所产生的经济效应是等价的，即一次性转移支付不改变公共产品和私人产品的相对价格，只产生收入

---

① 一次性转移支付主要是指金额与地方政府公共支出不相关的转移支付，整体包括一般性转移支付、专项非配套转移支付。虽然专项非配套转移支付不改变公共产品和私人产品的价格却改变了不同公共产品之间的相对价格，因此后来许多学者用一般性转移支付代表一次性转移支付。

效应，不存在替代效应，因此，一次性转移支付和居民收入的增加对地方政府支出的影响应该相同（Wilde，1968）；与同等数额的一次性转移支付相比，不封顶的专项配套转移支付对地方政府的财政支出具有更大的刺激作用，因为它同时具有收入和替代作用。然而Gramlich（1969）首次通过实证研究发现，居民收入每增加1美元，地方财政支出增加0.02~0.05美元；转移支付每增加1美元，地方财政支出增加0.3~1美元。此后大量的实证研究发现，一次性转移支付和地方居民收入对地方财政支出的影响效应并不等价，与地方居民收入增长相比，上级政府的一次性转移支付对地方财政支出扩张的激励作用更强，这种现象被称为"粘蝇纸"效应（flypaper effect），因为政府的钱粘到了它所到达的地方，也就是说转移支付"粘"在公共支出项目和公共产品上。

为了解释传统经济理论与上述经验研究的冲突，学者们尝试从理论上重新解释"粘蝇纸"效应。财政幻觉理论（Fiscal Illusion）是解释"粘蝇纸"效应和传统经济理论的冲突的重要理论之一。所谓财政幻觉是指由于财政收支过程的分离模糊了纳税人对税收负担和公共产品成本的真实认知。来自上级政府的转移支付会让当地居民认为这部分补助是由其他地区的纳税人支付的，进而产生了其他地区居民承担了部分本地区公共产品成本的错觉，却忽略了本地所缴纳的税收也有一部分成为其他地区的转移支付，进而低估了公共产品的价格，增加了对公共产品的需求（Winer，1983）。在财政幻觉下，Oates（1979）和Courant等（1979）认为一次性转移支付虽然不改变公共产品供给的边际价格，却降低了公共产品的平均价格，在信息不对称的情况下，选民很难掌握公共产品供给的边际价格，往往根据公共产品的平均价格确定公共产品的供给水平，这就导致公共产品的实际供给水平超过了按边际成本决定的理论供给水平。当然，不同层级政府的转移支付可能导致地方居民产生不同程度的财政幻觉，Grossman（1990）通过实证研究发现，来自联邦政府的转移支付比来自州政府的转移支付对地方政府支出扩张的影响更强烈，说明课税权与支出权分离程度越高，居民产生的财政幻觉越大，相比于州政府，联邦政府的转移支付使地方居民产生了更强烈的财政幻觉。还有学者从官僚行为理论和利益集团游说模型解释"粘蝇纸"效应。官僚行为理论认为地方官员是追求自身利益最大化的，地方政府行为是基于官员自身的效用函数而不是基于地方居民的效用函数，与需要地方居民缴纳的税收不同，在信息不对称的情况下，转移支付加大了地方官员扩大财政支出规模的动机（Filimon，Romer and Rosenthal，1982）。在利益集团游说模型中，由于转移支付会改变不同利益集团的相对财富，利益集团会通过游说影响转移支付资金的分配，转移支付资金被更多地用于利益集团所需要的领域，地方财政支出的规模也会在利益集团的游说中不断扩张（Dougan and Kenyon，1988）。

Dahlby（2011）认为"粘蝇纸"效应并不是一种反常的现象，由于利益集团和官僚行为而导致地方官员没有实施有利于纳税人的政策不是"粘蝇纸"效应产生的根本原因，"粘蝇纸"效应是大多数地方政府财政行为的内在方面，可以用经济理论予以解释。这种解释不同于财政幻觉理论，财政幻觉理论认为一次性转移支付会降低公共产品的平均价格但是不会降低公共服务的边际价格，事实上，当地方政府使用扭曲性税收（Distortionary taxes）为其筹集收入时，一次性转移支付会降低公共产品的边际价格，产生直接的价格效应（替代效应）。传统经济理论认为一次性转移支付只具有收入效应是因为其含蓄地假设了地方政府用总额税（lump-sum tax）来筹集收入。当地方政府征收扭曲税时，征税就会产生福利净损失，也就是税收的额外成本，来自上级的转移支付不存在这种福利损失，Hamilton（1986）指出，当地方政府使用扭曲性税收来资助他们至少一部分的支出时，"粘蝇纸"效应就产生了。然而Hines 和 Thaler（1995）不认为税收扭曲是对"粘蝇纸"效应的一种解释，认为税收的边际无谓损失通常非常小，无法解释一次性转移支付与居民收入对地方财政支出影响的巨大差异。这使扭曲性税收在解释"粘蝇纸"效应的重要性没有得到应有的重视。直到 Dahlby（2011）提出，当地方政府使用扭曲性税收为其支出筹资时，地方政府收到的一次性转移支付可以使其降低税率但仍然提供同样水平的服务，在合理的假设下，降低税率会使公共资金的边际成本下降，公共产品的边际价格是公共资金的边际成本和该产品边际生产成本的乘积，因此公共产品的边际价格也会降低，扭曲性税收使一次性转移支付具有价格效应。他同时指出，虽然一次性转移支付同时具有价格效应和收入效应，但是用同等金额的专项配套性转移支付替代一次性转移支付，地方政府会增加公共产品的供给规模。

综上所述，财政幻觉理论、官僚行为理论、利益集团游说模型和扭曲性税收假设分别从不同的角度为"粘蝇纸"效应的合理性提供了理论解释。与私人收入的增加不同，无论一般性转移支付还是专项转移支付都改变了地方政府的行为偏好，都对地方财政支出扩张的激励作用更强，也就是对公共产品供给规模扩张的刺激作用更强。

2.2.4 "公共池"效应：转移支付与公共产品供给效率

第二代财政分权理论指出了转移支付对地方政府的行为产生的逆向激励，而这种逆向激励归根结底源于"公共池"效应（Rodden，2003）。与地方税收收入来源于当地居民不同，转移支付则是来源于一个公共资金池（common pool），即中央对地方的转移支付是中央税收收入的一部分，这部分税收成本由全国各地区居民共同承担。所谓"公共池"效应是指在财政纵向失衡体制下，来自上级的转移支付割裂了地方居民的税收成本和地方公共产品收益之间的关系，使地方政府试图过度捕捞公共收入池，把地方公共产品供给成本转嫁到其他地区，地方公共产品供给成本外溢的可能也使地方政府的财政支出决策更加"随意"和"鲁莽"，使地方政府的财政支出效率下降，进而降低了公共产品的供给效率（范子英等，2019）。

"公共池"效应的本质在于转移支付这一公共资金池模糊了地方政府财政资金的使用成本，这其实也是财政幻觉假说关于转移支付"粘蝇纸"效应的解释，然而"公共池"效应除了会导致地方政府规模扩张外，还直接导致了地方财政支出的低效率。学者们分别从以下几个方面论述转移支付影响地方财政支出效率的机制。第一，公共资金池影响地方居民对财政资金使用的监督力度。当居民将收入通过地方税转移至地方政府时，地方居民将更加关注这部分资金的使用情况，因为付出相应税收成本的居民很难不重视他们从地方政府提供公共产品中取得收益的状况。而来自公共资金池的转移支付一方面弱化了地方居民监管这部分资金的源动力，另一方面由于信息不对称地方居民也更难识别和惩罚地方政府对这部分资金的浪费行为（Ross，2001；Rodden，2003），进而导致财政资金使用的低效率。第二，公共资金池弱化了地方政府对于自身财政行为的责任意识。中央的转移支付对地方政府释放了一种救助信号，地方政府有理由相信当其出现财政危机时，中央政府会通过转移支付对其进行财政援助，这使地方政府在做出支出决策时就会忽视对自身财政能力和财政资金使用效率的衡量，导致支出决策制定的低效（Rodden，2002）。同时，在实际使用的过程中，如果地方财政资金的浪费不会导致当地居民的税负和地方政府债务的增加，只是增加了上级拨付的公共池资金，地方政府就会缺乏提高财政资金使用效率的动力。第三，公共资金池会引发地方政府的道德风险。中央政府在向各地区分配转移支付资金时往往是基于这个地区的财政紧张程度或者财政能力，为了从中央政府获取更多的转移支付，地方政府会营造出较大的地方财政缺口，也就是说，地方政府具有故意浪费财政支出或者进行无效财政支出的激励（Poschl and Weingast，2013）。

2.3 本章小结

本章界定了财政纵向失衡、转移支付、基本公共服务的相关概念范畴以及阐述了三者相关的理论基础，为后续分析我国财政纵向失衡程度和转移支付的规模与结构对基本公共服务供给的影响奠定了基础。

首先，本章剖析了财政纵向失衡的内涵，同时在界定转移支付和基本公共服务内涵的基础上明确转移支付的分类和基本公共服务的研究范畴，后续对相关概念进行理论分析和实证研究时都是基于本章界定的研究口径。

其次，在对相关概念进行范畴界定的基础上，尝试用第一代财政分权理论、第二代财政分权理论、"公共池"效应、"粘蝇纸"效应阐述三者之间的关系。第一代财政分权理论在一种理想假设下告诉我们财政分权可以提高公共产品供给效率，而财政纵向失衡是财政分权理论的实践结果，弥补财政纵向失衡是转移支付的功能之一；第二代财政分权理论指出第一代财政分权理论关于政府追求社会利益最大化这一假设是不成立的，政府官员是追求自身利益最大化的，但一个良好的激励相容的制度条件可以使政府官员与社会成员的利益相契合，而转移支付制度造成的软预算约束会对地方政府的行为产生逆向的激励作用，使地方财政支出盲目、低效扩张，进而导致财政纵向失衡的扩大和公共产品供给的低效；"粘蝇纸"效应阐述了转移支付对地方财政支出规模扩张的刺激，以及对公共产品供给规模的影响；公共池效应详细地解释了第二代财政理论中转移支付逆向激励的效果之一，即转移支付降低了财政支出效率和公共产品效率。

在本章的概念界定中，本书认为公共服务与公共产品没有实质差异，基本公共服务作为公共服务的一部分也是公共产品的一部分。通过本章的理论梳理我们可以发现，转移支付对财政纵向失衡的影响是双向的，转移支付对基本公共服务供给的影响是不确定的，不同的制度设计转移支付的效应是不同的，有待于我们进一步探讨，这种探讨对于分析我国财政体制影响基本公共服务供给的动态机制具有重要意义。

第3章 体制剖析：财政纵向失衡与转移支付

财政纵向失衡是西方财政分权理论的实践结果，也是所有财政分权体制国家的共同制度特征。在中国式财政分权体制下，应如何理解我国财政纵向失衡的基本特征？转移支付是财政分权体制的制度工具，我国转移支付制度对财政纵向失衡有何影响？厘清上述问题是理解我国财政体制的关键，也是本章的核心内容。

3.1 我国财政纵向失衡的特征事实

本节首先采用不同的测度方式分析我国财政纵向失衡的基本特征，然后结合中国式财政分权体制改革厘清我国财政纵向失衡的内在逻辑。

3.1.1 我国财政纵向失衡的测度及基本特征

根据前面对财政纵向失衡的概念界定，财政纵向失衡可以描述为政府间财权与支出责任划分的不匹配，也可以描述为一级政府自有收入与支出的不匹配，政府间财权与支出责任划分的不匹配是财政纵向失衡产生的根源，一级政府自有收入与支出的不匹配则是财政纵向失衡的表征。国内外学者对财政纵向失衡的测度也基本出于上述两个角度：一是通过财政收入分权与财政支出分权的不对称程度衡量政府间财权与支出责任划分的不匹配程度；二是直接度量一级政府自有收入与支出的不匹配程度。当然，不同的学者对自有收入和支出的理解不同，在测度时应根据一国实际情况以及数据的可得性进行具体的分析。为了描述我国财政纵向失衡的基本特征，本章将采用不同的测度方式衡量我国财政纵向失衡的总体趋势以及不同省份、不同地区的财政纵向失衡程度。

3.1.1.1 我国财政纵向失衡的总体趋势

我国财政纵向失衡的总体趋势描述的是我国中央政府和地方政府财权与支出责任之间的不匹配关系。此处本书把各省区市及省级以下政府统称为地方政府，主要用时间序列数据衡量我国财政纵向失衡的时间变化趋势，而不考虑各省区市的地区异质性，用一级政府自有收入与支出的不匹配程度测度财政纵向失衡不如采用财政收入分权与财政支出分权的差异衡量财政纵向失衡更为适用。具体而言，借鉴韩一多、付文林（2019）的度量方法，财政纵向失衡的计算公式为：

$$VFI = FDE - FDR = \frac{LE}{LE+CE} - \frac{LR}{LR+CR} = \frac{CR}{LR+CR} - \frac{CE}{LE+CE} \quad (3-1)$$

$$FDE = \frac{LE}{LE+CE} = 1 - \frac{CE}{LE+CE} \quad (3-2)$$

$$FDR = \frac{LR}{LR+CR} = 1 - \frac{CR}{LR+CR} \quad (3-3)$$

式（3-1）中 FDE 和 FDR 分别代表财政支出分权和财政收入分权，LE 和 CE 分别代表地方财政支出和中央财政支出，LR 和 CR 分别代表地方财政收入和中央财政收入[①]。如式（3-2）和式（3-3）所示，财政支出分权用地方财政支出占全国财政支出的比重表示，财政收入分权用地方财政收入占全国财政收入比重表示，通过数学公式换算发现财政纵向失衡也可以用中央财政收入占全国财政收入与中央财政支出占全国财政支出差异衡量。

如图3-1所示，改革开放初期，我国VFI一直是负值，说明财政支出分权是小于财政收入分权的，这种状态可以说是一种逆向的财政纵向失衡，它不

[①] 广义的财政收支应包括一般公共预算收支、政府性基金预算收支、国有资本经营预算收支、社会保险基金预算收支，而狭义的财政收支仅指一般公共预算收支。本书关于财政收支的统计口径都是狭义的，一方面因为其他三本预算专款专用和基本公共服务关联度不大，另一方面受限于数据的可得性。此处地方财政收入为地方本级财政收入，地方财政支出为地方本级财政支出。2000年以前，财政支出不包括国内外债务还本付息支出和利用国外借款收入安排的基本建设支出。从2000年起，财政支出中包括国内外债务付息支出。

符合财政分权体制国家的普遍特征,也有违传统财政分权理论对财权和支出责任划分的指导原则,因此必然不可持续。1978~1986 年,财政收入分权虽然大于财政支出分权,但这一数值在不断缩小,1987~1990 年,VFI 已经接近 0,但 1990~1993 年逆向的 VFI 又有扩大的趋势。这种情况直到 1994 年才发生根本性逆转,1994 年我国的 VFI 取得了从 -0.06 到 0.25 的跳跃式增长,进入了财政支出分权大于财政收入分权的阶段,随后 1994~2002 年我国 VFI 处在缓慢下降阶段,2003 年后该指标开始逐步上升,2011 年达到 0.34 后又缓慢回落,但基本稳定在 0.32 左右。鲁建坤、李永友(2018)用同样的方式测算美国、巴西、俄罗斯、印度和南非的财政纵向失衡程度,发现以上国家虽然政体结构不同,但 VFI 基本不超过 0.1。这充分说明我国目前的财政体制呈现了一种较高程度的财政纵向失衡。

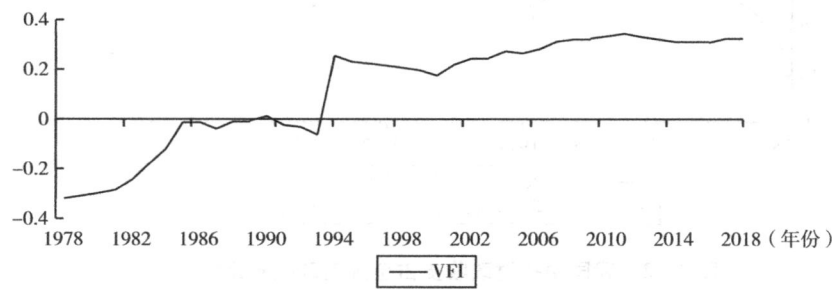

图 3-1 我国财政纵向失衡的总体趋势

资料来源:《中国财政年鉴(2019 年)》。

财政纵向失衡程度的变化取决于财政收入分权和财政支出分权的变化,或者说取决于政府间财权和支出责任划分的变动。我们用中央财政收支占全国财政收支的变动趋势分析我国财权与支出责任划分的变化,进而解读我国财政纵向失衡程度的变化①。如图 3-2 所示,1978 年中央财政收入占全国财政收入的比重为 16%,中央财政支出占全国财政支出的比重为 47%,说明在改革开放初期我国财权的下放快于事权和支出责任的下放。1978~1986 年我国负向 VFI 不断向 0 趋近,一方面是由于中央财政收入的集中;另一方面也由于事权和支出责任不断下放,财政支出分权加强。1986~1993 年我国 VFI 变动趋势

---

① 中央财政收入为中央本级财政收入,中央财政支出为中央本级财政支出。

不大，而1994年后我国VFI发生根本逆转。1994年我国中央财政收入占全国财政收入的比重从22%上升至56%，随后10年该比重虽经历一些波动但基本保持在50%左右，而1994~2004年我国中央财政支出占全国财政支出的比重一直保持在30%左右，也就是说，1994~2004年VFI的变动主要是由于我国财政收入分配关系的变化，而财政支出分权程度的变动不大。2005~2018年我国中央财政收支占全国财政收支的比重都有所下降，但由于变化幅度不同，这一阶段我国VFI整体处于上升的趋势。

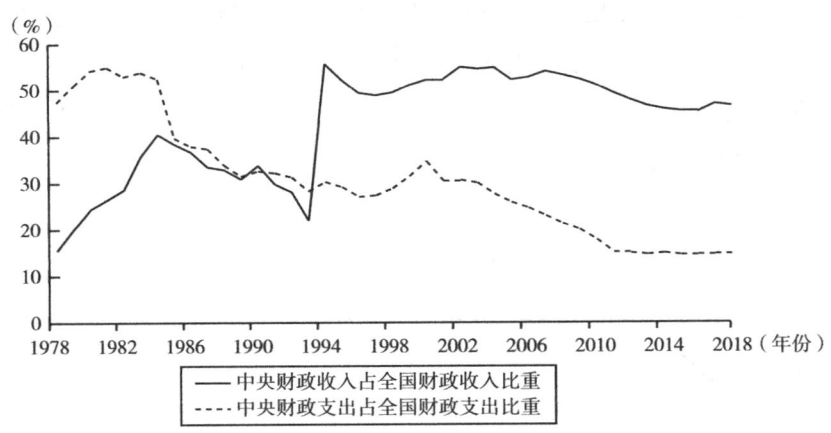

图3-2 我国中央财政收支占全国财政收支比重的走势

资料来源：《中国财政年鉴（2019年）》。

3.1.1.2 我国不同地区财政纵向失衡的比较分析

用财政支出分权和财政收入分权的差值来衡量财政纵向失衡的方式虽然简单直观，但实证研究中学者们更多采用Eyraud和Lusinyan（2013）年提出的衡量财政收入和支出分权不匹配的方法，即财政纵向失衡=1-（财政收入分权/财政支出分权）×(1-财政赤字率)。储德银等（2018）、杜彤伟等（2019）、林春和孙英杰（2019）根据Eyraud和Lusinyan（2013）所提出的公式，赋予财政收入分权、财政支出分权和财政赤字更符合中国国情的计算方法，如用地方财政自给缺口率衡量财政赤字率。由于Eyraud和Lusinyan（2013）的公式中不仅考虑到财政收支分权的不匹配，同时也考虑到地方政府自有收入与支出的不匹配，本章也用此公式测度地方政府财政纵向失衡（VFI_1）。

$$VFI_1 = \left(1 - \frac{FDR}{FDE}\right) \times (1 - LBD) \tag{3-4}$$

$$FDR = \frac{LR/LP}{LR/LP + CR/TP} \tag{3-5}$$

$$FDE = \frac{LE/LP}{LE/LP + CE/TP} \tag{3-6}$$

$$LBD = 1 - \frac{LR}{LE} \tag{3-7}$$

式（3-4）中 FDR 和 FDE 分别是财政收入分权和财政支出分权，LBD 为地方财政自给缺口率。式（3-5）中 LR 和 CR 分别是地方本级财政收入和中央本级财政收入，LP 和 TP 分别是地方人口数和全国人口数。式（3-6）中 LE 和 CE 分别是地方本级财政支出和中央本级财政支出。此处的地方政府不再是全国各省区市及省级以下政府的总称，仅指所研究的某省、自治区或直辖市的地方政府，为了避免地方人口因素对财政资源分配的影响，测算财政收支分权指标时对财政收支进行了人均标准化。

为了研究的可比性，本章同时采用测度地方政府自有收入与支出不匹配程度的方式衡量财政纵向失衡程度，即财政纵向失衡=1-自有财政收入/自有目的支出。学者们基本认同专项转移支付不属于地方自有财政收入，关于地方自有财政收入的争议主要集中在共享税收入、一般性转移支付和税收返还。本章认为在中国地方政府自有财政收入应包括共享税收入，因为如果严格从独立税权的角度界定地方政府自有收入，那么即使是地方税也不算是地方政府自有收入，因为中国的地方政府并不具备税收立法权；一般性转移支付虽然可以由地方政府自由支配，但"粘蝇纸"效应说明它并不同于地方自有财政收入，而且收入金额并不受地方政府控制，所以一般性转移支付不应该作为地方自有财政收入；税收返还相当于中央政府预收的地方税收收入，具有确定的计算公式，但是税收返还毕竟属于改革妥协的产物，是否可持续还取决于中央政府的决策，不能完全等同于地方自有收入。对于地方政府自有目的支出，大部分学者认为除了地方上解支出都属于地方政府自有目的支出，也有学者认为通过专项转移支付筹集资金的支出不属于地方政府自有目的支出（李永友、张帆，2019），那么到底是地方政府先有资金需求通过"跑部钱进"取得的专项转移支付资金，还是中央将事权委托地方后下达的专项转移支付？这两种情况其实并存。基于以上分析,本章借鉴江庆(2009)和储德银等(2018)的做法,用地方本级财政收入(不包括上级的税收返还和转移支付)作为地方自有收入,地方本级财政支出(不包括地方上解支出)作为地方自有目的支出,来衡量财政纵向失衡(VFI_2)。如式(3-8)至式(3-10)所示,因为由专项转移支付筹集资金的支出是否属于地方自有目的支出具有争议,本章在 VFI_3 中用地方本级财政支出与专项转移支付的差值作为地方自有目的支出。鉴于税收返还的特殊性,同时在 VFI_4 中用地方本级财政收入与税收返还相加作为地方自有财政收入。

$$VFI_2 = LBD = 1 - \frac{LR}{LE} \tag{3-8}$$

$$VFI_3 = 1 - \frac{LR}{LE - STRANS} \tag{3-9}$$

$$VFI_4 = 1 - \frac{LR + TAXR}{LE - STRANS} \tag{3-10}$$

其中,LR 为地方本级财政收入,LE 为地方本级财政支出,STRANS 代表专项转移支付,TAXR 代表税收返还。

用上述不同方法度量我国 2009~2018 年 30 个省(自治区、直辖市)的 VFI[①],并计算出各省(自治区、直辖市)在 2009~2018 年 VFI 的平均值,结果如表 3-1 所示。可以发现用四种方法度量的 VFI 绝对值存在较大差异,并且 $VFI_1 > VFI_2 > VFI_3 > VFI_4$,这种结果符合它们各自的公式设定。对不同测度方式下的 VFI 作相关性分析,VFI_2、VFI_3、VFI_4 与 VFI_1 的相关系数分别为 0.977、0.9481、0.9276。无论采用哪种度量方法,上海市的平均 VFI 都是最小值,青海省的平均 VFI 都是最大值,青海省的平均 VFI_1 是上海市的平均 VFI_1 的 4 倍,青海省的平均 VFI_2 是上海市的平均 VFI_2 的 7.5 倍,青海省的平均 VFI_3 是上海市的平均 VFI_3 的 8.3 倍,青海省的平均 VFI_4 是上海市的平均 VFI_4 的 24 倍,说明我国不同地区财政纵向失衡程度存在较大差异。

变异系数(CV = 标准差/均值)可以用来衡量指标的离散程度。本书用 30 个省(自治区、直辖市)VFI 的变异系数衡量我国各省区市财政纵向失衡的差异。如图 3-3 所示,不同度量方式下,我国各省区市 VFI 的变异系数不

[①] 由于数据缺失,统计结果不含西藏自治区、香港特别行政区、澳门特别行政区和台湾省。

同，CV(VFI$_1$) < CV(VFI$_2$) < CV(VFI$_3$) < CV(VFI$_4$)，但在不同度量方式下各省区市财政纵向失衡的变异系数随时间变化的趋势基本相同。

表 3-1　各省（自治区、直辖市）财政纵向失衡程度（2009~2018 年）

地区	VFI$_1$	VFI$_2$	VFI$_3$	VFI$_4$	地区	VFI$_1$	VFI$_2$	VFI$_3$	VFI$_4$
北京	0.26	0.15	0.10	0.04	河南	0.81	0.58	0.49	0.43
天津	0.37	0.23	0.18	0.13	湖北	0.75	0.53	0.43	0.37
河北	0.75	0.51	0.41	0.34	湖南	0.80	0.58	0.47	0.42
山西	0.70	0.48	0.38	0.32	广东	0.42	0.19	0.15	0.09
内蒙古	0.71	0.56	0.43	0.38	广西	0.83	0.63	0.54	0.48
辽宁	0.62	0.42	0.33	0.27	海南	0.72	0.54	0.46	0.41
吉林	0.81	0.63	0.52	0.46	重庆	0.65	0.45	0.34	0.29
黑龙江	0.85	0.67	0.55	0.50	四川	0.79	0.58	0.46	0.40
上海	0.23	0.11	0.09	0.03	贵州	0.83	0.64	0.53	0.48
江苏	0.39	0.19	0.13	0.07	云南	0.82	0.63	0.53	0.43
浙江	0.43	0.21	0.15	0.08	陕西	0.74	0.55	0.43	0.38
安徽	0.76	0.54	0.44	0.39	甘肃	0.90	0.75	0.65	0.59
福建	0.57	0.34	0.25	0.18	青海	0.92	0.83	0.75	0.72
江西	0.77	0.56	0.46	0.41	宁夏	0.83	0.69	0.60	0.56
山东	0.58	0.33	0.24	0.17	新疆	0.82	0.67	0.56	0.52

资料来源：2010~2019 年《中国财政年鉴》，2015~2018 年财政部全国财政决算数据，《2016 年地方财政运行分析》。

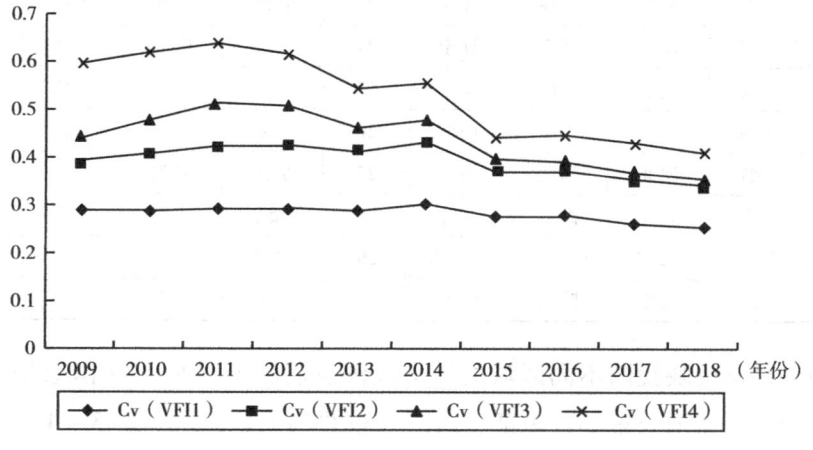

图 3-3　2009~2018 年我国省际间 VFI 变异系数的走势

在四种不同度量方式下，2009~2011年我国各省区市财政纵向失衡的变异系数均处于上升趋势，2012~2014年我国各省区市财政纵向失衡的变异系数呈现出先下降后上升的波浪式变动，2015年我国各省区市财政纵向失衡的变异系数大幅下降，2016~2018年这种下降趋势得以保持。也就是说，虽然我国不同地区财政纵向失衡的程度存在较大差异，但近年来这种差异在不断缩小。

为了更直观地观察我国各省区市财政纵向失衡程度的相对大小，我们将不同度量方式下我国30个省（自治区、直辖市）2009~2018年平均VFI从低到高排序，结果如表3-2所示。可以发现，上海、北京、江苏、浙江、广东、天津等经济发展较快的地区财政纵向失衡程度要远远小于经济发展落后的甘肃、青海等地区，这一特征在不同的度量方式下都较为明显。

表3-2　不同度量方式下各省（自治区、直辖市）财政纵向失衡程度排序

排序	VFI_1	VFI_2	VFI_3	VFI_4	排序	VFI_1	VFI_2	VFI_3	VFI_4
1	上海	上海	上海	上海	16	河北	陕西	安徽	安徽
2	北京	北京	北京	北京	17	安徽	江西	海南	四川
3	天津	广东	江苏	江苏	18	江西	内蒙古	四川	海南
4	江苏	江苏	浙江	浙江	19	四川	四川	江西	江西
5	广东	浙江	广东	广东	20	湖南	湖南	湖南	湖南
6	浙江	天津	天津	天津	21	河南	河南	河南	河南
7	福建	山东	山东	山东	22	吉林	云南	吉林	云南
8	山东	福建	福建	福建	23	新疆	吉林	贵州	吉林
9	辽宁	辽宁	辽宁	辽宁	24	云南	广西	云南	贵州
10	重庆	重庆	重庆	重庆	25	广西	贵州	广西	广西
11	山西	山西	山西	山西	26	宁夏	黑龙江	黑龙江	黑龙江
12	内蒙古	河北	河北	河北	27	贵州	新疆	新疆	新疆
13	海南	湖北	湖北	湖北	28	黑龙江	宁夏	宁夏	宁夏
14	陕西	海南	内蒙古	内蒙古	29	甘肃	甘肃	甘肃	甘肃
15	湖北	安徽	陕西	陕西	30	青海	青海	青海	青海

为了科学反映我国不同区域的社会经济发展状况，2011年国家统计局将我国的经济区域划分东部、中部、西部和东北四大地区。如图3-4所示，从区域差异来看，我国东部地区的财政纵向失衡程度要远远小于中部、西部和东

北地区。因为东部地区经济发展水平较高，地方政府具有较为丰富的税源，在同样的财权划分下，东部地区的地方政府能够取得更多的财政收入来满足自身的支出需要。中部地区的财政纵向失衡程度一直小于西部地区，但差异不大。2014 年之前东北地区的财政纵向失衡程度要小于中部地区，2014 年后东北地区的财政纵向失衡程度突然提升，超过了中部地区。从各地区财政纵向失衡的变化趋势来看，东部、西部、中部和东北地区的财政纵向失衡程度在 2014~2018 年均处于上升趋势，其中东北地区财政纵向失衡的上升幅度最大。

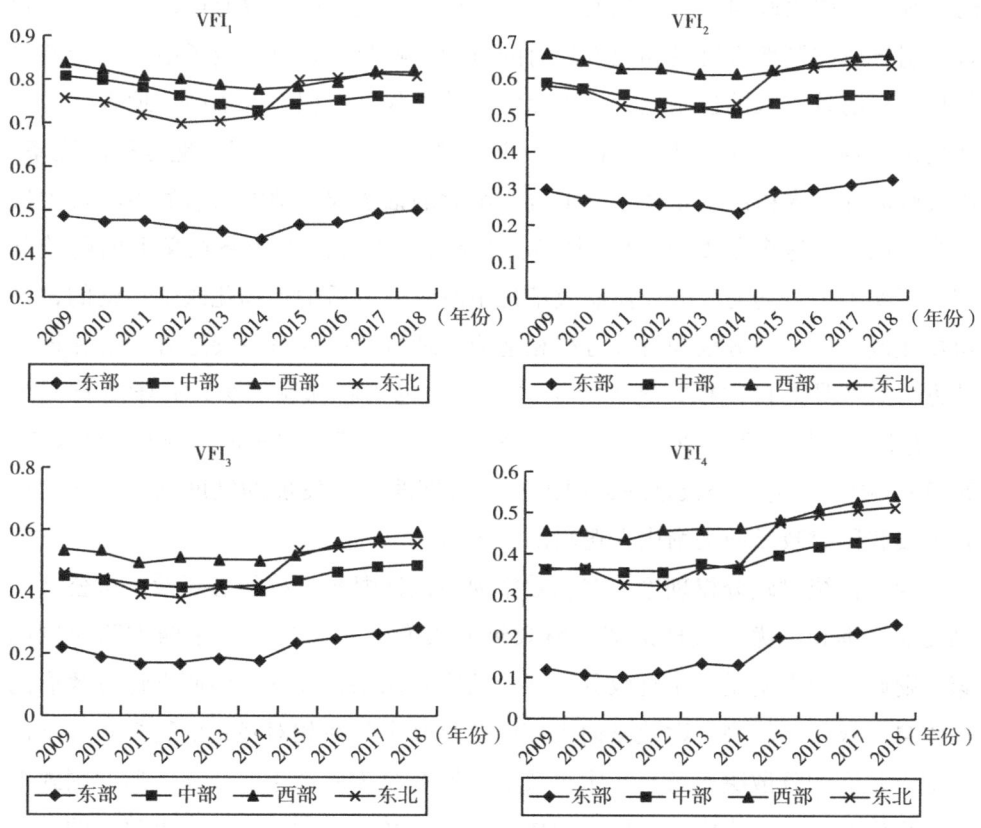

图 3-4　2009~2018 年我国四大区域 VFI 的变动趋势

3.1.2　中国式财政分权和我国财政纵向失衡的内在逻辑

国家权力的划分包括政治分权、财政分权、经济分权、行政分权等，这些权力的划分有时并不同步，各种权力的划分以不同的方式组合在一起共同影响着地方政府行为。西方财政分权理论具有其诞生的政治经济背景，并不完全适用于中国的财政分权体制。西方财政联邦主义国家的财政分权是在政治分权的基础上同步进行的，地方政府具有一定的税收立法权，地方辖区的选民通过投票决定地方官员的任命。中国式财政分权体制是在中国特有的背景之下，从制度框架和法律环境都与西方传统的财政分权体制存在差异。在中国，地方官员的任免权在很大程度上由上级党政机关决定，地方官员在提供公共产品或服务时必须考虑中央政府对其政绩的认定与考核，这就使中央政府可以通过人事管理来引导或控制地方官员和地方政府的行为。财政分权就决定了中央政府需要保持其对财政收入的控制能力，因此中国的税收立法权高度集中，地方政府无法决定税种的开征和停征，只能在中央授权的范围内调整部分地方税的税率，中央政府在共享税的认定及划分上也有绝对的话语权，地方政府的税收自主权相当有限。从这个角度讲，中国的财政分权并不是西方严格意义上的财政分权，事实上中国的财政分权体制改革是由改革开放后的市场化改革推动的，与市场化改革的经济分权和行政分权相适应，地方政府拥有发展地方经济和提供地方公共产品的自主权，这种自主权并不逊色于联邦制国家，有学者称其为"事实上的联邦主义"或者"中国风格的联邦主义"（Zheng，2006；郑永年，2013）。中国式财政分权是理解中国转轨时期改革与发展的制度基础，同时也是解读我国财政纵向失衡内在逻辑的突破口。

西方传统财政分权理论大多从效率视角论证财政分权的必要性，从公共产品受益范围和最优税收理论解读财政纵向失衡的必然性。对于西方联邦制国家，财政纵向失衡是传统财政分权理论的实践结果，在联邦体制下地方政府的税收自主权相对较高，财政纵向失衡的变化基本是在相对稳定的税权划分下由于地方政府的分散决策及其与中央政府的博弈行为所产生的变动。但中国式财政分权体制的特征决定了我国财政体制垂直关系的变动要满足中央政府的政策目标，我国政治背景决定了中央政府在政治与经济环境发生变化时，具有集中调整财政收入分配体系的能力。因此中国财政纵向失衡程度的变化更多源于中央政府为了实现不同阶段的政策目标对财政收入分配体系的主动调整。任何一项制度都内生于其所处的政治经济环境，同时反作用于政治经济环境。中国财政体制垂直关系的历次变化都是中央政府出于政治和经济的考量做出的策略选择，回顾我国财政体制的改革历程，任何一次财政体制垂直关系的调整都与国家治理需求紧密呼应，也可以说我国的财政纵向失衡内生于国家治理需要（鲁建坤、李永友，2018）。

改革开放初期，人均收入水平较低，市场活力尚未得到释放，发展市场经济是我国的首要目标，为了刺激地方政府发展经济的积极性，我国的财政体制实现了从统收统收时期的"一灶吃饭"向财政包干制的"分灶吃饭"的转变，在财政包干制下，地方政府在原定总额分成的基础上可以多收多留，也就是说，一个地方的经济发展越好，地方财政收入的增长越快，地方政府可以留存的财政收入也越多，这极大地调动了地方政府发展经济的积极性。Jin等（2005）计算出，中国在改革开放后的高增长时期（1981~1992年），各省区市平均保留了89%的额外税收收入，68%的所有省区市面临100%的边际保留率。然而这种利益分配格局在激励地方政府发展本地经济的同时，也导致了地方保护主义思想盛行，割裂了全国的统一市场，形成"诸侯经济"，不利于区域经济的协调和均衡发展。与此同时，随着经济的发展这种财政体制客观上降低了中央财政收入占财政收入总额的比重，甚至造成了中央财政对地方财政的依赖，这种逆向的财政纵向失衡弱化了中央政府的宏观调控能力。虽然在财政分权体制改革初期的权力下放是在中央政府的自由裁量权下进行的，但改革的成功使得各省区市建立了强大的权力中心，制衡了中央政府平衡区域经济发展差异和稳定宏观经济的能力。随着国民经济的"蛋糕"逐渐做大，如何分配"蛋糕"逐步成了人民关心的问题，与此同时随着人均收入水平的提高，人民对公共服务的需求结构也在发生变化，热衷于经济建设的地方政府往往忽视了人们日益增长的社会性公共服务需求。

重新调整财政垂直分配关系、加强中央政府的统筹协调和政策引导能力成了国家治理的新需求。由于财政收入分权过高导致两个比重下降①是中央财政能力弱化的主要原因，1994年我国推进了以重构财政收入分配关系为核心的分税制改革。1994年我国开始按税种划分中央与地方的收入，将各个税种划分为中央税、地方税、中央和地方共享税，同时分设国税和地税两个征管机构。新的财政收入分配关系具有明显的集权倾向。从收入分享制度来看，税源

---

① 两个比重是指中央财政收入占全国财政收入的比重和全国财政收入占国民生产总值的比重。

广泛且收入稳定的税种大多被划为中央税或中央与地方共享税,如消费税被划为中央税,对财政收入贡献较大的增值税被划为共享税以75∶25的比例在中央和地方政府间分享。虽然中央政府为了减少来自地方政府的阻力,制定了维护地方既得利益的税收返还政策,但是这次财政收入分配体制的改革依然大大增加了中央财政收入的比重,使中央财政收入占财政总收入的比重从1993年的22%提升至1994年的55.7%。从收入筹集方式来看,国家税务局负责中央税和共享税的征收,再将共享税中属于地方的部分和规定税收返还的部分返还给地方,改变了以往先由地方征收再上解中央的收入筹集方式。新的收入分享制度和税收征管模式使中央政府快速摆脱了中央财政支出依靠地方财政上解和中央财政能力不足的局面,同时中央财政逐步建立了强大的转移支付体系,重新成为财政收入转移的中枢,这对于中央财政宏观经济稳定和收入再分配职能的发挥至关重要。这次财政体制改革并没有改变中央和地方支出责任的划分方式,财政收入的集权直接提高了我国的财政纵向失衡程度。由于财政体制改革所导致的财政纵向失衡的变化几乎是跳跃性的,在改革确定新的财政垂直关系后,地方政府依然会通过行动与中央政府持续博弈为自己争取更多的财政资源进而影响财政纵向失衡程度。

分税制改革后,随着我国经济结构的不断调整,我国税收收入的结构也在随之变化,地方政府为了获取更多的财政资源也在用行动影响着我国的财政收入结构。增值税是中央税收收入的重要来源,然而分税制改革之后我国增值税的收入增速较缓,地方税主体税种营业税的收入则保持了较高的增长速度,这一方面体现了我国产业结构的升级和第三产业的蓬勃发展,另一方面可能源于地方政府对第三产业的大力支持。1994年我国增值税税收收入占税收收入比重约为45%,2012年该比重下降至26%。与此同时,地方土地出让金的规模不断扩张,地方财政越来越依赖于土地出让金等预算外财政收入。这种收入结构的变化影响了分税制改革对财政收入集权的努力成果。因此1994年后,我国中央与地方的税收划分又经过两次大的调整①,一是2002年的所得税收入

---

① 除了书中提到的所得税收入分享改革和增值税分享比例的变化,还有部分小税种的收入分享比例也发生了变化,如证券交易印花税的中央的收入分享比例在1997年提高到88%,2000年10月1日起再次提高到91%,并分三年调整到97%。

分享改革，将原本属于地方的企业所得税和个人所得税收入在中央和地方按比例分享，中央和地方在 2002 年的共享比例为 5∶5，2003 年之后变为 6∶4；二是 2012 年开始进行"营改增"试点改革，2016 年全面推进"营改增"后，由于原地方税主体税种营业税改征增值税，增值税的共享比例改为 5∶5。所得税收入分享改革一方面是为了遏制地方政府重复建设和盲目投资，另一方面也是中央政府在增值税增速放缓的情况下为了集中财政收入所做出的再次努力。"营改增"完善了增值税抵扣链条，是一种税制的优化，但同时也造成了地方税主体税种的缺失，无形中加大了中央政府对财政收入的控制力。此外，中央政府也通过全口径预算改革将土地出让金等预算外收入纳入政府性基金预算进行管理。在一次次的改革的背后体现了中央政府对提高财政收入集权程度的持续努力，中央政府和地方政府的博弈一直在继续，当博弈的结果偏离中央政府的政策目标时，中央政府就会通过改革重建财政资源的分配关系。

中国的财政纵向失衡程度自分税制改革后一直处于较高的水平，可以说是中国的财政体制改革在推动财政纵向失衡的加剧，与西方国家不同的是，中国的经济和社会对财政纵向失衡呈现了较高的承受能力。西方的财政分权理论并不能完全解释中国的财政纵向失衡的成因，因为中国社会主义国家性质决定了中国财政的本质始终是国家财政，财政始终是以国家治理工具的角色存在的（吕炜等，2019）。所有的改革都存在成本，为了实现国家治理的阶段性目标，财政体制改革可能会引发一系列新的问题，如分税制改革后产生的土地财政、地方政府隐性债务扩张、地方财政支出结构偏向等问题，这些问题让我们重新审视财政纵向失衡的作用与隐患，并根据新的国家治理需求推动财政体制的再次改革。只有深入理解财政是国家治理的工具和实现国家战略目标的制度保障，才能理解中国财政纵向失衡的内在逻辑。

3.2　我国转移支付制度的经验分析

我国较为规范的转移支付制度是在 1994 年分税制改革后逐步建立的。分税制改革所形成的财政收入分配体系使得财权集于中央，加大了我国的财政纵向失衡程度。为了解决地方政府财权与支出责任不匹配的问题，1995 年我国推出过渡期转移支付制度。随着我国经济和财政体制改革的深入,我国转移支付的种类逐渐丰富,转移支付的规模不断扩张,转移支付的结构也在不断调整。

3.2.1 转移支付规模的扩张

分税制改革以来,中央转移支付已经成为地方政府的重要财力保障,同时也是国家政策得以贯彻落实的制度保障。为了保证调整工资制度、农村税费改革和重点生态功能区建设等带给地方政府财政压力的国家政策顺利实施,中央的转移支付规模迅速扩张。1995年我国中央对地方税收返还和转移支付的总额为2470.62亿元,占中央财政总支出的54.79%;2018年该数额增长27倍,高达69680.66亿元,占中央财政总支出的68.06%,近20年我国广义转移支付的绝对规模和相对规模均有较大提升。

近10年来,中央对地方转移支付的绝对规模也一直处于上升趋势,如表3-3所示,2009年中央对地方转移支付金额为23677.09亿元,2018年该金额增长1.6倍,高达61649.15亿元。从相对规模看,2009~2013年中央对地方转移支付占中央财政总支出[1]的比重呈上升趋势,2014~2017年该比重逐年下降,2018年该比重再次回升,近10年来该比重稳定在60%左右;2009年中央对地方转移支付占地方财政总收入[2]比重为38.71%,2010年该比重下降至37.49%,2011年和2012年该比重略有上升,2013~2016年该比重呈下降趋势,2018年该比重再次回升,近十年来该比重稳定在36%左右;2009~2016年中央对地方转移支付占地方本级财政收入的比重从72.62%逐年下降至60.26%,2017~2018年该比重回升,稳定在62%左右。

综上所述,近10年中央对地方转移支付的相对规模虽有波动,但整体上处于较高水平,从中央支出结构看,中央对地方的转移支付超过了中央本级财政支出,从地方收入结构看,中央对地方的转移支付超过了地方本级财政收入。虽然转移支付规模的扩张有助于中央政府对地方政府的行为控制和政策引导,增强了中央政府的宏观调控能力,但是过高的转移支付规模会将地方政府

---

① 中央财政总支出=中央本级财政支出+中央对地方的税收返还+中央对地方的转移支付。
② 地方财政总收入=地方本级财政收入+中央对地方的税收返还+中央对地方的转移支付。

发展经济的积极性转移到向中央争取更多的转移支付额度上，无形中淡化了纳税人与地方政府的联系，不仅会强化地方政府"跑部钱进"的激励，增加地方政府的"寻租"成本，同时也会降低地方政府公共产品的供给效率。

表3-3　　　　　　2009~2018年我国转移支付规模

年份 项目	转移支付（亿元）	占中央财政总支出比重（%）	占地方财政总收入比重（%）	占地方本级财政收入比重（%）
2009	23677.09	54.03	38.71	72.62
2010	27347.72	56.58	37.49	67.34
2011	34881.33	61.81	37.72	66.38
2012	40233.64	62.74	37.80	65.87
2013	42973.18	62.74	36.72	62.27
2014	46509.49	62.71	36.49	61.30
2015	50078.65	62.10	36.26	60.33
2016	52573.86	60.57	35.85	60.26
2017	57028.95	60.09	36.44	62.35
2018	61649.15	60.21	36.79	62.97

资料来源：财政部公布的2009~2018年全国财政决算数据。

3.2.2　转移支付结构的调整

分税制改革后，为了弥补地方的财力损失，减少改革阻力，中央明确了对地方的税收返还制度。虽然税收返还的金额与地方税收征缴相关，公式设计具有保护地方既得利益的倾向，被许多学者认为是应当予以取消的过渡性政策，但在分税制改革初期中央对地方的税收返还约占中央补助的80%，也被许多学者作为广义转移支付的组成部分。随着分税制改革的不断深入和转移支付制度的日益完善，税收返还占中央补助的比重不断下降。

如图3-5所示，2009年我国税收返还占中央补助的比重已经降为17.11%，2009~2015年该比重持续下降至9.11%，2016~2017年该比重有所回升，2018年该比重又降至11.53%。总体来讲，自2013年来我国税收返还占中央补助的比重在10%左右，而我国转移支付占中央补助的比重在90%左右。随着我国税收返还占中央补助比重的不断下降，我国取消税收返还制度的条件已经具备，中央可以用更为规范的转移支付制度补助地方。

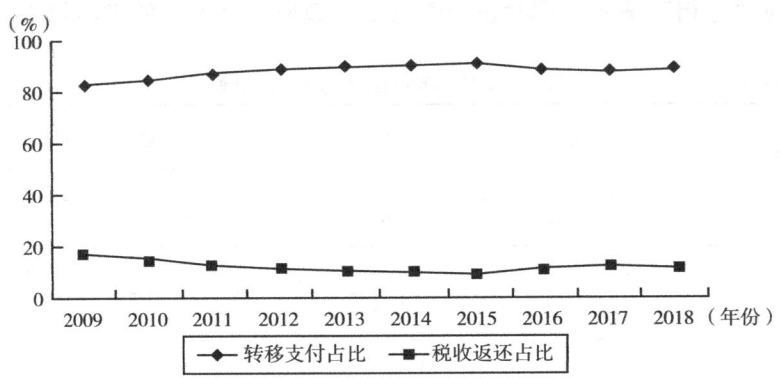

图3-5 2009~2018年我国广义转移支付结构的变化趋势

注：广义转移支付也可称为中央补助，包括中央对地方的税收返还和转移支付。
资料来源：财政部公布的2009~2018年全国财政决算数据。

除了广义转移支付结构的变化外，我国转移支付的结构也在不断调整。2009年我国转移支付的分类和统计口径都进行了较大的调整，不仅用"均衡性转移支付"代替原"一般性转移支付"，将原"财力性转移支付"更名为"一般性转移支付"，而且将长期拨付、数额稳定的原纳入专项转移支付统计的分类转移支付重新划归到一般性转移支付进行统计，如教育转移支付、医疗卫生转移支付等。2009年以后，我国转移支付的类级科目包括一般性转移支付和专项转移支付，之后转移支付类别也存在一定调整但主要是类级以下转移支付项目名称的调整。由于分类和统计口径的变化，2009年之前和2009年之后转移支付的结构不具有可比性。

表3-4列示了2009~2018年我国转移支付构成及结构的变化，2009~2018年我国中央对地方一般性转移支付金额从11317.2亿元增长为38722.06亿元，增长2.42倍，年平均增速14.98%；2009~2018年中央对地方专项转移支付金额从12359.89亿元增长为22927.09亿元，增长0.85倍，年平均增速7.35%。从变化趋势看，2009~2018年我国中央对地方一般性转移支付金额一直处于增长趋势，中央对地方专项转移支付金额虽在2016年有所下降但整体处于增长趋势；从增长速度看，2009~2018年中央对地方专项转移支付

的增速小于中央对地方一般性转移支付的增速。2009~2010年中央对地方一般性转移支付的金额小于专项转移支付金额，2011~2018年中央对地方一般性转移支付金额高于专项转移支付金额。

表3-4　　　　　2009~2018年我国转移支付构成及结构变化

项目 年份	一般性转移支付		专项转移支付	
	金额（亿元）	占转移支付比重	金额（亿元）	占转移支付比重
2009	11317.2	47.80%	12359.89	52.20%
2010	13235.66	48.40%	14112.06	51.60%
2011	18311.34	52.50%	16569.99	47.50%
2012	21429.51	53.26%	18804.13	46.74%
2013	24362.72	56.69%	18610.46	43.31%
2014	27568.37	59.27%	18941.12	40.73%
2015	28455.02	56.82%	21623.63	43.18%
2016	31864.93	60.61%	20708.93	39.39%
2017	35145.59	61.63%	21883.36	38.37%
2018	38722.06	62.81%	22927.09	37.19%

资料来源：财政部公布的2009~2018年全国财政决算数据。

如图3-6所示，2009~2018年中央对地方转移支付中一般性转移支付的比重整体处于上升趋势，2009年中央对地方转移支付中一般性转移支付占比为47.80%低于专项转移支付，2011年以后中央对地方转移支付中一般性转移支付占比超过专项转移支付外，2012~2014年两者的差距逐渐拉大，2015年一般性转移支付比重略有下降但依然超过专项转移支付，之后一般性转移支付的比重不断上升2018年达到62.81%，而专项转移支付的比重下降至37.19%。

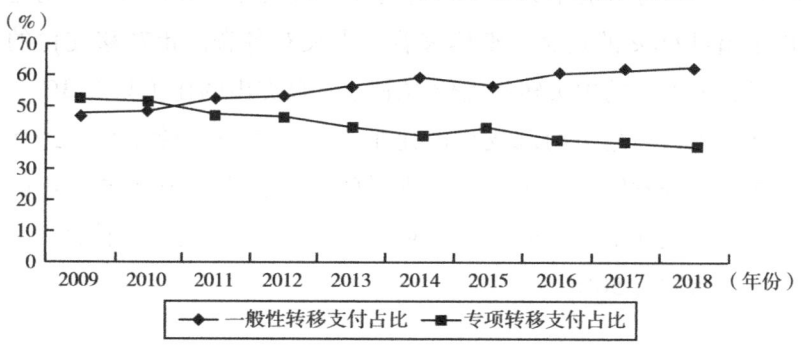

图3-6　2009~2018年我国转移支付结构的变化趋势

虽然近年来我国一般性转移支付的比重不断攀升甚至超过了专项转移支付，但2009年改革后的一般性转移支付除了包括按标准收支计算的均衡性转移支付和为了推进改革保障基层财力的政策性转移支付外，甚至包括长期拨付、数额稳定的分类转移支付，而分类转移支付并不能完全由地方政府自由支配，地方政府只能在中央政府规定的大类下决定具体的项目安排。2018年分类转移支付约占转移支付总额的18%，若将分类转移支付从一般性转移支付中去除，转移支付中一般转移支付的占比不足50%。专项转移支付占我国转移支付总额的比重虽然有所下降，但依然将近40%，说明我国的转移支付制度具有较强的政策引导力。

3.2.3 转移支付分配的区域差异

由于经济发展水平和资源禀赋的差异，即使各地区的财权与事权划分相同，不同地区的财力缺口也存在较大差异，中央对不同地区的转移支付规模也存在较大差异。在经济发展落后、税源匮乏的地区，中央的转移支付已经成为支撑地方财政支出的重要资源来源，而对于经济发达、税源充足的地区，中央的转移支付只为地方财政支出筹集了小部分资金。

图3-7用各省（自治区、直辖市）2009~2018年中央转移支付占地方财政支出①比重的均值反映中央对各省（自治区、直辖市）转移支付的规模。可以发现，北京、上海、江苏、浙江、广东等经济发达地区的中央转移支付占地方财政支出的比重不足10%，中央转移支付规模较小；而黑龙江、甘肃、青海等经济发展落后地区的中央转移支付的规模较大，中央转移支付为地方财政支出提供了超过60%的资金。整体来看，中央对各省区市转移支付的规模存在较大差异，上海市的中央转移支付占地方财政支出的比重只有3%，而青海省的中央转移支付占地方财政支出的比重高达到72%。除了少数经济发达地区外，我国大部分省区市对中央转移支付的依赖较大，20个省区市的中央转移支付占地方财政支出的比重超过了40%，7个省区市的中央转移支付占地方财政支出的比重超过50%。

---

① 地方财政支出为不包括地方上解支出的地方本级财政支出。

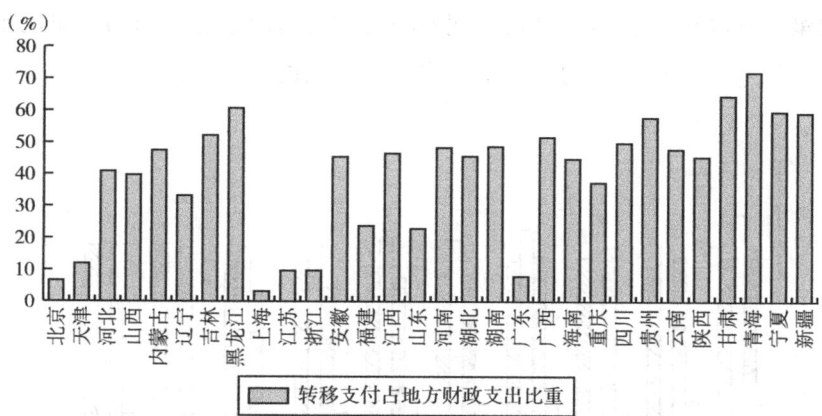

图 3-7　中央对各省（自治区、直辖市）转移支付规模的差异

资料来源：财政部公布的 2009~2018 年全国财政决算数据和《2016 年地方财政运行分析》。

图 3-8 依然用转移支付占地方财政支出比重反映中央的转移支付规模。整体来看，中央对东部地区的转移支付规模明显小于中部、西部和东北地区，东部地区中央转移支付占地方财政支出的比重不足 22%，而中部、西部、东北地区中央转移支付占地方财政支出的比重均超过了 40%。2009~2013 年东北地区中央转移支付规模小于中部地区，中部地区中央转移支付规模小于西部地区，2014~2018 年东北地区中央转移支付占地方财政支出的比重显著提升并且超过了中部地区，但依然小于西部地区中央转移支付占地方财政支出的比重。具体来看，东部地区中央转移支付占地方财政支出比重 2009~2011 年略有上升，2012~2018 年持续下降；中部地区中央转移支付占地方财政支出比重除了 2011 年较上年有所提升外，其余年份都处于下降趋势；西部地区中央转移支付占地方财政支出比重呈现出波浪式变化，近两年该比重虽呈现出上升趋势，东北地区中央转移支付占地方财政支出比重 2009~2012 年呈现波浪式变化，自 2013 年起该比重一直处于上升趋势，2016 年起该比重超过 50%。可以发现，近年来中央的转移支付分配开始往东北地区倾斜，这与东北地区经济衰退和人口老龄化所导致的东北地区财政压力密切相关。

中央对不同地区转移支付的结构也应存在差异。一般性转移支付主要目的是弥补地方的财力缺口和缩小各地区的财力差距，而经济欠发达地区的财政能力要小于经济发达地区，其财力缺口也相对较大，因此取得一般性转移支付的规模也较大。专项转移支付的主要目的是弥补公共产品供给的外溢性和发挥中央的政策引导功能，虽然中央在分配专项转移支付时也会对财力困难的地区有所倾斜，但专项转移支付的分配主要取决于中央的政策导向。

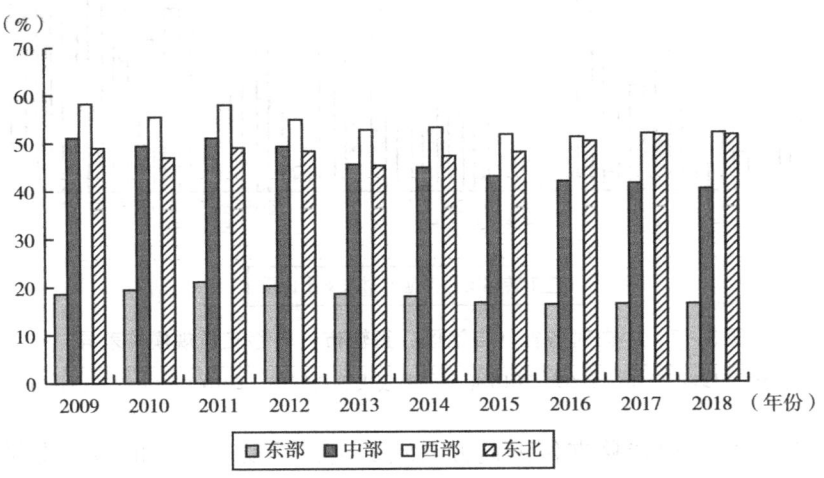

图 3-8　2009~2018 年中央转移支付分配的区域差异

资料来源：财政部公布的 2009~2018 年全国财政决算数据和《2016 年地方财政运行分析》。

图 3-9 用各省（自治区、直辖市）2009~2018 年中央一般性转移支付占地方财政支出的均值和中央专项转移支付占地方财政支出的均值分别代表各省区市中央一般性转移支付规模和各省区市专项转移支付规模。如图 3-9 所示，北京、上海、江苏、浙江、广东、福建、山东的中央专项转移支付占地方财政支出的比重高于中央一般性转移支付占地方财政支出比重，说明这些经济较为发达的地区中央专项转移支付的规模要超过中央一般性转移支付的规模。其余各省区市中央一般性转移支付的规模都超过了中央专项转移支付的规模。在统计的 30 个省（自治区、直辖市）中，上海市的中央一般性转移支付规模和中央专项转移支付规模均为最小值，青海省中央一般性转移支付规模和中央专项转移支付规模均为最大值。青海省中央一般性转移支付规模是上海市的 4378 倍，青海省中央专项转移支付规模是上海市的 1422 倍；各省（自治区、直辖市）中央一般性转移支付规模的变异系数为 0.52，中央专项转移支付规模的变异系数为 0.45，中央一般性转移支付分配的区域差异要大于中央专项转移支付分配的区域差异。

第 3 章 体制剖析：财政纵向失衡与转移支付

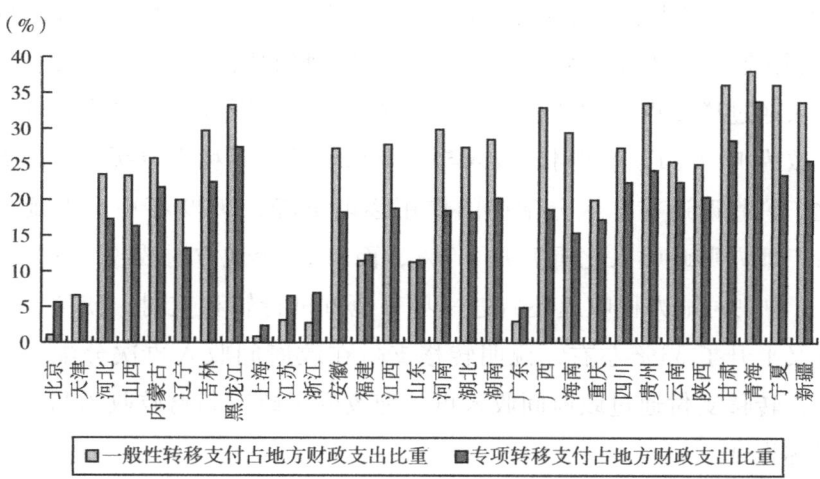

图 3-9 中央对各省（自治区、直辖市）转移支付结构的差异

资料来源：财政部公布的 2009~2018 年全国财政决算数据和《2016 年地方财政运行分析》。

3.3 转移支付影响财政纵向失衡的理论机制

3.3.1 转移支付的正向平衡效应

针对财政纵向失衡下地方政府财权与支出责任不匹配问题，理论上有两种解决方式：一种方式是重新配置政府间财权与支出责任，另一种方式是通过转移支付实现财政收入的再分配使地方政府的财力与支出责任相匹配。政府间财权和支出责任的配置需要综合考虑财政职能的发挥和国家治理的需要，一般情况下中央政府会掌握更多的财权，而地方政府会承担更多的支出责任，所有分权制国家都会存在一定程度的财政纵向失衡，很少有国家能将各级政府的财权与支出责任完全匹配。因此与重新配置财权与支出责任相比，通过转移支付平衡地方收支差异更为简单。

如表 3-5 所示，在财政收入初次分配中，中央财政收入和地方财政收入占全国财政收入的比重基本都在 50% 左右，但 2012 年以来中央财政支出占全国财政支出的比重不足 15%，而地方财政支出占全国财政支出的比重超过85%，政府间财政收入与支出划分严重不对称。中央对地方的税收返还①和转移支付使财政收入在中央政府和地方政府间实现了二次分配。中央财政收入通过税收返还和转移支付分配给地方后，财政收入在中央和地方的分配大致为1∶9，政府间财政收入与支出划分的不对称得以缓解。随着时间的变化，税收返还在二次分配中的作用逐渐下降，2009年中央对地方税收返还后，地方财政收入比重上升了7%，而2018年地方财政收入比重只上升了3%；中央对地方税收返还后进一步对地方进行转移支付，使地方财政收入比重又上升了33%左右，说明转移支付在政府间收入再次分配中发挥主要作用，转移支付通过政府间收入再分配改变了政府间财政收入与支出划分的不对称程度。

表3-5　2009~2018年转移支付前后中央和地方财政收支情况

年份	收入初次分配（%）		收入再次分配（%）				财政支出划分（%）	
	中央	地方	税收返还后中央收入	税收返还后地方收入	转移支付后中央收入	转移支付后地方收入	中央	地方
2009	52.42	47.58	45.29	54.71	10.73	89.27	19.99	80.01
2010	51.13	48.87	45.12	54.88	12.21	87.79	17.79	82.21
2011	49.41	50.59	44.56	55.44	10.98	89.02	15.12	84.88
2012	47.91	52.09	43.54	56.46	9.22	90.78	14.90	85.10
2013	46.59	53.41	42.68	57.32	9.43	90.57	14.60	85.40
2014	45.95	54.05	42.33	57.67	9.19	90.81	14.87	85.13
2015	45.49	54.51	42.19	57.81	9.31	90.69	14.52	85.48
2016	45.34	54.66	41.06	58.94	8.12	91.88	14.60	85.40
2017	47.00	53.00	42.35	57.65	9.31	90.69	14.70	85.30
2018	46.61	53.39	42.23	57.77	8.60	91.40	14.81	85.19

资料来源：财政部公布的2009~2018年全国财政决算数据。

---

① 中央补助和地方上解都是收入再分配的过程，2009年起，为简化中央对地方税收返还和转移支付结构，将出口退税超基数地方负担部分专项上解等地方上解收入也纳入税收返还（冲抵返还额），不再单独列示。

3.3.2 转移支付的逆向激励效应

虽然转移支付可以平衡地方财政收支差异，缓解财政纵向失衡下的地方财力不足所带来的困境，但是转移支付作为政府间财政资源再分配的手段本质上不同于征税这种汲取财政收入的方式，或者说地方政府通过征税所取得的税收收入和地方政府从中央政府获取的转移支付对地方政府行为具有不同的激励路径。征税所涉及的利益主体主要是地方政府和当地居民，而转移支付的分配牵涉上下级政府和同级多地区政府之间的利益关系。转移支付规模过高会对地方政府的行为产生逆向激励进而导致财政纵向失衡的进一步扩张。这种逆向激励主要表现在两个方面：一是转移支付降低地方政府征税努力；二是转移支付诱导地方政府扩大支出规模。

3.3.2.1 转移支付降低地方政府征税努力

在不考虑借债的情况下，地方政府的财政收入主要由地方税收收入和上级转移支付构成。根据财政幻觉理论，转移支付割裂了公共服务收益和成本的直接联系，主观上降低了转移支付的融资成本。当转移支付的规模超过合理的水平时，地方政府会倾向于用转移支付替代融资成本更高的地方税收收入，进而降低自身的征税努力（Bahl，1972；Inman，1988；Litvack et al.，1998）。其实无论何种收入方式，地方政府总是倾向于取得更多的财政收入来放松其预算限制。如果地方政府的税收收入占其财政总收入的大部分比重，那么为了取得更多的财政收入，地方政府可能会致力于发展经济、培养税源，充分考虑公共服务的成本与收益后，在纳税人能承受的范围内加大自身的征税努力。如果转移支付占地方财政总收入的比重过高，地方政府会将重心从培养税源转移到如何从上级政府取得更多的转移支付。在信息不对称的情况下，地方政府会利用自身的信息优势降低征税努力，隐匿财政收入，扩大本地财政缺口以获取更多的转移支付。在转移支付中以弥补地方财力缺口和均衡地方财力为主要目标的一般性转移支付占比越高，转移支付和税收收入的替代关系就越为强烈。

关于我国转移支付影响地方政府征税努力的实证研究虽然不多，但已有研究中大部分学者发现我国的转移支付制度总体上抑制了地方政府的征税努力（乔宝云等，2006；刘勇政、赵建梅，2009；李丹，2013；鲍曙光等，2018）。也有少数学者发现我国的转移支付加大了地方政府征税努力，原因是一些专项转移支付需要地方配套，地方政府加大征税努力可以为其争取更多的专项配套转移支付（李永友、沈玉平，2009）。但国务院2014年出台的《关于改革和完善中央对地方转移支付制度的意见》明确指出：中央在安排专项转移支付时，不得要求地方政府承担配套资金。从我国转移支付结构和转移支付分配的区域差异也可以看出我国转移支付制度以弥补地方财力缺口和均衡地方财力为主要目标，具有"鞭打快牛"和"奖勤罚懒"的特征，当某一地区通过降低征税努力从中央取得更多转移支付时，相邻地区也可能效仿这一行为。

3.3.2.2 转移支付诱导地方政府扩大财政支出规模

随着转移支付规模的扩张，地方财政支出的增长速度会远远超出完全由地方自有收入融资时的增长速度。

一是由于转移支付的"粘蝇纸"效应。财政幻觉理论、官僚行为理论、利益集团游说模型和扭曲性税收假设分别从不同的角度解释了转移支付的"粘蝇纸"效应。总的来说，转移支付对地方政府同时具有收入效应和替代效应，转移支付降低了公共产品的边际成本，进而降低了公共产品的相对价格，使转移支付"粘"在公共支出项目上，导致公共支出规模的扩张。二是由于转移支付带来的预算软约束问题。当地方政府财政自给度较高时，地方政府本着自我负责的态度在公共支出项目的选择上会相对谨慎。而大规模的转移支付会强化地方政府对中央政府抱有的救助预期，即地方政府相信中央政府会在其面临财政危机时通过转移支付进行救援，从而在公共支出项目的选择上更加冒进，造成了财政支出的盲目扩张。三是由于转移支付的"公共池"效应。转移支付割裂了地方居民的税收成本和地方公共产品收益之间的关系，使地方政府试图过度捕捞公共收入池，把地方公共产品供给成本转嫁到其他地区，地方公共产品供给成本外溢的可能也使地方政府的财政支出决策更加"鲁莽"（范子英等，2019）。

3.4 我国转移支付影响财政纵向失衡的实证检验

3.4.1 变量说明及数据来源

3.4.1.1 变量说明

（1）被解释变量：财政纵向失衡。

前面已对财政纵向失衡的度量方式展开了多重探讨。其中 Eyraud 和 Lusinyan（2013）所提出的度量方法不仅考虑到政府间财政收支划分的不匹配，同时也体现了地方政府自有收入与支出的不匹配，在实证研究中被许多国内外学者采纳。此处借鉴 Eyraud 和 Lusinyan（2013）以及储德银等（2018）的度量方法，用 $VFI_1 = 1 - （财政收入分权/财政支出分权）×（1-地方财政自给缺口率）$ 衡量地方财政纵向失衡程度，同时为了检验模型的稳健性，分别用 $VFI_2 = 1 - 地方本级财政收入/地方本级财政支出$，$VFI_3 = 1 - 地方本级财政收入/（地方本级财政支出 - 中央专项转移支付）$，$VFI_4 = 1 - （地方本级财政收入 + 中央税收返还收入）/（地方本级财政支出 - 中央专项转移支付）$ 作为 VFI_1 的替代指标。

（2）核心解释变量：转移支付。

从转移支付影响财政纵向失衡的机制看，需要从总量和结构两个维度检验转移支付对财政纵向失衡的影响，不仅检验转移支付总量对财政纵向失衡的影响，还需要考察不同类别转移支付影响财政纵向失衡的异质性。转移支付（Trans）用中央转移支付占地方本级财政支出比重衡量，一般性转移支付（Gtrans）用中央一般性转移支付占地方本级财政支出比重衡量，专项转移支付（Strans）用中央专项转移支付占地方本级财政支出比重衡量。同时为了检验模型的稳健性，将地方来自中央的人均转移支付剔除物价变动影响后取对数作为转移支付的替代指标（Lntrans），将地方来自中央的人均一般性转移支付剔除物价变动影响后取对数作为一般性转移支付的替代指标（Lngtrans），将地方来自中央的人均专项转移支付剔除物价变动影响后取对数作为专项转移支付的替代指标（Lnstrans）。

（3）控制变量。

财政纵向失衡表现为地方政府的自有财政收入无法满足其财政支出需求。地方政府的税收努力程度和地方财政支出规模直接影响地方财政纵向失衡程度，转移支付与地方政府的税收努力程度和地方财政支出规模也有较强的相关性，因此地方政府税收努力程度和地方财政支出规模应作为模型的重要控制变量。各税种的税收立法权高度集于中央政府，地方政府只能在中央授权的范围内调整部分地方税的税率，同时分税制改革后，中央政府通过增设国税局掌握了中央税和大部分共享税的征管权限，这意味着地方政府的税收努力主要影响地方政府拥有征管权限、税率可以由地方政府调整、免税政策较为灵活的税种。城市维护建设税作为地方税种，税率范围有弹性，免税政策相对灵活，因此本章借鉴杨龙见等（2015）的做法，用城市维护建设税收入占GDP的比重来衡量地方政府的税收努力程度（Taxe）。许多文献用人均地方财政支出衡量财政支出规模（李永友、沈玉平，2009；范子英、张军，2010）。这种度量方式无法直接体现财政支出规模的扩张程度，因此本章采用地方财政支出增长速度衡量地方财政支出规模（Lfeg），具体做法是先用各地区GDP平减指数（2009年为基期）对地方财政支出进行平减处理，以剔除物价变动的影响，然后再计算各地方财政支出增长速度。

除此之外，所有影响地方自有财政收入和财政支出的因素都可能影响财政纵向失衡，借鉴李永友、张帆（2019）等已有文献的做法，选择经济发展水平、城镇化水平、经济开放程度、产业结构以及政府竞争作为其他控制变量。其中，经济发展水平（Lngdp）用各地区人均GDP的对数来衡量，具体做法是先用各地区GDP平减指数（2009年为基期）对各地区GDP进行平减处理，消除物价变动对指标值的影响，再除以地区年末人口数算出各地区的人均GDP。城镇化水平（Urban）用年末城镇人口比重占年末总人口比重衡量。产业结构（Third）用各地区第三产业增加值占地区GDP比重衡量。经济开放程度（Open）用各地区进出口贸易总额占地区GDP比重衡量。政府竞争（Fdi）用各地区实际利用外商直接投资占地区GDP比重衡量。

3.4.1.2 数据来源及统计特征

本章采用我国2009~2018年30个省、自治区和直辖市（因数据可得性，西藏和港澳台地区除外）的面板数据进行实证检验。所需数据分别来自《中国统计年鉴》《地方财政运行分析》《中国财政年鉴》、2009~2018年全国财政决算报告以及各省区市财政决算报告、2018年各省区市《国民经济和社会发展统计公报》和2018年各省区市统计局公布数据。

所有货币单位表示的指标均以GDP平减指数（2009年为基期）进行价格平减，同时为了削弱异方差的影响，对货币单位表示的指标作对数处理。所取得数据中进出口贸易总额和外商直接投资的计量单位为美元，指标计算时先用国家统计局公布的年平均汇率换算为人民币。所有变量的统计特征如表3-6所示。

表3-6　　　　　　　　变量的统计描述

变量名称	指标选择	观测值	均值	标准差	最小值	最大值
财政纵向失衡	VFI_1	300	0.6800	0.1900	0.1730	0.9380
	VFI_2	300	0.4930	0.1920	0.0686	0.8520
	VFI_3	300	0.4010	0.1760	-0.0013	0.7740
	VFI_4	300	0.3450	0.1810	-0.0542	0.7490
转移支付	Trans	300	0.3990	0.1920	0.0226	0.8210
	Lntrans	300	7.9180	0.7670	5.6040	9.7890
一般性转移支付	Gtrans	300	0.2250	0.1170	0.0064	0.4600
	Lngtrans	300	7.2300	1.0280	4.0410	9.2650
专项转移支付	Strans	300	0.1740	0.0833	0.0148	0.4610
	Lnstran	300	7.1380	0.6240	5.3440	8.8920
税收努力程度	Taxe	300	0.0050	0.0014	0.0027	0.0094
财政支出规模	Lfeg	300	0.1360	0.0855	-0.1140	0.4100
经济发展水平	Lngdp	300	10.560	0.4860	9.3030	11.700
城镇化水平	Urban	300	0.5660	0.1280	0.2990	0.8960
经济开放程度	Open	300	0.3300	0.6300	0.0170	6.9580
产业结构	Third	300	0.4470	0.0947	0.2860	0.8100
政府竞争	Fdi	300	0.0210	0.0164	0.0001	0.0819

3.4.2 转移支付影响财政纵向失衡的实证分析

3.4.2.1 模型设定与估计方法

为了验证转移支付对财政纵向失衡的影响,本章首先建立以下基准回归模型:

$$VFI_{1it} = \beta_0 + \beta_1 Trans_{it} + \sum \alpha_j X_{ijt} + \mu_i + \lambda_t + \varepsilon_{it} \qquad (3-11)$$

其中,i 表示省份,t 表示年份。VFI_{1it} 代表被解释变量财政纵向失衡;$Trans_{it}$ 代表核心解释变量转移支付;X_{ijt} 代表模型的相关控制变量,以减轻遗漏变量偏误对实证结果的影响;μ_i 代表地区固定效应;λ_t 代表时间固定效应;ε_{it} 为随机误差项。基准模型的设定为静态面板模型,理论上静态面板模型可采用混合回归、固定效应回归、随机效应进行估计,但 F 检验在 1% 的显著性水平上拒绝混合效应估计有效的原假设,Hausman 检验在 1% 的显著性水平上拒绝随机效应估计有效的原假设,因此应选择固定效应模型进行估计。

由于财政纵向失衡会反向影响转移支付规模,基准模型存在互为因果的内生性问题,与此同时财政纵向失衡作为一种体制特征,具有一定的制度刚性,基准模型存在遗漏变量所导致的内生性问题。因此为了解决基准模型的内生性问题,在模型中加入被解释变量财政纵向失衡的滞后项,缓解遗漏变量所导致的估计偏误,修正后的模型如下:

$$VFI_{1it} = \beta_0 + \eta_1 VFI_{1it-1} + \beta_1 Trans_{it} + \sum \alpha_j X_{ijt} + \mu_i + \varepsilon_{it} \qquad (3-12)$$

同时,为了解决模型中存在的互为因果的内生性问题,采用系统 GMM 方法对修正后的动态面板模型进行估计。

3.4.2.2 基准模型回归结果

表 3-7 列示了基准模型的固定效应回归结果,第(1)、第(2)列仅采用了地区固定效应回归,而第(3)、第(4)列则采用了时间和地区双向固定效应回归。

表 3-7　转移支付影响财政纵向失衡的基准模型回归结果

变量	被解释变量 VFI_1			
	(1)	(2)	(3)	(4)
Trans	0.421*** (4.23)	0.349*** (5.21)	0.614*** (4.36)	0.307*** (3.71)
Taxe		-11.805*** (-3.50)		-10.308** (-2.42)
Lfeg		0.046* (1.85)		0.026 (0.87)
Lngdp		-0.018 (-0.71)		-0.190** (-2.56)
Urban		-0.179 (-1.50)		-0.146* (-1.76)
Open		-0.010** (-2.21)		-0.008*** (-3.26)
Third		0.393*** (7.08)		0.001 (0.01)
Fdi		-1.395*** (-3.18)		-1.292*** (-3.99)
地区固定效应	YES	YES	YES	YES
时间固定效应	NO	NO	YES	YES
样本数	300	300	300	300
组内 R^2	0.190	0.536	0.580	0.705

注：常数项略；***、**和*分别表示1%、5%和10%的显著水平。

检验所有时间虚拟变量的联合显著性，结果在1%的显著水平上拒绝时间效应无效的原假设，也就是说，模型中应当包含时间固定效应。比较第（1）列和第（3）列，第（2）列和第（4）列的组内 R^2 可以发现引入时间固定效应后的组内 R^2 确实有所提升。可以发现，无论采用何种回归方法，在增加控制变量前后转移支付的回归系数都显著为正，只不过在纳入控制变量和采用地区时间双向固定效应后，转移支付的系数有所下降，但其显著性水平和影响方向并没有发生变化。由于基准模型的回归存在一定的内生性问题，可能导致估计结果的非一致性。

3.4.2.3 系统 GMM 估计结果

为了解决基准模型遗漏变量导致的估计偏误和模型存在的互为因果的内生性问题，本章采用系统 GMM 方法对修正模型进行估计，由于转移支付、税收努力程度和财政支出规模都与财政纵向失衡存在双向反馈关系，因此将转移支付、税收努力程度和财政支出规模作为内生变量，将内生解释变量的二阶滞后项和三阶滞后项作为工具变量以缓解模型潜在的内生性问题。表 3-8 报告了用系统 GMM 方法对修正模型的估计结果，相应的回归均通过 Arellano - Bond 自相关检验，即扰动项差分不存在二阶自相关，同时通过了 Sargan 检验，可以认为工具变量不存在过度识别。表 3-8 第（1）至第（5）列分别展示了模型逐步加入外生控制变量的估计结果。可以发现核心解释变量转移支付的系数估计值始终为正，而且随着外生控制变量的添加，转移支付系数的显著性有所提高。这意味着我国转移支付规模的扩张会使财政纵向失衡加剧。这是因为财政纵向失衡程度是依据初次分配中地方自有收入与支出的不匹配程度进行测算的，而转移支付对财政纵向失衡的平衡作用是在"不平衡"的平衡，其实质是不平衡的（曾平军，2000）。中央政府虽然可以通过转移支付对财政资源进行再分配，缩小地方政府财力与支出责任的差异，却无法改变地方政府初次分配中财权与支出责任不匹配的事实。同时也说明转移支付规模的扩张确实会对地方政府行为产生逆向激励，造成财政纵向失衡加剧。

表 3-8 第（1）至第（4）列的回归结果中经济发展水平（Lngdp）的估计系数显著为正，而第（5）列包含所有控制变量的回归结果中经济发展水平的估计系数为正，但并不显著。而表 3-7 的回归结果中经济发展水平的估计系数显著为负。这可能是由于经济发展水平与财政纵向失衡并非简单的线性关系，一方面经济发展水平的提高可以增加地方政府的自有财政收入；另一方面经济发展水平的提高加大了地方政府的公共支出需求，整体来看对财政纵向失衡的影响是不确定的。其余控制变量的估计系数的符号和显著性基本相同。税收努力程度（Taxe）的估计系数显著为负，说明地方政府提高税收努力程度有利于地方政府自有财政收入的增加，进而可以矫正财政纵向失衡。城镇化水平（Urban）的估计系数显著为负，因为地区城镇化水平提高所产生的经济聚集效应可以为地方政府增加自有财政收入，进而有效降低财政纵向失衡程度。经

济开放程度（Open）的估计系数显著为负，说明加强对外开放有利于降低财政纵向失衡程度。产业结构（Third）与财政纵向失衡显著正相关，第三产业增加值占 GDP 比重增加使财政纵向失衡加剧，可能是由于"营改增"使第三产业由地方政府的独立税源变为中央和地方的共享税源，"营改增"后第三产业的增值税税负整体小于第二产业，第三产业的发展降低了地方政府的财政收入，使财政纵向失衡加剧。政府竞争（Fdi）与财政纵向失衡显著负相关，这是由于地方政府在为晋升而竞争的同时也是为经济增长而竞争，政府竞争助推了地区经济增长，也有利于地方财政收入的增加，客观上缓解了财政纵向失衡。

表 3–8　转移支付影响财政纵向失衡的系统 GMM 估计结果

变量	被解释变量 VFI_1				
	（1）	（2）	（3）	（4）	（5）
L.vfi1	0.836*** (6.77)	0.770*** (6.05)	0.762*** (5.89)	0.591*** (4.79)	0.533*** (4.17)
Trans	0.193* (1.79)	0.186* (1.70)	0.182* (1.67)	0.282*** (3.20)	0.272*** (2.89)
Taxe	−11.902* (−1.80)	−12.505* (−1.91)	−11.232* (−1.74)	−17.041*** (−2.90)	−21.664*** (−3.33)
Lfeg	0.036 (0.55)	0.045 (0.78)	0.055 (0.94)	0.052 (0.98)	0.065 (1.32)
Lngdp	0.058*** (3.70)	0.103*** (3.64)	0.103*** (3.65)	0.049* (1.67)	0.033 (1.06)
Urban		−0.306** (−2.08)	−0.300** (−2.07)	−0.435** (−2.33)	−0.369** (−2.16)
Open			−0.007** (−2.16)	−0.010** (−2.29)	−0.009** (−2.00)
Third				0.410*** (4.72)	0.385*** (4.47)
Fdi					−1.005*** (−3.06)
样本数	270	270	270	270	270
AR（2）	0.189	0.207	0.221	0.164	0.165
Sargan 检验	1.000	1.000	1.000	1.000	1.000

注：常数项略；***、** 和 * 分别表示 1%、5% 和 10% 的显著水平。

3.4.2.4 稳健性检验

比较基准模型的回归结果和系统 GMM 的估计结果，转移支付与财政纵向失衡始终呈显著正相关关系，这在一定程度上说明模型估计结果较为稳定。为进一步保证估计结果的稳健性，本章进行以下两项稳健性检验。

(1) 更换财政纵向失衡的衡量指标。

由于指标的衡量标准可能对估计结果造成影响，本章分别选用 VFI_2、VFI_3、VFI_4 重新度量被解释变量财政纵向失衡。表 3-9 列示了被解释变量财政纵向失衡度量指标分别为 VFI_2、VFI_3、VFI_4 时采用系统 GMM 方法的估计结果。相应的回归均通过 Arellano-Bond 自相关检验，即扰动项差分不存在二阶自相关，同时通过了 Sargan 检验，可以认为工具变量不存在过度识别。其中第 (1) 至第 (3) 列被解释变量滞后一期的估计结果分别为 VFI_2、VFI_3、VFI_4 滞后一期的估计系数和标准误。可以发现，核心解释变量转移支付的估计系数依然显著为正，大部分控制变量估计系数的符号和显著性也都没发生改变，说明被解释变量衡量指标的选择对模型估计结果影响不大。

表 3-9　　转移支付影响财政纵向失衡的稳健性检验 1

变量	VFI_2	VFI_3	VFI_4
	(1)	(2)	(3)
被解释变量滞后一期 (L.VFI)	0.544 *** (3.90)	0.602 *** (5.39)	0.676 *** (4.95)
Trans	0.340 *** (2.95)	0.258 *** (2.61)	0.232 * (1.82)
Taxe	-19.014 *** (-3.17)	-18.351 *** (-2.93)	-13.089 ** (-2.04)
Lfeg	0.084 (1.31)	0.048 (0.74)	0.119 (1.49)
Lngdp	0.059 * (1.85)	0.081 ** (2.02)	0.102 ** (2.31)
Urban	-0.372 ** (-2.18)	-0.416 ** (-2.02)	-0.429 * (-1.94)

续表

变量	VFI_2	VFI_3	VFI_4
	(1)	(2)	(3)
Open	-0.006*	-0.005	-0.007*
	(-1.81)	(-1.57)	(-1.67)
Third	0.438***	0.483***	0.382**
	(4.07)	(3.58)	(2.54)
Fdi	-1.042***	-1.124***	-0.799**
	(-3.42)	(-3.19)	(-2.27)
AR(2)	0.435	0.878	0.689
Sargan检验	1.000	1.000	1.000

注：常数项略；***、**和*分别表示1%、5%和10%的显著水平。

（2）更换转移支付的衡量指标。

为了避免解释变量的衡量标准对估计结果造成影响，本章用剔除物价变动影响的人均转移支付金额取对数（Lntrans）重新度量核心解释变量转移支付。表3-10列示了转移支付用Lntrans衡量时，财政纵向失衡分别用VFI_1、VFI_2、VFI_3、VFI_4度量的系统GMM估计结果。相应的回归均通过Arellano-Bond自相关检验，即扰动项差分不存在二阶自相关，同时通过了Sargan检验，可以认为工具变量不存在过度识别。其中第（1）至第（4）列被解释变量滞后一期的估计结果分别为VFI_1、VFI_2、VFI_3、VFI_4滞后一期的估计系数和标准误。

表3-10　转移支付影响财政纵向失衡的稳健性检验2

变量	VFI_1	VFI_2	VFI_3	VFI_4
	(1)	(2)	(3)	(4)
被解释变量滞后一期（L.VFI）	0.621***	0.629***	0.607***	0.622***
	(6.58)	(6.26)	(6.92)	(5.99)
Lntrans	0.030***	0.037***	0.039***	0.045***
	(2.65)	(2.86)	(3.02)	(3.35)
Taxe	-22.853***	-20.224***	-21.401***	-17.075***
	(-3.92)	(-3.62)	(-3.49)	(-2.97)
Lfeg	0.080	0.122**	0.093	0.142**
	(1.62)	(1.96)	(1.49)	(2.12)

续表

变量	VFI_1 (1)	VFI_2 (2)	VFI_3 (3)	VFI_4 (4)
Lngdp	0.011 (0.32)	0.036 (1.00)	0.055 (1.25)	0.068* (1.72)
Urban	−0.335** (−2.28)	−0.367** (−2.32)	−0.438** (−2.13)	−0.441** (−2.11)
Open	−0.007** (−1.97)	−0.005 (−1.48)	−0.004 (−1.26)	−0.004 (−1.32)
Third	0.234*** (2.89)	0.254*** (2.82)	0.371*** (3.18)	0.303** (2.44)
Fdi	−1.313*** (−3.28)	−1.321*** (−3.27)	−1.381*** (−3.55)	−1.087*** (−3.28)
AR（2）	0.186	0.412	0.894	0.6088
Sargan 检验	1.000	1.000	1.000	1.000

注：常数项略；***、**和*分别表示1%、5%和10%的显著水平。

可以发现，更换转移支付的衡量指标后，转移支付的估计系数依然显著为正，大部分控制变量估计系数的符号和显著性也都没发生改变，说明解释变量衡量指标的选择对模型估计结果的影响也不大，本章考虑转移支付与财政纵向失衡相关关系的实证结果是稳健的。

3.4.3 不同类型转移支付影响财政纵向失衡的异质性分析

3.4.3.1 模型设定与测度方法

为了分析不同类型转移支付影响财政纵向失衡的异质性，本章建立以下基准回归模型：

$$VFI_{1it} = \beta_0 + \beta_1 Gtrans_{it} + \beta_2 Strans_{it} + \sum \alpha_j X_{ijt} + \mu_i + \lambda_t + \varepsilon_{it} \quad (3-13)$$

其中，$Gtrans_{it}$代表核心解释变量一般性转移支付；$Strans_{it}$代表核心解释变量专项转移支付；其余变量的定义与计算口径均与模型（3-11）相同。

同样，为了解决基准回归模型（3-13）中存在的遗漏解释变量问题，引入被解释变量财政纵向失衡的滞后项，修正后模型如下：

$$VFI_{1it} = \beta_0 + \eta_1 VFI_{1it-1} + \beta_1 Gtrans_{it} + \beta_2 Strans_{it} + \sum \alpha_j X_{ijt} + \mu_i + \varepsilon_{it}$$

(3-14)

为了解决模型中存在的互为因果的内生性问题，采用系统 GMM 方法对修正后的动态面板模型进行估计。

3.4.3.2 回归结果分析

表 3-11 中第（1）、第（2）列为基准模型的回归结果，其中第（1）列为基准模型的地区固定效应回归结果，第（2）列为基准模型的时间和地区双向固定效应回归结果。对所有时间虚拟变量进行联合显著性检验，结果在 1% 的显著水平上拒绝时间效应无效的原假设，也就是说，模型中应当包含时间固定效应。比较第（1）列和第（2）列的组内 R^2，可以发现引入时间固定效应后的组内 R^2 确实有所提升。第（3）列为修正模型的系统 GMM 回归结果，一般性转移支付、专项转移支付、税收努力程度和财政支出规模为模型的内生变量，将内生解释变量的二阶滞后项和三阶滞后项作为工具变量以缓解模型潜在的内生性问题，系统 GMM 回归通过 Arellano - Bond 自相关检验，即扰动项差分不存在二阶自相关，同时通过了 Sargan 检验，可以认为工具变量不存在过度识别。在基准模型和修正模型的回归结果中，一般性转移支付和专项转移支付规模的估计系数均显著为正。双向固定效应和系统 GMM 的回归结果中一般性转移支付的估计系数略高于专项转移支付。由于指标的衡量标准可能对估计结果造成影响，估计结果的稳健性有待检验。

表 3-11　不同类型转移支付影响财政纵向失衡的回归结果分析

变量	被解释变量 VFI_1		
	（1）FE	（2）FE	（3）SYS-GMM
L. VFI_1			0.553*** (4.60)
Gtrans	0.283** (2.37)	0.337** (2.16)	0.272*** (2.66)
Strans	0.393*** (5.34)	0.291*** (4.04)	0.226** (1.99)

续表

变量	被解释变量 VFI_1		
	(1) FE	(2) FE	(3) SYS-GMM
Taxe	-11.935***	-10.094**	-22.375***
	(-3.54)	(-2.29)	(-4.04)
Lfeg	0.044*	0.026	0.080
	(1.81)	(0.87)	(1.42)
Lngdp	-0.014	-0.190**	0.030
	(-0.53)	(-2.54)	(1.00)
Urban	-0.177	-0.147*	-0.339**
	(-1.48)	(-1.80)	(-2.05)
Open	-0.010**	-0.008***	-0.010*
	(-2.22)	(-3.28)	(-1.88)
Third	0.410***	-0.006	0.357***
	(6.92)	(-0.06)	(4.31)
Fdi	-1.398***	-1.287***	-1.086***
	(-3.15)	(-4.00)	(-3.29)
地区固定效应	YES	YES	
时间固定效应	NO	YES	
样本数	300	300	270
组内 R^2	0.538	0.705	
AR(2)			0.188
Sargan 检验			1.000

注：常数项略；***、**和*分别表示1%、5%和10%的显著水平。

3.4.3.3 稳健性检验

为进一步保证估计结果的稳健性，本章进行以下两项稳健性检验：

第一，更换财政纵向失衡的衡量指标。表3-12列示了被解释变量财政纵向失衡度量指标分别为 VFI_2、VFI_3、VFI_4 时采用系统 GMM 方法的估计结果。当被解释变量用 VFI_2 衡量时，一般性转移支付和专项转移支付的估计系数均显著为正，当被解释变量由 VFI_3 和 VFI_4 衡量时，一般性转移支付的估计系数显著为正，而专项转移支付的估计系数虽然为正却不再显著。

表 3 – 12　不同类型转移支付影响财政纵向失衡的稳健性检验 1

变量	VFI_2	VFI_3	VFI_4
	(1)	(2)	(3)
被解释变量滞后一期（L.VFI）	0.571 *** (4.44)	0.600 *** (5.61)	0.666 *** (5.17)
Gtrans	0.304 *** (2.87)	0.315 ** (2.51)	0.334 ** (2.30)
Strans	0.371 * (1.96)	0.141 (0.88)	0.066 (0.36)
Taxe	−19.091 *** (−3.53)	−19.443 *** (−3.31)	−14.662 ** (−2.40)
Lfeg	0.104 (1.38)	0.086 (1.14)	0.156 * (1.77)
Lngdp	0.066 * (1.91)	0.072 * (1.83)	0.086 ** (2.13)
Urban	−0.357 * (−1.91)	−0.355 * (−1.80)	−0.333 * (−1.71)
Open	−0.007 * (−1.70)	−0.006 (−1.48)	−0.006 (−1.53)
Third	0.426 *** (3.69)	0.432 *** (3.15)	0.319 ** (2.13)
Fdi	−1.024 *** (−3.14)	−1.316 *** (−3.48)	−1.063 *** (−2.68)
AR（2）	0.484	0.905	0.829
Sargan 检验	1.000	1.000	1.000

注：常数项略；***、** 和 * 分别表示 1%、5% 和 10% 的显著水平。

第二，更换核心解释变量的衡量指标。表 3 – 13 列示了核心解释变量一般性转移支付和专项转移支付分别用 Lngtrans 和 Lnstrans 衡量时修正模型的系统 GMM 估计结果。可以发现，更换核心解释变量的衡量指标后，无论被解释变量财政纵向失衡用何种指标度量，专项转移支付的估计系数都不再显著，当财政纵向失衡用 VFI_3 度量时，专项转移支付的估计系数符号也发生改变。当然，更换核心解释变量和被解释变量的衡量指标后，一般性转移支付的估计系数始终显著为正。这说明一般性转移支付与财政纵向失衡的正相关关系是稳健的，而专项转移支付与财政纵向失衡的正相关关系是不稳健的。由于一般性转移支付以均衡地方财力为主要目标，会对地方政府产生更强的逆向激励，使地方政府为了获取更多的转移支付而降低税收努力，进而导致财政纵向失衡加剧。而专项转移支付更多为了弥补跨区域公共服务供给的外溢性或体现中央的政策导向，对地方政府产生的逆向激励较小。

表 3-13　不同类型转移支付影响财政纵向失衡的稳健性检验 2

变量	VFI_1	VFI_2	VFI_3	VFI_4
	(1)	(2)	(3)	(4)
被解释变量滞后一期 (L.VFI)	0.607 ***	0.657 ***	0.617 ***	0.624 ***
	(6.66)	(7.83)	(8.79)	(7.98)
Lngtrans	0.023 ***	0.026 ***	0.042 ***	0.045 ***
	(2.84)	(3.05)	(3.95)	(4.03)
Lnstrans	0.011	0.018	-0.001	0.001
	(0.92)	(1.10)	(-0.04)	(0.07)
Taxe	-20.319 ***	-17.842 ***	-19.104 ***	-15.779 ***
	(-3.99)	(-3.39)	(-3.25)	(-2.85)
Lfeg	0.100 *	0.153 **	0.142 **	0.186 **
	(1.88)	(2.17)	(2.00)	(2.43)
Lngdp	-0.018	0.008	0.024	0.039
	(-0.64)	(0.27)	(0.82)	(1.42)
Urban	-0.218 **	-0.201 *	-0.227 *	-0.247 *
	(-2.00)	(-1.77)	(-1.68)	(-1.82)
Open	-0.008 **	-0.004 *	-0.004	-0.003
	(-2.03)	(-1.65)	(-1.25)	(-1.03)
Third	0.253 ***	0.251 ***	0.311 ***	0.249 **
	(3.73)	(3.43)	(3.19)	(2.40)
Fdi	-1.473 ***	-1.285 ***	-1.319 ***	-1.097 ***
	(-4.79)	(-4.59)	(-4.56)	(-3.86)
AR (2)	0.230	0.475	0.825	0.792
Sargan 检验	1.000	1.000	1.000	1.000

注：常数项略；***、** 和 * 分别表示 1%、5% 和 10% 的显著水平。

3.5 本章小结

本章归纳总结了我国财政纵向失衡的特征事实和我国转移支付制度的现实选择，在理论分析转移支付对财政纵向失衡影响的基础上，通过实证检验我国转移支付对财政纵向失衡的影响。

首先，本章选用不同的财政纵向失衡度量指标分析我国财政纵向失衡的总体趋势以及不同地区的财政纵向失衡的异质性，并将我国财政纵向失衡的基本特征同中国式财政分权体制改革相结合，解读我国财政纵向失衡的内在逻辑。

其次，通过分析我国转移支付规模的扩张、结构的调整以及转移支付分配的区域差异，了解在我国财政纵向失衡加剧的情况下，我国转移支付制度的现状。

最后，分别从理论和实证两个角度分析转移支付与财政纵向失衡的关系。理论上转移支付虽然可以通过政府间收入再分配平衡地方政府财力与支出责任的差异，但是转移支付也会对地方政府的行为产生逆向激励进而导致财政纵向失衡的加剧。实证研究发现，转移支付规模的扩张确实会对地方政府行为产生逆向激励，造成财政纵向失衡加剧，而且与专项转移支付相比，一般性转移支付对地方政府产生的逆向激励更强。

第4章 我国基本公共服务供给的综合考察与评价

基本公共服务供给的综合考察与评价包括两个层次：一是基本公共服务供给水平的考察，二是基本公共服务供给效率的分析。衡量地区基本公共服务供给水平需要综合评估地区基本公共服务的财政投入、服务水平。而基本公共服务供给效率的评价是对投入基本公共服务中的财政资金使用绩效的考察，侧重于评价财政投入与服务产出的配比关系。

4.1 我国基本公共服务供给水平的考察

为了考察各地区基本公共服务供给水平，首先要建立一套科学合理的指标体系综合反映基本公共服务供给的各个维度，然后运用一定的统计方法客观地评价我国基本公共服务供给水平的整体情况、变动趋势和区域差异。

4.1.1 基本公共服务供给水平综合测度指标体系的构建

4.1.1.1 评价基本公共服务供给水平的视角选择

近年来，基本公共服务相关问题一直是学术界研究的热点问题。学者们基于各自研究的侧重点构建了不同的基本公共服务相关的指标体系，包括基本公共服务供给水平的指标体系、基本公共服务均等化的指标体系、基本公共服务供给效率指标体系、基本公共服务绩效评价指标体系等。研究目的不同，指标体系的设计也不同。有的指标体系之间本质并无区别，只是鉴于研究重心不同而命名不同，如基本公共服务供给水平指标体系与基本公共服务均等化指标体系。由于基本公共服务是关系到居民最基本生存权和发展权的公共服务，其概念的提出就是从公平出发保障所有居民的基本权益，因此大部分已有文献对基本公共服务研究的落脚点在基本公共服务均等化上。中国地域辽阔，各地区的经济发展水平、地理环境、资源禀赋、文化习俗都存在较大差异，基本公共服务的供给无法忽略地方政府财政能力和地方基本公共服务供给成本的差异，推进基本公共服务均等化并不是实现地区基本公共服务供给平均化，而是缩小地区间基本公共服务供给水平的差异。基本公共服务均等化水平是通过比较各地区基本公共服务供给水平的差异计算得出的，基本公共服务供给水平的测算是计算基本公共服务均等化程度的基础。也可以说，基本公共服务均等化程度只是评价基本公共服务供给水平的一个维度。许多学者通过构建基本公共服务供给水平综合测度指标体系，测算中国不同地区基本公共服务供给水平，进一步采用变异系数、基尼系数或泰尔指数等方法分析地区间基本公共服务供给水平的差异或者基本公共服务均等化程度（王晓领，2013；戚学祥，2015；魏福成、胡洪曙，2015；熊兴等，2018）；也有学者进一步研究基本公共服务供给水平的空间格局（成华、尹金承，2019）和基本公共服务供给水平的分布动态、收敛性（辛冲冲、陈志勇，2019）。

因此关于基本公共服务均等化指标体系和基本公共服务供给水平指标体系的相关研究都对本节内容有一定的借鉴意义。总的来说，学术界对基本公共服务供给水平的认识分为三个维度：一是从基本公共服务财政资金投入评价基本公共服务供给水平。例如，李丹、裴育（2016）在研究均衡性转移支付与贫困地区基本公共服务供给关系时，用人均基本公共服务支出来衡量基本公共服务供给水平；宋小宁等（2012）在研究一般性转移支付与基本公共服务供给关系时，用教育、医疗和社会保障财政支出度量基本公共服务供给水平；郑垚、孙玉栋（2018）在研究转移支付和地方财政自给能力对基本公共服务供给的影响时，分别采用基本公共服务的财政支出规模和财政支出偏好反映地方基本公共服务的供给水平。二是从产出视角评价基本公共服务供给水平，如用生均校舍面积、每万人医疗机构数等政府提供基本公共服务的项目载体数量衡量基本公共服务供给水平。魏福成、胡洪曙（2015），熊兴等（2018）和辛冲冲、陈志勇（2019）都是基于产出视角在其所界定的基本公共服务范围内构建的指标体系评价基本公共服务供给水平。官永彬（2016）认为即使地方政府的基本公共服务支出规模相同，也不能保证地方政府提供相同水准的基本公共服务，从产出视角评价基本公共服务供给水平考虑了地方基本公共服务供给成本的差异，更符合中国这样的人口和疆域大国。三是从居民对基本公共服务的满意度来分析基本公共服务的供给水平。例如，纪江明、胡伟（2013）基于2012年新加坡连氏"中国城市公共服务质量调查"数据，构建中国公共服务满意度指标体系，并对34个城市公共服务满意度指数进行评价分析。吕炜、张妍彦（2019）使用中国家庭追踪调查（China Family Panel Studies，CFPS）数据库中的个体数据测度城市内部公共服务均等化情况，并考察其对居民社会信任水平的影响。

由于居民对基本公共服务的满意度主要通过问卷调查或上门走访的方式获得，全国范围的数据获取有一定困难，评价结果也因为居民的个体差异具有一定的主观性，本章更倾向于借鉴王晓玲（2013）和孔薇（2019）的做法，从投入和产出两种维度综合评价基本公共服务供给水平。相同的资金投入未必能带来大体一致的产出水平，只从投入角度衡量基本公共服务供给水平是不合理的。但如果忽略财力投入仅仅关注现阶段的产出情况也是不全面的，因为从资金的投入到产出的提升是需要时间沉淀的，财力保障是产出水平提升的基础。

4.1.1.2 基本公共服务供给水平综合测度指标体系的框架设计

明晰基本公共服务的范围是评价基本公共服务供给水平的基础。根据前面所述基本公共服务的内涵以及发展视域下基本公共服务范围的变化特征，结合我国现阶段的经济实力和社会环境，本章将基本公共服务的范围界定为教育服务、社会保障和就业服务、医疗卫生服务和环境保护服务四大类。基本公共服务供给水平综合测度指标体系应该能够综合反映这四类服务的财政投入和服务产出情况。

指标的选择遵循以下原则：（1）代表性和独立性，即指标的选取既要在客观的基础上具有针对性，又要避免重复交叉能够从不同层次反映基本公共服务的供给情况；（2）可比性，即指标应当可以用于区域的横向比较和不同时期的纵向比较；（3）数据可得性，即指标的选取既要满足基本公共服务供给水平的评价需要，又要考虑获取指标相关数据的实际难度。

表4-1列示了本章构建的基本公共服务供给水平综合测度指标体系，总

指标下设有四个一级指标分别体现教育、医疗卫生、社会保障和就业、环境保护四大类基本公共服务的供给水平,每个一级指标下的二级指标都分别从投入和产出两个维度进行设置,其中投入指标均采用地方某项基本公共服务财政支出占地方财政支出比重衡量,以反映地方政府对这项基本公共服务提供财力保障的意愿和能力;产出指标则根据各项基本公共服务的实际情况和发展中的重点任务同时结合数据的可得性选取。

具体而言,在教育服务产出指标设计时,充分考虑我国现阶段的社会经济环境和《国家基本公共服务体系"十二五"规划》对基本公共教育的重点任务安排,认为基本公共教育现阶段主要指小学教育、初中教育和高中教育,用体现教育硬件配备的生均校舍面积和软件配备的师生比来衡量这三个阶段的教育服务产出水平。

衡量医疗卫生服务的产出水平需要综合考虑医疗卫生机构的人员配备、设施配置和服务容量,本章用每万人拥有卫生技术人员反映医疗卫生机构人员配备情况,医疗卫生机构的设施配置水平则用每万人拥有医疗机构床位数体现,医疗卫生机构的服务容量则用人均医疗卫生机构诊疗人次(医疗卫生机构诊疗人次/人口数)衡量。

社会保障服务的产出水平主要用社会保险覆盖率来衡量,本章用基本养老保险覆盖率和失业保险覆盖率作为社会保障服务的产出指标,基本养老保险包括城镇职工养老保险和城乡居民养老保险,基本养老保险的覆盖率用基本养老保险参保人数占15岁以上人口数比重计算,失业保险覆盖率以参加失业保险人数占适龄劳动人口比重衡量;就业服务产出指标的选取有别于以往研究,大部分已有文献选取城镇登记失业率来衡量就业服务水平,然而失业率受经济形势的影响较大,不能客观反映政府为促进充分就业做出的努力,因此本章用接受职业指导人数占登记求职人员比重和每万人职业技能鉴定机构数来衡量就业服务水平。

环境保护服务产出指标的设计主要考虑环境污染治理和居民生活环境保障两个维度,用人均二氧化硫排放量和人均废水排放量衡量环境污染治理效果,用生活垃圾无害处理率衡量居民生活环境保障水平。

表 4-1　　　　基本公共服务供给水平综合测度指标体系

总指标	一级指标	二级指标	指标方向
基本公共服务供给水平	教育服务 X1	教育财政支出占比 X11	正
		小学师生比 X12	正
		小学生均校舍面积 X13	正
		初中师生比 X14	正
		初中生均校舍面积 X15	正
		普通高中师生比 X16	正
		普通高中生均校舍面积 X17	正
	医疗卫生服务 X2	医疗卫生财政支出占比 X21	正
		每万人拥有卫生技术人员 X22	正
		每万人拥有医疗机构床位数 X23	正
		人均医疗卫生机构诊疗人次 X24	正
	社会保障和就业服务 X3	社会保障和就业财政支出占比 X31	正
		基本养老保险覆盖率 X32	正
		失业保险覆盖率 X33	正
		接受职业指导人数占登记求职人员比重 X34	正
		每万人职业技能鉴定机构数 X35	正
	环境保护服务 X4	环境保护财政支出占比 X41	正
		人均二氧化硫排放量 X42	负
		人均废水排放量 X43	负
		生活垃圾无害处理率 X44	正

注：2012 年财政部将环境保护支出类级科目调整为节能环保支出，2014 年财政部将医疗卫生类级科目调整为医疗卫生与计划生育支出。本书研究 2009~2017 年的数据，时期跨越调整前和调整后，国家统计局年度数据库（http://data.stats.gov.cn/index.htm）中对于这两类地方财政支出项目的分省年度数据依然按调整前科目命名，表格中的相关指标也按原科目命名。

4.1.2　熵权 TOPSIS 法对基本公共服务供给水平的综合测度

衡量一个地区的基本公共服务供给水平需要借助于一定的研究方法对指标体系中的多项指标进行综合比较分析。TOPSIS 法是一种逼近理想值的排序方法，1981 年由 Wang 和 Yoon 首次提出，被广泛运用于多项指标的综合比较分析，通过测算评价对象与最优方案和最劣方案的欧式距离来分析评价对象的相对水平，这种评价方法的优势在于对样本数量要求不大、评价结果相对合理

(曹贤忠、曾刚，2014），缺点在于 TOPSIS 法中各评价指标的权重相同，没有根据实际情况对各评价指标进行赋权（王磊等，2017）。熵权法是一种客观赋权方法，主要通过各项指标值所提供的信息量决定各项指标的权重（林阳衍，2014），指标的变异程度与指标的信息量成正比，指标的信息量与指标的权重成正比，即指标的权重会随着指标变异程度的增加而加大，若所有评价对象的某一指标都相同，意味着这个指标提供的信息量极低应该从指标体系剔除。熵权 TOPSIS 评价法是将熵权法与 TOPSIS 法相结合，先用熵权法给各指标赋权，再用 TOPSIS 法对加权后的决策矩阵进行评价（纪江明、胡伟，2013）。

熵权 TOPSIS 评价法的具体步骤如下。

4.1.2.1 各指标的无量纲化

由于各指标采用的计量单位不同，为了避免指标量纲不同所造成的比较困难，首先对各指标的原始数据进行去量纲处理，得到规范的决策矩阵。

假设用 n 个指标构成的指标体系来评价 m 个方案的优劣，第 i 个评价对象的第 j 个指标值为 y_{ij}，指标原始值构成的决策矩阵 $Y_{ij} = (y_{ij})_{m \times n}$。

由于指标体系中同时存在正向指标和逆向指标，因而需要同时将评价指标同趋势化和无量纲化，正向指标用式（4-1）进行处理：

$$r_{ij} = \frac{y_{ij} - \min y_j}{\max y_j - \min y_j} \quad r_{ij} \in [0, 1] \tag{4-1}$$

逆向指标用式（4-2）进行处理：

$$r_{ij} = \frac{\max y_{ij} - y_j}{\max y_j - \min y_j} \quad r_{ij} \in [0, 1] \tag{4-2}$$

其中，式（4-1）和式（4-2）的 $\max y_j$ 和 $\min y_j$ 是第 j 个指标中所有评价对象（i = 1, 2, …, m）的最大值和最小值。处理后得到规范的决策矩阵 $R_{ij} = (r_{ij})_{m \times n}$。

4.1.2.2 熵权法确定指标权重

首先计算指标 j 的信息熵值 e_j，公式如下：

$$z_{ij} = \frac{r_{ij}}{\sum_{i=1}^{m} r_{ij}} \tag{4-3}$$

$$e_j = -\frac{1}{\ln m}\sum_{i=1}^{m} z_{ij} \ln z_{ij} \qquad (4-4)$$

信息熵越大，数据信息量越少，信息效用值的计算公式如下：

$$d_j = 1 - e_j \qquad (4-5)$$

进一步计算指标 j 的权重：

$$w_j = \frac{d_j}{\sum_{j=1}^{n} d_j} \qquad \text{其中 } w_j \in [0,1], \sum_{j=1}^{n} w_j = 1 \qquad (4-6)$$

4.1.2.3 TOPSIS 法计算各评价对象的综合评价指数

用熵权法求得的指标权重建立加权规范矩阵 $Q_{ij} = (q_{ij})_{m \times n}$，其中 $q_{ij} = w_j \times r_{ij}$。

设第 j 个指标的正理想解（最优值）为 q_j^+，负理想解（最劣值）为 q_j^-，则有：

$$q_j^+ = \max(q_{1j}, q_{2j}, \cdots, q_{3j}), \quad j = 1, 2, \cdots, n \qquad (4-7)$$

$$q_j^- = \min(q_{1j}, q_{2j}, \cdots, q_{3j}), \quad j = 1, 2, \cdots, n \qquad (4-8)$$

计算各评价对象与正理想解和负理想解的欧式距离，计算公式为：

$$D_i^+ = \sqrt{\sum_{j=1}^{n}(q_{ij} - q_j^+)^2}, \quad i = 1, 2, \cdots, m \qquad (4-9)$$

$$D_i^- = \sqrt{\sum_{j=1}^{n}(q_{ij} - q_j^-)^2}, \quad i = 1, 2, \cdots, m \qquad (4-10)$$

求各评价对象与正理想解的相对接近度 C_i，公式如下：

$$C_i = D_i^-/(D_i^+ + D_i^-) \quad \text{其中 } C_i \in [0,1](i = 1, 2, \cdots, m) \qquad (4-11)$$

C_i 值就代表了该评价对象的综合评价指数，C_i 值越接近 1 表明该评价对象越接近最优水平，进而表明该评价对象的综合评价指数越高；反之，该评价对象的综合评价指数则越低。

本章采用上述熵权 TOPSIS 方法计算 2009~2017 年我国 30 个省（自治区、直辖市）① 基本公共服务供给水平的综合评价指数。各个指标所涉及的数据主要来源于 2010~2018 年的《中国统计年鉴》《中国财政年鉴》《中国劳动统计年鉴》《中国社会统计年鉴》《中国教育统计年鉴》《中国环境统计年鉴》以

---

① 由于数据缺失，数据分析不含西藏自治区、香港特别行政区、澳门特别行政区和台湾省。

及国家统计局年度数据库和各省区市历年统计年鉴。

为了同时获取各单项基本公共服务供给水平的综合评价指数，本章采用逐级累计赋权的方法，先通过熵权法对每个一级指标下的二级指标赋权，并用TOPSIS法求出每个一级指标的综合评价指数，再根据求得的一级指标的综合评价指数对各一级指标进行赋权。表4-2列示了上述逐级累计的赋权方法下各级指标的权重。

表4-2　　　　　　　　　各级指标的权重

一级指标	权重	二级指标	权重
教育服务 X1	0.3018	教育财政支出占比 X11	0.0732
		小学师生比 X12	0.1401
		小学生均校舍面积 X13	0.0784
		初中师生比 X14	0.1321
		初中生均校舍面积 X15	0.1120
		普通高中师生比 X16	0.1778
		普通高中生均校舍面积 X17	0.2864
医疗卫生服务 X2	0.2682	医疗卫生财政支出占比 X21	0.2265
		每万人拥有卫生技术人员 X22	0.1867
		每万人拥有医疗机构床位数 X23	0.2218
		人均医疗卫生机构诊疗人次 X24	0.3650
社会保障和就业服务 X3	0.2710	社会保障和就业财政支出占比 X31	0.0946
		基本养老保险覆盖率 X32	0.0966
		失业保险覆盖率 X33	0.3643
		接受职业指导人数占登记求职人员比重 X34	0.1706
		每万人职业技能鉴定机构数 X35	0.2739
环境保护服务 X4	0.1590	环境保护财政支出占比 X41	0.4847
		人均二氧化硫排放量 X42	0.1608
		人均废水排放量 X43	0.1794
		生活垃圾无害处理率 X44	0.1751

最后根据计算出的各一级指标的权重，用TOPSIS法计算出总指标基本公共服务供给水平的综合评价指数。表4-3列示了用熵权TOPSIS法计算的2009~2017年各省（自治区、直辖市）基本公共服务供给水平的综合评价指

数,该指数可以分别用于横向比较和纵向比较,后续研究中均用它反映各地区历年的基本公共服务的供给水平。

表4-3 各省(自治区、直辖市)基本公共服务供给水平的综合评价指数

年份 地区	2009	2010	2011	2012	2013	2014	2015	2016	2017
北京	0.5958	0.6198	0.6784	0.7208	0.7522	0.8491	0.9039	0.9216	0.9559
天津	0.2637	0.2780	0.3083	0.3396	0.3604	0.3989	0.4199	0.4347	0.5082
河北	0.2079	0.2229	0.2178	0.2475	0.3024	0.3343	0.3678	0.3613	0.4120
山西	0.2268	0.2160	0.2128	0.2455	0.2749	0.2941	0.3227	0.3570	0.3762
内蒙古	0.2523	0.2295	0.2085	0.2431	0.2765	0.2974	0.3270	0.3383	0.3675
辽宁	0.1742	0.1754	0.1983	0.2351	0.2517	0.2798	0.3248	0.3578	0.3872
吉林	0.1989	0.2077	0.2457	0.2660	0.2846	0.3175	0.3141	0.3260	0.3247
黑龙江	0.1958	0.2064	0.1992	0.2252	0.2638	0.2732	0.2949	0.2774	0.3330
上海	0.4597	0.4752	0.4911	0.5190	0.5367	0.5717	0.5935	0.6808	0.7244
江苏	0.1934	0.1977	0.2488	0.3160	0.3774	0.4241	0.4805	0.4865	0.5157
浙江	0.2695	0.2986	0.3495	0.4091	0.4483	0.5015	0.5247	0.5544	0.5807
安徽	0.1127	0.0949	0.1609	0.1985	0.2269	0.2591	0.2778	0.2816	0.3422
福建	0.1776	0.1978	0.2207	0.2709	0.3117	0.3545	0.3755	0.3946	0.4066
江西	0.1371	0.1272	0.1364	0.1785	0.2016	0.2063	0.2524	0.2801	0.3035
山东	0.1648	0.1874	0.2416	0.3016	0.3412	0.3598	0.3710	0.3971	0.4223
河南	0.1774	0.1699	0.2131	0.2541	0.2813	0.3196	0.3443	0.3599	0.3779
湖北	0.1530	0.2112	0.2383	0.2825	0.3299	0.3717	0.3899	0.4029	0.4143
湖南	0.1726	0.1739	0.1796	0.2226	0.2354	0.2767	0.3039	0.3114	0.3271
广东	0.1628	0.2321	0.2585	0.3017	0.3769	0.4209	0.4179	0.4539	0.4861
广西	0.1183	0.1693	0.1823	0.1997	0.2351	0.2761	0.2888	0.3047	0.3155
海南	0.2076	0.2115	0.2462	0.2570	0.2844	0.3304	0.3864	0.4360	0.4049
重庆	0.1731	0.1946	0.2110	0.2535	0.2824	0.3104	0.3600	0.3722	0.3979
四川	0.1269	0.1295	0.2008	0.2524	0.2849	0.3144	0.3422	0.3695	0.3983
贵州	0.1881	0.1388	0.1158	0.1338	0.1770	0.2264	0.2643	0.2896	0.3252
云南	0.2020	0.2092	0.1896	0.2079	0.2190	0.2291	0.2748	0.3183	0.3523
陕西	0.2032	0.1929	0.2004	0.2435	0.2863	0.3178	0.3536	0.3724	0.4002
甘肃	0.1838	0.2048	0.2486	0.2355	0.2406	0.2421	0.2925	0.3127	0.3459
青海	0.2551	0.2253	0.2222	0.3662	0.2957	0.2722	0.3471	0.3387	0.3652
宁夏	0.1741	0.2208	0.2151	0.2040	0.2280	0.2615	0.2890	0.3059	0.3675
新疆	0.1909	0.2227	0.2320	0.2555	0.2865	0.3207	0.3315	0.3354	0.3395

4.1.3 基本公共服务供给水平的空间分布特征和时空演变趋势

用我国各省（自治区、直辖市）2009~2017 年基本公共服务供给水平综合评价指数的均值反映我国各省（自治区、直辖市）的基本公共服务平均供给水平，同时将各地区的基本公共服务平均供给水平进行排序，如表 4-4 所示。

表 4-4　各省（自治区、直辖市）基本公共服务平均供给水平排序

省、自治区、直辖市	综合评价指数均值	排名	区域	省、自治区、直辖市	综合评价指数均值	排名	区域
北京	0.7775	1	东部	山西	0.2807	16	中部
上海	0.5613	2	东部	新疆	0.2794	17	西部
浙江	0.4374	3	东部	河南	0.2775	18	中部
天津	0.3680	4	东部	吉林	0.2761	19	东北
江苏	0.3600	5	东部	四川	0.2688	20	西部
广东	0.3456	6	东部	辽宁	0.2649	21	东北
湖北	0.3104	7	中部	甘肃	0.2563	22	西部
山东	0.3096	8	东部	黑龙江	0.2521	23	东北
海南	0.3071	9	东部	宁夏	0.2518	24	西部
福建	0.3011	10	东部	湖南	0.2448	25	中部
青海	0.2986	11	西部	云南	0.2447	26	西部
河北	0.2971	12	东部	广西	0.2322	27	西部
陕西	0.2856	13	西部	安徽	0.2172	28	中部
重庆	0.2839	14	西部	贵州	0.2066	29	西部
内蒙古	0.2822	15	西部	江西	0.2026	30	中部

可以发现，2009~2017 年我国基本公共服务平均供给水平排名前十位的省（直辖市）大部分都位于东部地区。所有东部地区各省（直辖市）基本公共服务平均供给水平的排名都在前十五位。中部地区各省基本公共服务平均供给水平的差距相对较大，其中湖北省基本公共服务平均供给水平排名第七位，而安徽省、江西省的基本公共服务平均供给水平排名却列全国倒数第三名和倒数第一名。东北地区各省基本公共服务平均供给水平的排名普遍靠后。位于

西部地区的陕西省、重庆市和内蒙古自治区的基本公共服务平均供给水平相对较高，其余各省（自治区、直辖市）的基本公共服务平均供给水平相对较低。

本章利用 GeoDa 软件分别绘制了 2009 年、2013 年和 2017 年我国基本公共服务供给水平的空间分布图①。我们把所要绘制年份的全国各省（自治区、直辖市）基本公共服务供给水平综合评价指数从小到大排列并分成四等份，排序后数据处于 75% 以上位置的省区市基本公共服务供给水平在当年很高，排序后数据处于 50%~75% 位置的省区市基本公共服务供给水平在当年较高，排序后数据处于 25%~50% 位置的省区市基本公共服务供给水平在当年较低，排序后数据处于 25% 以下位置的省区市基本公共服务供给水平在当年很低。通过比较 2009 年、2013 年和 2017 年全国基本公共服务供给水平综合评价指数的四分位数取值可以发现，随着时间的推移，全国整体的基本公共服务供给水平有所提高。2009 年我国基本公共服务供给的高水平地区主要集中在京津冀及与其接壤地区，东部沿海的上海市、浙江省基本公共服务供给水平虽然高但集聚效应不强；东北地区和西部地区的基本公共服务供给水平整体略高于中部地区。2013 年我国基本公共服务供给的高水平地区开始集中于东部沿海省份，基本公共服务供给水平较高地区的地理位置依然比较分散。2017 年我国基本公共服务供给的高水平地区依然集中在东部沿海地区，基本公共服务供给水平较高的地区也开始表现出一定的集聚效应，主要集中于四大区域的接壤地区，如河北省、山西省、陕西省、河南省、辽宁省和四川省。

为了揭示我国基本公共服务供给水平的演变趋势，分别从全国层面和区域层面计算每年各省区市基本公共服务供给水平综合评价指数的均值，用其衡量每年全国及四大区域的基本公共服务供给水平，进一步绘制 2009~2017 年全国及四大区域基本公共服务供给水平的趋势图，如图 4-1 所示。可以发现，2009~2017 年全国及四大区域的基本公共服务供给水平都呈现递增的态势。具体而言，2017 年全国各省区市基本公共服务供给水平综合评价指数的均值为 0.4193，是 2009 年的 1.9905 倍；2017 年东部地区各省区市基本公共服

---

① 由于西藏自治区、香港特别行政区、澳门特别行政区和台湾省数据缺失，软件作图时将空值按照 0 值处理。

供给水平综合评价指数的均值为 0.5417，是 2009 年的 2.0042 倍；2017 年中部地区各省基本公共服务供给水平综合评价指数的均值为 0.3569，是 2009 年的 2.1859 倍；2017 年西部地区各省区市基本公共服务供给水平综合评价指数的均值为 0.3614，是 2009 年的 1.9224 倍；2017 年东北地区各省基本公共服务供给水平综合评价指数的均值为 0.3483，是 2009 年的 1.8368 倍。从增长幅度来看，2009～2017 年中部地区和东部地区基本公共服务供给水平的增长幅度要大于全国的基本公共服务供给水平增长幅度，而西部地区和东北地区基本公共服务供给水平的增长幅度要小于全国的基本公共服务供给水平增长幅度。从截面数据来看，东部地区基本公共服务供给水平要远远高于中部、西部和东北地区，而中部、西部和东北地区的基本公共服务供给水平要低于全国平均水平；中部、西部和东北地区的基本公共服务供给水平较为接近，东北地区的基本公共服务供给水平在 2014 年之前略高于中部地区和西部地区，2015 年之后要略低于中部地区和西部地区；中部地区的基本公共服务供给水平在 2012 年之前低于西部地区，2013～2014 年高于西部地区，2015 年后又低于西部地区。这说明除了地区的经济发展水平和资源禀赋，政府的政策倾斜和战略导向也是影响地区基本公共服务供给水平的重要因素。西部地区最早受益于国家"西部大开发"战略，中央财政补助的分配也更倾向于西部地区，带动了西部地区的基本公共服务供给，"中部崛起"的战略部署紧随其后，使中部地区基本公共服务供给水平得以快速提升。

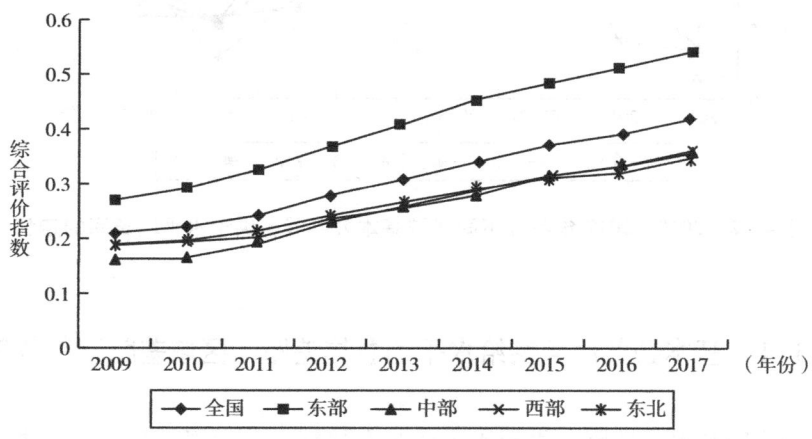

图 4-1 2009～2017 年我国不同区域基本公共服务供给水平的走势

为了更直观地反映全国及四大区域基本公共服务供给水平的增长变化情况，绘制 2010~2017 年全国及四大区域基本公共服务供给水平增长率的走势图，如图 4-2 所示。全国及四大区域基本公共服务供给水平的增长率基本都呈现出"上升—下降—上升"的波浪式变动。整体来看，2010~2017 年全国及四大区域的基本公共服务供给水平均保持了较高的增长速度，2010~2017 年全国基本公共服务供给水平年均增长率达到 9.03%，东部、中部、西部以及东北地区的基本公共服务供给水平年均增长率分别为 9.11%、10.41%、8.59%、7.94%，东北地区的年均增长率最低，中部地区的年均增长率最高，东北地区和西部地区的年均增长率均低于全国年均增长率。自 2016 年以来，东部、中部、西部和东北地区基本公共服务供给水平的增长率均大幅下降，2017 年各地区基本公共服务供给水平增长率虽然有所回升但都位于 10% 以内。这说明在国际贸易形势日益严峻和我国经济迈入"新常态"的背景下，进一步提升基本公共服务供给水平需要更完善的财政体制保障和国家战略实施。

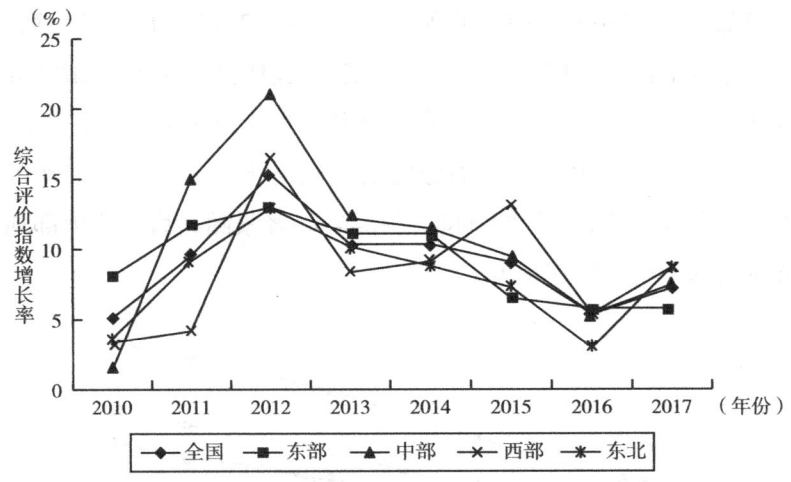

图 4-2　2010~2017 年我国不同区域基本公共服务供给水平增长率的走势

4.1.4　基本公共服务供给水平的总体差距、区域差距及其收敛性

通过我国基本公共服务供给水平的分布特征可以发现，我国不同省区市的基本公共服务供给水平存在一定的差距。随着时间的推移，这种差距是逐渐收

敛还是不断扩大？本章在测算我国基本公共服务供给水平总体差距和区域差距的基础上，对总体差距和区域差距进行 σ 收敛检验。所谓 σ 收敛主要是指随着时间的推移，区域内不同省区市基本公共服务供给水平的离散程度在不断缩小（辛冲冲、陈志勇，2019）。

4.1.4.1 研究方法

标准差、变异系数、泰尔指数等能够反映离散程度的统计性指标都可以用于 σ 收敛检验。与标准差相比，变异系数能够消除不同数组间量纲的影响，客观地比较不同数据组合离散程度的大小，因此经常被用于衡量不同地区基本公共服务供给水平的差距。但是变异系数的计算过程无法将总体差距分解，对不同层次的差距进行分析。泰尔指数可以弥补这一缺点，按照所选择的分组方式将总体差距分解为组间和组内差距，更有层次地分析我国基本公共服务供给水平的差距。为了得到全面、客观、有层次的研究结论，本章同时采用变异系数法和泰尔指数法衡量我国基本公共服务供给水平的总体差距和区域差距。根据变异系数和泰尔指数的变动趋势检验我国基本公共服务供给水平总体差距和区域差距的收敛性。

（1）变异系数法。

变异系数算法的核心思想是用一组数据的标准差除以均值。

$$CV_j = \frac{\sqrt{\sum_{i}^{N_j}(X_{ij}-\overline{X}_j)^2/N_j}}{\overline{X}_j} \tag{4-12}$$

其中，j = 1，2，3，4，5 分别代表全国总体以及东、中、西、东北四大区域，CV_j 代表全国以及东、中、西、东北地区基本公共服务供给水平的变异系数，N_j 代表不同区域内省区市的数量，X_{ij} 代表第 j 区域内 i 省基本公共服务供给水平综合评价指数，$\overline{X}_j$ 代表 j 区域内 N_j 省区市基本公共服务供给水平综合评价指数的均值。

（2）泰尔指数法。

按国家统计局最新划分的东、中、西、东北四大经济区域将全国的数据进行分组，泰尔指数不仅可以测算全国基本公共服务供给水平的总体差距，同时可以测算区域间和区域内基本公共服务供给水平差距，并得出各自对总体差距的贡献率。

$$T = \frac{1}{n}\sum_{i=1}^{n}\frac{y_i}{\bar{y}}\log\left(\frac{y_i}{\bar{y}}\right) \quad (4-13)$$

其中，T 为总的泰尔指数，n 代表全国样本数目，y_i 表示在各省区市基本公共服务供给水平由低到高排列后第 i 省的基本公共服务供给水平综合评价指数，$\bar{y}$ 代表全国各省区市基本公共服务供给水平综合评价指数的均值。

进一步将总的泰尔指数分解为衡量区域间差距的泰尔指数和衡量区域内差距的泰尔指数，T_B 为区域间的泰尔指数，T_W 为区域内的泰尔指数。

$$T = T_B + T_W \quad (4-14)$$

$$T_W = \sum_{k=1}^{k}\frac{y_k}{y}\left(\sum_{i\in g_k}\frac{y_i}{y_k}\ln\frac{y_i/y_k}{1/n_k}\right) \quad (4-15)$$

$$T_B = \sum_{k=1}^{k}\frac{y_k}{y}\ln\left(\frac{y_k/y}{n_k/n}\right) \quad (4-16)$$

在式（4-15）和式（4-16）中，将全国 n 个样本按区域划分为 k 个区域（k=1, 2, 3, 4），每个区域的样本组为 g_k，n_k 为第 k 区域中的样本数量，y_k 表示第 k 区域中各省区市基本公共服务供给水平综合评价指数之和，y 代表全国各省区市基本公共服务供给水平综合评价指数的总和。区域内的泰尔指数可以进一步分解为东、中、西、东北区域内的泰尔指数，其表达式为：

$$T_W = \sum_{k=1}^{k}\frac{y_k}{y}T_k \quad (4-17)$$

$$T_k = \sum_{i\in g_k}\frac{y_i}{y_k}\ln\frac{y_i/y_k}{1/n_k} \quad (4-18)$$

k=1, 2, 3, 4，分别代表东部、中部、西部、东北四个区域，T_k 代表东部、中部、西部、东北区域内的泰尔指数。

式（4-14）两边同时除以 T，则得到：

$$1 = T_B/T + T_W/T \quad (4-19)$$

其中，T_B/T 为区域间差距对总差距的贡献率，T_W/T 为区域内差距对总差距的贡献率。

4.1.4.2 实证结果分析

（1）变异系数法下基本公共服务供给水平的总体差距和区域差距。

根据式（4-12）分别计算 2009~2017 年全国以及四大区域省际间基本公

共服务供给水平的变异系数,区域的变异系数越高,此区域省际间基本公共服务供给水平的差距越大。如表4-5所示,东部地区基本公共服务供给水平的变异系数要远远高于中部地区、西部地区和东北地区。除了2013年、2014年和2016年外,东部地区基本公共服务供给水平的变异系数都高于全国基本公共服务供给水平的变异系数。2009~2015年中部地区和西部地区基本公共服务供给水平的变异系数均高于东北地区,2016~2017年东北地区基本公共服务供给水平的变异系数高于西部地区小于中部地区。中部地区和西部地区基本公共服务供给水平的变异系数值较为接近,2009~2017年中部地区和西部地区基本公共服务供给水平变异系数的均值分别为0.1867和0.1518。

表4-5 2009~2017年我国不同区域基本公共服务供给水平的变异系数

年份	2009	2010	2011	2012	2013	2014	2015	2016	2017
全国总体变异系数	0.4573	0.4496	0.4374	0.3963	0.3607	0.3664	0.3398	0.3382	0.3205
东部地区变异系数	0.5332	0.4906	0.4562	0.4022	0.3466	0.3483	0.3415	0.3342	0.3253
中部地区变异系数	0.2398	0.2858	0.1997	0.1657	0.1786	0.1945	0.1552	0.1480	0.1125
西部地区变异系数	0.2263	0.1778	0.1695	0.2382	0.1487	0.1283	0.1087	0.0878	0.0807
东北地区变异系数	0.0708	0.0933	0.1264	0.0879	0.0625	0.0823	0.0487	0.1263	0.0974

综上所述,2009~2017年我国东部地区基本公共服务供给水平的差距整体大于全国基本公共服务供给水平的差距,中部、西部以及东北地区基本公共服务供给水平的差距要小于全国基本公共服务供给水平的差距;中部地区的基本公共服务供给水平的差距整体要高于西部地区;西部地区的基本公共服务供给水平的差距整体要高于东北地区。

(2)泰尔指数法下基本公共服务供给水平的总体差距、区域内差距和区域间差距。

变异系数法只能测算出我国基本公共服务供给水平的总体差距和各个区域内基本公共服务供给水平的差距,无法测算我国基本公共服务供给水平总体差距的来源及贡献,泰尔指数可以将我国基本公共服务供给水平的总体差距分解为区域内差距和区域间差距,如表 4-6 所示,泰尔指数越大,相应的差距也就越大。

表 4-6　　2009~2017 年我国基本公共服务供给水平的总泰尔指数及其分解指数

年份	总泰尔指数	区域内泰尔指数	区域间泰尔指数	区域内贡献率	区域间贡献率
2009	0.07877	0.05832	0.02046	74.04%	25.97%
2010	0.07730	0.05136	0.02594	66.44%	33.56%
2011	0.07246	0.04355	0.02891	60.10%	39.90%
2012	0.06218	0.03795	0.02423	61.03%	38.97%
2013	0.05223	0.02666	0.02557	51.04%	48.96%
2014	0.05338	0.02641	0.02697	49.48%	50.52%
2015	0.04543	0.02324	0.02219	51.16%	48.84%
2016	0.04555	0.02255	0.02299	49.51%	50.47%
2017	0.04099	0.02047	0.02052	49.94%	50.06%

从表 4-6 可以看出,2009~2013 年我国基本公共服务供给水平区域内泰尔指数远远高于我国基本公共服务供给水平区域间泰尔指数,证明我国基本公共服务供给水平的区域内差距要大于我国基本公共服务供给水平的区域间差距。2014 年后这一形势有所扭转,2014 年、2016 年和 2017 年我国基本公共服务供给水平的区域间泰尔指数都略高于区域内泰尔指数,我国基本公共服务供给水平的区域间差距对全国基本公共服务供给水平的总差距贡献率超过了 50%,说明近年来我国区域间基本公共服务供给水平的差距更为突出。

图 4-3 更清晰、直观地反映 2009~2017 年我国基本公共服务供给水平总泰尔指数、区域内和区域外泰尔指数的变动趋势。可以发现,2009~2017 年我国基本公共服务供给水平的总泰尔指数和区域内泰尔指数的趋势线整体向右下方倾斜,呈下降的态势。总泰尔指数从 2009 年的 0.0788 下降到 2017 年的 0.0410,下降了 47.96%;区域内泰尔指数从 2009 年的 0.0583 下降到 2017 年的 0.0205,下降了 64.90%。虽然总泰尔指数在 2014 年和 2016 年有小幅回升但并不影响总泰尔指数整体呈现的下降趋势。根据总泰尔指数和区域内泰尔指数的变动趋势,我国基本公共服务供给水平的总体差距和区域内差距均呈现

σ 收敛。2009~2017 年我国基本公共服务供给水平的区域间泰尔指数呈"上升—下降—上升—下降"的波浪式变动，2009 年我国基本公共服务供给水平的区域间泰尔指数为 0.02046，2017 年该数值为 0.02052 与 2009 年基本持平。因此整体来看，我国基本公共服务供给水平的区域间差距未呈现明显的 σ 收敛趋势。

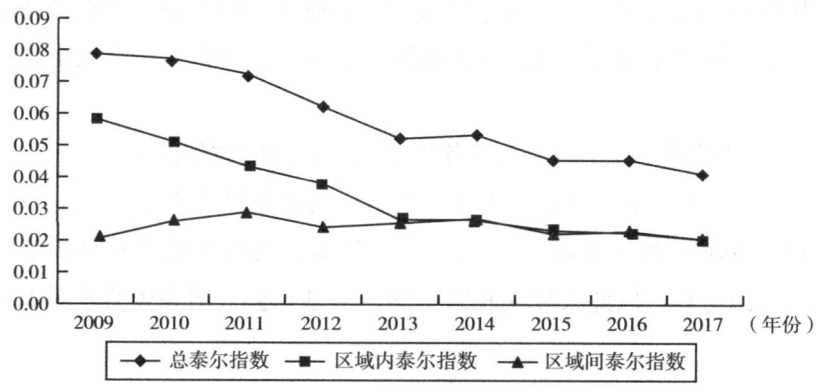

图 4-3 2009~2017 年我国基本公共服务供给水平的
总泰尔指数及其分解指数趋势图

进一步根据式（4-16）和式（4-17）将整体的区域内泰尔指数拆分为各个区域内的泰尔指数，如表 4-7 所示。

表 4-7 2009~2017 年我国四大区域内基本公共服务供给水平的泰尔指数

年份	东部地区泰尔指数	中部地区泰尔指数	西部地区泰尔指数	东北地区泰尔指数
2009	0.1092	0.0237	0.0238	0.0017
2010	0.0928	0.0360	0.0153	0.0029
2011	0.0803	0.0170	0.0144	0.0052
2012	0.0636	0.0115	0.0255	0.0026
2013	0.0478	0.0132	0.0105	0.0013
2014	0.0478	0.0159	0.0076	0.0022
2015	0.0455	0.0100	0.0054	0.0008
2016	0.0446	0.0091	0.0035	0.0054
2017	0.0427	0.0053	0.0030	0.0031

我国东部地区基本公共服务供给水平的泰尔指数要远远大于中部、西部和东北地区。2009~2017 年我国中部地区、西部地区、东北地区基本公共服务供给水平的平均泰尔指数分别为 0.0157、0.0121、0.0028，中部地区和西部地区的泰尔指数比较接近，中部地区的泰尔指数整体高于西部地区，西部地区的泰尔指数整体高于东北地区。这与变异系数法的测算结果基本一致，即我国东部地区基本公共服务供给水平的差距大于中部地区，中部地区基本公共服务供给水平差距整体大于西部地区，西部地区基本公共服务供给水平差距整体大于东北地区。

（3）我国不同区域基本公共服务供给水平差距的收敛性分析。

由于变异系数和泰尔指数都能反映基本公共服务供给水平的差距，图 4-4 同时展示了 2009~2017 年我国不同区域内基本公共服务供给水平的变异系数和泰尔指数的走势，以此来反映我国不同区域基本公共服务供给水平差距的演变趋势。

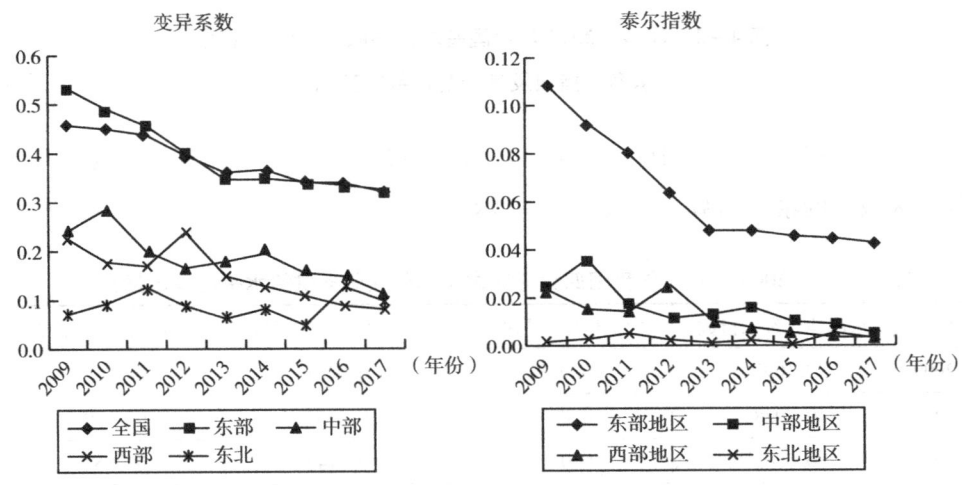

图 4-4　2009~2017 年我国不同区域基本公共服务供给水平差距的收敛性分析

可以发现，全国基本公共服务供给水平的变异系数走势和上述我国基本公共服务供给水平总泰尔指数的走势基本一致，整体向右下方倾斜，具备 σ 收敛的特征。同时在两种测算方法下，我国东部、中部、西部和东北地区基本公共服务供给水平差距的相对大小和演变趋势也基本一致。东部地区基本公共服务供给水平的变异系数和泰尔指数均呈现出阶梯式下降的趋势；中部地区和西部地区基本公共服务供给水平的变异系数和泰尔指数则呈现出波浪式下降的趋势，虽然个别年份有明显反弹但整体下降幅度较大，而东北地区基本公共服务供给水平的变异系数和泰尔指数只是呈波浪式变动，整体呈现小幅上升趋势。综上所述，我国东部、中部和西部地区基本公共服务供给水平的差距呈 σ 收敛，而东北地区基本公共服务供给水平的差距未呈 σ 收敛。

4.2 我国基本公共服务供给效率的评价

基本公共服务供给效率的评价重在分析财政资金在基本公共服务领域的使用绩效。基本公共服务供给效率决定了相同财力保障下公共部门产出水平的高低。关注地方基本公共服务供给效率有助于监督地方政府提高财政资金的使用效益，使地方政府在有限的财政资源下提高基本公共服务供给水平。本节主要运用 SE - SBM 模型测算我国各省（自治区、直辖市）基本公共服务供给效率，分析我国基本公共服务供给效率的分布特征、演变趋势和区域差异。

4.2.1 研究设计

4.2.1.1 研究方法介绍

已有文献中测算效率的方法可以分为参数法和非参数法，参数法需要明确生产函数且主要用于多投入、单产出的生产关系，而非参数法不需要确定生产函数的形式，比参数法更适用于多投入、多产出的复杂生产关系。公共产品和服务的提供具有一定的特殊性，其过程难以用规范的生产函数刻画，公共部门对基本公共服务的产出也难以用单一的指标衡量，因此基本公共服务供给效率的测算更适用于非参数法。数据包络分析（Data Envelopment Analysis，DEA）是非参数法分析法的代表，近年来被广泛运用于公共部门资源配置效率的测算。随着研究的深入，DEA 的模型种类在不断丰富，其中 Chames、Cooper 和 Rhodes（1978）提出的 CCR 模型和 Banker、Chames 和 Cooper（1984）提出的 BCC 模型是国内最早引入且使用频率最高的 DEA 模型，又被称为传统的 DEA 模型（王谦、董艳玲，2018；杨刚强等，2020）。传统 DEA 模型中的 CCR 模型和 BCC 模型都可以实现投入导向和产出导向两个角度的测算，其不同之处在于 CCR 模型假设规模报酬不变，而 BCC 模型假设规模报酬可变。传统 DEA 模型对效率的评价主要考虑径向和角度两个方面，其基本原理是通过投入和产出指标比重的综合测算得到有效性生产前沿，并根据每个评价对象（即决策单元，DMU）与该生产前沿面的距离来衡量其效率水平，其效率值在 0 到 1 之间，当 DMU 位于生产前沿面上时，代表该评价对象是有效率的，其效率值等于 1；当效率值小于 1 时，表明该评价对象是低效率或无效率的。

总体来看，传统 DEA 模型存在两大缺陷：一是忽略了松弛量对效率测度的影响；二是无法比较有效决策单元的效率高低。Tone（2001）提出 SBM 模型，该模型虽然在效率测度时充分考虑了松弛量的影响，但依然无法实现对多个有效决策单元的进一步比较。Banker、Gifford 和 Bankeret 提出了超效率 DEA (Super – efficiency Data Envelopment Analysis, SE – DEA) 模型，在评价某一个 DUM 时采用其他 DUM 投入和产出的线性组合来代替该 DUM 的投入和产出，使模型的计算结果有可能大于 1，这样在传统 DEA 模型下均为 1 的有效决策单元在 SE – DEA 模型下得到了进一步区分。Tone（2002）提出了 SE – SBM 模型，该模型结合了 SBM 模型和 SE – DEA 模型的特点，在考虑松弛量的影响下实现有效决策单元的比较，SE – SBM 模型也可以选择基于投入导向、产出导向或者双导向进行效率测算。鉴于 SE – SBM 模型的优势，本节选择 SE – SBM 模型衡量 2009~2017 年我国各省（自治区、直辖市）的基本公共服务供给效率。

假设有 n 个决策单元，每个决策单元有 m 个投入指标，s 个产出指标，则每个决策单元有两个向量，即投入向量 $x \in R^m$、$y \in R^s$，可以定义矩阵如下：

$X = [x_1, x_2, \cdots, x_n] \in R_+^{m \times n}$；$Y = [y_1, y_2, \cdots, y_n] \in R_+^{s \times n}$。

一个排除了决策单元（x_k, y_k）的有限生产可能性集为：

$$PPS = \left\{ (x_k, y_k) \mid \bar{x} \geq \sum_{j=1, j \neq k}^{n} \lambda_j x_j, \bar{y} \leq \sum_{j=1, j \neq k}^{n} \lambda_j y_j, h \leq e\lambda \leq u, \lambda_j \geq 0 \right\}$$

(4 – 20)

其中，λ 代表权重，k 代表被评价的决策单元，参数 h 和 u 代表模型的规模报酬假设，若 h = 0、u = ∞，则模型的设定为规模报酬不变；若 h = 1、u = 1，则模型的设定为规模报酬可变。

SE – SBM 模型的分式规划形式为：

$$\rho = \min \frac{\frac{1}{m}\sum_{i=1}^{m} \bar{x}_i / x_{ik}}{\frac{1}{s}\sum_{r=1}^{s} \bar{y}_r / y_{ik}} \qquad (4-21)$$

$$s.t. \begin{cases} \bar{x} \geq \sum_{j=1, j \neq k}^{n} \lambda_j x_j \\ \bar{y} \leq \sum_{j=1, j \neq k}^{n} \lambda_j y_j \\ \bar{x} \geq x_k, 0 \leq \bar{y} \leq y_k, h \leq e\lambda \leq u, \lambda_j \geq 0 \\ \bar{x}_i = x_{ik} + s^- \ (i = 1, \cdots, m) \\ \bar{y}_r = y_{rk} + s^+ \ (i = 1, \cdots, s) \end{cases} \qquad (4-22)$$

式（4-21）是目标效率值 ρ 的计算公式，式（4-22）是目标效率值 ρ 计算的约束条件，其中向量 $s^- \in R_+^m$ 代表投入松弛量，用来衡量过度的投入，向量 $s^+ \in R_+^s$ 代表产出松弛量，用来衡量不足的产出。若假定规模报酬不变，上述模型为 SE-SBM-CCR 模型，可以得到评价对象的技术效率值，也有学者称其为综合效率值（TE）；若假定规模报酬可变，上述模型则为 SE-SBM-BCC 模型，可以求出评价对象的纯技术效率值（PTE），规模效率（SE）可以通过综合效率与纯技术效率的比值得出（王谦、董艳玲，2018）。

4.2.1.2 基本公共服务供给效率评价指标体系

采用 SE-SBM 模型评价基本公共服务供给效率，必须明确基本公共服务的各个投入指标和产出指标。如表 4-8 所示，为了全面地反映基本公共服务供给效率，本节在投入类指标和产出类指标下均设置了四个一级指标来反映基本公共服务不同领域的投入和产出状况，同时在各一级指标下设有二级指标来具体衡量各一级指标的投入、产出状况。统一采用 GDP 平减指数消除价格影响后各领域的人均财政支出作为二级投入类指标。与投入指标不同，基本公共服务在各领域的产出水平难以用单一的指标衡量，需要综合考虑各项基本公共服务发展的不同维度以及数据的可得性，表 4-8 中产出类的各二级指标与表 4-1 中衡量基本公共服务供给水平的各产出指标基本一致，此处不再赘述。

表 4-8   基本公共服务供给效率综合评价指标体系

类别	一级指标	二级指标
投入类	教育投入 IX1	人均教育财政支出 IX11
	医疗卫生投入 IX2	人均医疗卫生财政支出 IX21
	社会保障和就业投入 IX3	人均社会保障和就业财政支出 IX31
	环境保护投入 IX4	人均环境保护财政支出 IX41
产出类	教育产出 OX1	小学师生比 OX11
		小学生均校舍面积 OX12
		初中师生比 OX13
		初中生均校舍面积 OX14
		普通高中师生比 OX15
		普通高中生均校舍面积 OX16
	医疗卫生产出 OX2	每万人拥有卫生技术人员 OX21
		每万人拥有医疗机构床位数 OX22
		人均医疗卫生机构诊疗人次 OX23
	社会保障和就业产出 OX3	基本养老保险覆盖率 OX31
		失业保险覆盖率 OX32
		接受职业指导人数占登记求职人员比重 OX33
		每万人职业技能鉴定机构数 OX34
	环境保护产出 OX4	人均二氧化硫排放量 OX41
		人均废水排放量 OX42
		生活垃圾无害处理率 OX43

4.2.1.3　测算步骤及数据来源

在基本公共服务供给效率综合评价体系中，二级产出指标人均二氧化硫排放量和人均废水排放量是非期望产出，而上述 SE-SBM 模型的计算公式并没有考虑非期望产出的测算。同时，所有的 DEA 模型对"自由度"都有一定的要求，一般而言，DUM 的数量应该在所有指标数量的两倍以上，即 $n \geq 2(m+s)$，否则评价结果的可信度会降低。因此在使用 SE-SBM 模型测算之前，需要对二级产出类指标进行一定的降维处理，一方面提升模型的"自由度"，另一方面实现非期望产出的逆向转换。具体步骤如下：

首先，将各项产出类二级指标按照式（4-1）和式（4-2）进行同趋势化和无量纲化处理，实现非期望产出的逆向转换，同时消除不同量纲的影响。

其次，按照式（4-3）至式（4-6）的熵权法确定各一级产出指标下各个二级产出指标的权重，结果如表4-9所示。

表4-9　　　　　　　　产出类二级指标的权重

产出类二级指标	权重	产出类二级指标	权重
OX11	0.1511	OX23	0.4719
OX12	0.0846	OX31	0.1067
OX13	0.1425	OX32	0.4023
OX14	0.1209	OX33	0.1884
OX15	0.1918	OX34	0.3025
OX16	0.3091	OX41	0.3121
OX21	0.2414	OX42	0.3481
OX22	0.2867	OX43	0.3398

再次，运用熵权法求出的权重对每一个产出类一级指标下的二级指标进行加权平均得出各个产出类一级指标 OX1、OX2、OX3、OX4 的综合数值。

最后，将四个投入类一级指标 IX1、IX2、IX3、IX4 和四个产出类一级指标 OX1、OX2、OX3、OX4 代入 SE-SBM 模型，从投入导向逐年测算我国 2011~2017 年各省区市基本公共服务供给效率。所涉及的数据主要来源于 2010~2018 年的《中国统计年鉴》《中国财政年鉴》《中国劳动统计年鉴》《中国社会统计年鉴》《中国教育统计年鉴》《中国环境统计年鉴》以及国家统计局年度数据库和各省区市历年统计年鉴。

4.2.2　基本公共服务供给效率的横向比较及分解性探究

根据前面的研究设计，运用 SE-SBM-CCR 模型从投入导向测算出我国 2009~2017 年各省（自治区、直辖市）基本公共服务供给的综合效率（TE），计算各省（自治区、直辖市）2009~2017 年基本公共服务供给综合效率的均值，同时对各省（自治区、直辖市）基本公共服务供给综合效率的均值进行排序，如表4-10所示。排名前11位的省（自治区、直辖市）基本公共服务供给综合效率的均值都大于1，说明这些地方的基本公共服务供给是有效率的。这11个省（自治区、直辖市）有5个分布在东部地区，占东部地区所有统计省市的50%；4个分布在中部地区，占中部地区所有统计省的66.67%；2个分布在西部地区，占西部地区所有统计省区市的18.18%。整体来看，东部地区和中部地区各省市的基本公共服务供给综合效率较高，西部地区和东北地区各省区市的基本公共服务供给的综合效率整体偏低。

表4-10　各省（自治区、直辖市）基本公共服务供给综合效率排序

省、自治区、直辖市	综合效率均值	排名	区域	省、自治区、直辖市	综合效率均值	排名	区域
浙江	1.2189	1	东部	河北	0.8530	16	东部
福建	1.0981	2	东部	山西	0.8260	17	中部
河南	1.0850	3	中部	上海	0.8137	18	东部
山东	1.0849	4	东部	辽宁	0.7994	19	东北
湖南	1.0828	5	中部	黑龙江	0.7755	20	东北
湖北	1.0667	6	中部	云南	0.7731	21	西部
广东	1.0490	7	东部	新疆	0.7299	22	西部
江苏	1.0401	8	东部	陕西	0.7016	23	西部
四川	1.0228	9	西部	重庆	0.6819	24	西部
安徽	1.0086	10	中部	天津	0.6658	25	东部
广西	1.0008	11	西部	吉林	0.6643	26	东北
江西	0.9732	12	中部	甘肃	0.5837	27	西部
北京	0.9679	13	东部	内蒙古	0.5279	28	西部
贵州	0.9097	14	西部	宁夏	0.5248	29	西部
海南	0.8857	15	东部	青海	0.3884	30	西部

注：由于西藏自治区、香港特别行政区、澳门特别行政区和台湾省数据缺失，未纳入统计范畴。

同时可以发现，北京、上海、天津等地基本公共服务供给水平虽然很高，但其基本公共服务供给的综合效率并不高。为了探究其原因，我们将基本公共服务供给的综合效率分解为纯技术效率和规模效率，即综合效率＝纯技术效率×规模效率。综合效率是从整体的投入和产出衡量基本公共服务供给效率，即如何在产出既定的情况下实现投入最小化；而纯技术效率主要是指与管理、技术水平相关的效率；规模效率是指在管理水平和技术水平一定的情况下，由实际生产规模决定的效率，实际生产规模越偏离最优生产规模，规模效率越小。运

第4章 我国基本公共服务供给的综合考察与评价

用 SE-SBM-BCC 模型从投入导向测算出我国 2009~2017 年各省（自治区、直辖市）基本公共服务供给的纯技术效率（PTE），对各省（自治区、直辖市）2009~2017 年基本公共服务供给纯技术效率的均值进行排序，如表 4-11 所示。排名前 13 位的各省（自治区、直辖市）基本公共服务供给的纯技术效率均值都大于 1，说明从管理方式和技术水平来看，这些地方的基本公共服务供给是有效率的。这 13 个省（自治区、直辖市）有 7 个分布在东部地区，占东部地区所有统计省市的 70%；4 个分布在中部地区，占中部地区所有统计省的 66.67%；2 个分布在西部地区，占西部地区所有统计省区市的 18.18%。可以发现，各地区基本公共服务供给的纯技术效率普遍高于基本公共服务供给的综合效率，这说明各地区基本公共服务供给的规模效率普遍较低。上海、北京地区基本公共服务供给的纯技术效率大于 1，但是基本公共服务供给的综合效率小于 1，其基本公共服务供给纯技术效率的排名要远高于其综合效率排名，说明实际生产规模与最优生产规模的偏离是造成上海、北京等地基本公共服务供给低效的主要原因。

表 4-11　各省（自治区、直辖市）基本公共服务供给纯技术效率排序

省、自治区、直辖市	纯技术效率均值	排名	区域	省、自治区、直辖市	纯技术效率均值	排名	区域
浙江	1.5684	1	东部	河北	0.9491	16	东部
四川	1.2190	2	西部	贵州	0.9324	17	西部
上海	1.1982	3	东部	辽宁	0.9011	18	东北
湖北	1.1884	4	中部	山西	0.8405	19	中部
山东	1.1634	5	东部	云南	0.8388	20	西部
湖南	1.1348	6	中部	黑龙江	0.8179	21	东北
江苏	1.1192	7	东部	天津	0.8081	22	东部
河南	1.1118	8	中部	新疆	0.7524	23	西部
福建	1.1098	9	东部	重庆	0.7290	24	西部
广东	1.0900	10	东部	陕西	0.7209	25	西部
安徽	1.0441	11	中部	甘肃	0.7098	26	西部
广西	1.0396	12	西部	吉林	0.6928	27	东北
北京	1.0000	13	东部	宁夏	0.5701	28	西部
江西	0.9925	14	中部	内蒙古	0.5444	29	西部
海南	0.9801	15	东部	青海	0.4386	30	西部

用综合效率除以纯技术效率求出规模效率（SE）。在传统 DEA – BCC 和 DEA – CCR 模型中效率值最高为 1，当效率值等于 1 时是有效率的，否则为无效率。SE – SBM – BCC 和 SE – SBM – CCR 模型使效率值可以超过 1，实现了有效决策单元的比较，在传统 DEA 模型中综合效率值和纯技术效率值为 1 的决策单元在 SE – SBM 模型中其综合效率值和纯技术效率值均大于等于 1，但根据规模效率的计算公式，在传统 DEA 模型中规模效率为 1 的决策单元，在 SE – SBM 模型其规模效率未必大于等于 1。我们重点关注各省（自治区、直辖市）规模效率的相对大小，对各省（自治区、直辖市）2009~2017 年基本公共服务供给的规模效率均值排序，如表 4 – 12 所示，基本公共服务供给规模效率排名前 10 位的省区市中，2 个位于东部地区，4 个位于中部地区，4 个位于西部地区。上海、浙江、天津等东部地区基本公共服务供给的规模效率排在倒数前五名。用 Deap 软件运行传统 DEA – BCC 模型可以得出各省区市的生产规模偏离情况，发现大部分地区尤其是东部地区各省区市的基本公共服务供给处于规模报酬递减阶段，少数西部和中部地区的基本公共服务供给处于规模报酬递增的阶段。这意味着大部分地方政府由于实际生产规模大于最优生产规模而导致的基本公共服务供给的规模不经济，进而导致了基本公共服务供给综合效率的下降。

表 4 – 12　各省（自治区、直辖市）基本公共服务供给规模效率排序

省、自治区、直辖市	规模效率均值	排名	区域	省、自治区、直辖市	规模效率均值	排名	区域
福建	0.9895	1	东部	广东	0.9615	11	东部
河南	0.9818	2	中部	湖南	0.9606	12	中部
山西	0.9815	3	中部	广西	0.9599	13	西部
江西	0.9810	4	中部	吉林	0.9598	14	东北
贵州	0.9752	5	西部	黑龙江	0.9512	15	东北
陕西	0.9726	6	西部	山东	0.9442	16	东部
内蒙古	0.9711	7	西部	重庆	0.9438	17	西部
新疆	0.9691	8	西部	江苏	0.9337	18	东部
北京	0.9679	9	东部	云南	0.9307	19	西部
安徽	0.9675	10	中部	青海	0.9211	20	西部

续表

省、自治区、直辖市	规模效率均值	排名	区域	省、自治区、直辖市	规模效率均值	排名	区域
宁夏	0.9196	21	西部	四川	0.8659	26	西部
海南	0.9047	22	东部	天津	0.8333	27	东部
河北	0.9009	23	东部	甘肃	0.8253	28	西部
湖北	0.9006	24	中部	浙江	0.8019	29	东部
辽宁	0.8957	25	东北	上海	0.6777	30	东部

为了更直观地比较分析我国不同区域基本公共服务供给效率的情况，分别计算不同区域内各省区市在2009~2017年基本公共服务供给效率的均值，结果如表4-13所示。整体来看，我国中部地区基本公共服务供给的综合效率和规模效率均最高；而东部地区基本公共服务供给的纯技术效率最高，规模效率最低，综合效率仅次于中部地区；东北地区基本公共服务供给的综合效率、纯技术效率和规模效率均大于西部地区；西部地区基本公共服务供给的综合效率和纯技术效率均为最低。

表4-13　我国不同区域基本公共服务供给效率均值的横向比较

效率＼区域	东部	中部	西部	东北
综合效率均值	0.9677	1.0070	0.7131	0.7464
纯技术效率均值	1.0986	1.0520	0.7723	0.8039
规模效率均值	0.8915	0.9622	0.9322	0.9356

4.2.3　基本公共服务供给效率的纵向变动趋势

分别从全国层面和区域层面计算每年各省区市基本公共服务供给综合效率的均值，进一步绘制2009~2017年全国及四大区域基本公共服务供给综合效率的走势图。如图4-5所示，2009~2017年全国基本公共服务供给的综合效率除了在2010年呈现出明显上升趋势外，其余年份的走势较为平稳，但整体呈现小幅波浪式变动，即稳中有降也有升。分区域来看，东部地区基本公共服务供给的综合效率变动趋势与全国整体的变动趋势最为接近；中部地区基本公共服务供给的综合效率在 2009~2011 年呈现上升趋势，之后也呈现小幅波浪式变动；西部地区基本公共服务供给的综合效率在 2009~2013 年一直处于"升—降—升—降"的波浪式变动，2013~2017 年西部地区基本公共服务供给的综合效率稳步上升；2009~2017 年东北地区基本公共服务供给的综合效率一直处于大幅的波浪式变动。

2017 年全国各省区市基本公共服务供给综合效率的均值为 0.8887，与 2009 年相比增长 13.68%；2017 年东部地区各省市基本公共服务供给综合效率的均值为 0.9742，与 2009 年相比增长 2.01%；2017 年中部地区各省基本公共服务供给综合效率的均值为 1.0390，与 2009 年相比增长 16.52%；2017 年西部地区各省区市基本公共服务供给综合效率的均值为 0.7711，与 2009 年相比增长 28.48%；2017 年东北地区各省基本公共服务供给综合效率的均值为 0.7346，与 2009 年相比增长 12.97%。这说明虽然各区域基本公共服务供给的综合效率存在波浪式变动，但从九年的时间跨度来看，全国以及四大区域基本公共服务供给的综合效率整体有所上升。

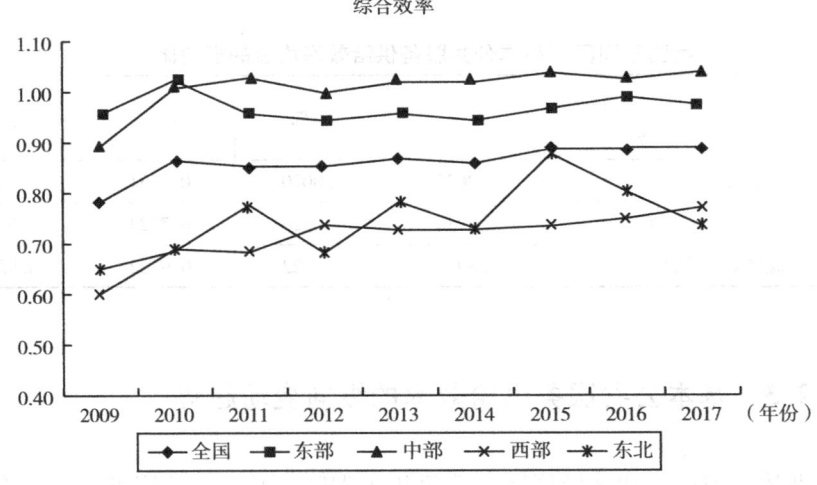

图 4-5　2009~2017 年我国不同区域基本公共服务供给综合效率走势

进一步绘制 2009~2017 年全国及四大区域基本公共服务供给纯技术效率的走势图，如图 4-6 所示，基本公共服务供给纯技术效率的变动趋势和变动幅度均不同于与基本公共服务供给综合效率。从变动趋势来看，2017 年全国和东部地区基本公共服务供给纯技术效率明显上升，而其综合效率明显下降；

2013~2015年西部地区基本公共服务供给纯技术效率明显呈现下降趋势，而其综合效率呈现缓慢上升趋势；东北地区基本公共服务纯技术效率的走势不同于综合效率所呈现出的规律波浪式变动，而是在2009~2013年呈现出阶梯式上升趋势，2013~2015年呈"下降—上升"的波浪式变动，2015~2017年呈现下降趋势。从变动幅度来看，全国整体以及东部、中部地区基本公共服务供给纯技术效率的变动幅度要大于该地区基本公共服务供给综合效率的变动幅度。2017年全国各省区市基本公共服务供给纯技术效率的均值为0.9930，与2009年相比增长14.03%；2017年东部地区各省市基本公共服务供给纯技术效率的均值为1.1641，与2009年相比增长7.68%；2017年中部地区各省基本公共服务供给纯技术效率的均值为1.1394，与2009年相比增长16.58%；2017年西部地区各省区市基本公共服务供给纯技术效率的均值为0.8210，与2009年相比增长20.90%；2017年东北地区各省基本公共服务供给纯技术效率的均值为0.7603，与2009年相比增长15.23%。

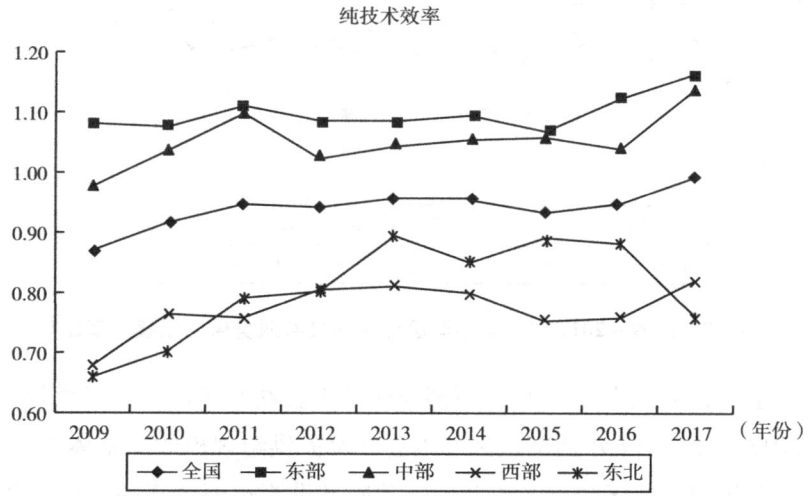

图4-6 2009~2017年我国不同区域基本公共服务供给纯技术效率走势

从2009~2017年全国及四大区域基本公共服务供给综合效率和纯技术效率的走势图可以发现，九年来西部地区和中部地区基本公共服务供给的综合效率和纯技术效率均有较大的提升；东北地区基本公共服务供给综合效率和纯技术效率每年的变动趋势最不稳定、变化幅度最大，但从九年的时间跨度来看，其基本公共服务供给综合效率和纯技术效率的提升仅次于中部地区。相比之下，东部地区的管理模式和技术水平在国内一直处于领先地位，提升空间不大，因此东部地区基本公共服务供给纯技术效率的提升幅度最小，而其基本公共服务供给综合效率的提升幅度又远小于纯技术效率，这源于其基本公共服务供给规模效率值的变动。

如图4-7所示，从截面数据来看，自2014年起我国东部地区基本公共服务供给规模效率就低于其他三大区域的基本公共服务供给规模效率；从时间序列数据看，东部地区基本公共服务供给规模效率一直处于波浪式变动，2017年东部地区各省区市基本公共服务供给规模效率的均值为0.8704，比2009年下降了2.78%。

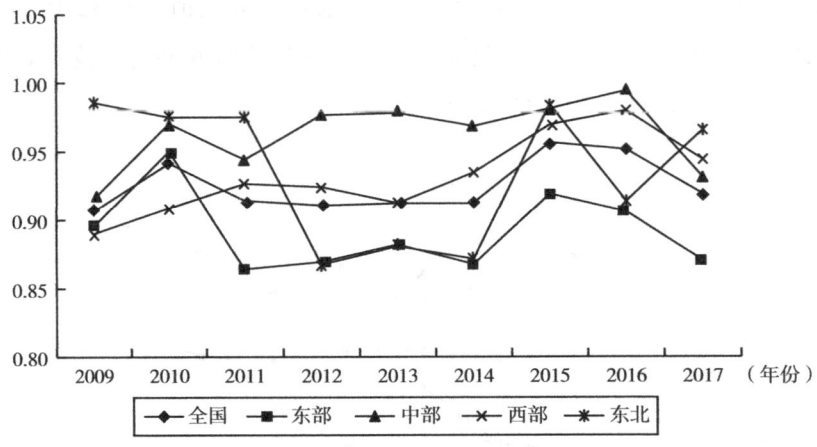

图4-7 2009~2017年我国不同区域基本公共服务供给规模效率走势

同时可以发现，虽然2009年西部地区基本公共服务供给的规模效率较低，但除了2013年和2017年西部地区基本公共服务供给规模效率整体处于上升趋势外，2017年西部地区各省区市基本公共服务供给规模效率的均值为0.9442，比2009年上升了6.10%。中部地区基本公共服务供给的规模效率整体较高，但也一直处于不规则波浪式变动，2017年中部地区各省基本公共服务供给规模效率的均值为0.9311，比2009年上升了1.71%。东北地区基本公共服务供给规模效率的变动趋势依然最不稳定、变化幅度依然最大，2017年东北地区各省基本公共服务供给规模效率的均值为0.9658，比2009年下降了2.02%。

4.2.4　基本公共服务供给效率的总体差距及其分解性探析

通过我国基本公共服务供给效率的横向比较可以发现，我国不同省区市的基本公共服务供给效率存在一定差异，本节要进一步分析我国各省区市基本公共服务供给效率的差距水平及变化趋势。前面详细介绍了两种衡量数据离散程度的统计方法，并且发现两种方法所得结果的相对大小和变动趋势基本一致。由于泰尔指数法可以分解总体差距的来源及贡献，因此本节主要采用泰尔指数法衡量我国基本公共服务供给效率的总体差距、区域间差距和区域内差距。提高基本公共服务供给效率的最终目标是实现既定产出下的投入最小化或既定投入下的产出最大化，因此基本公共服务供给综合效率始终是各地区效率评价的最核心指标，而其分解指标纯技术效率和规模效率的测算只是为了从不同角度分析综合效率的现实状况。因此本节主要分析基本公共服务供给综合效率的总体差距及其分解。

如表4-14所示，2009~2017年我国基本公共服务供给综合效率的区域内泰尔指数远远高于我国基本公共服务供给综合效率的区域间泰尔指数，这说明我国基本公共服务供给综合效率的区域内差距要远远大于我国基本公共服务供给综合效率的区域间差距。自2013年以来我国基本公共服务供给综合效率的区域内差距对全国基本公共服务供给综合效率总体差距的贡献率将近70%。

表4-14　2009~2017年我国基本公共服务供给综合效率的总泰尔指数及其分解指数

年份	总泰尔指数	区域内泰尔指数	区域间泰尔指数	区域内贡献率	区域间贡献率
2009	0.0492	0.0274	0.0218	55.66%	44.34%
2010	0.0405	0.0222	0.0183	54.87%	45.15%
2011	0.0393	0.0248	0.0145	63.04%	36.99%
2012	0.0274	0.0171	0.0103	62.35%	37.65%
2013	0.0334	0.0232	0.0102	69.39%	30.61%
2014	0.0326	0.0220	0.0106	67.57%	32.43%
2015	0.0321	0.0222	0.0098	69.36%	30.61%
2016	0.0308	0.0213	0.0096	68.98%	30.99%
2017	0.0304	0.0213	0.0092	69.87%	30.13%

为了更清晰、直观地反映2009~2017年我国基本公共服务供给综合效率总泰尔指数、区域内和区域外泰尔指数的变动趋势，绘制图4-8。可以发现，2009~2013年我国基本公共服务供给综合效率的总泰尔指数和区域内泰尔指数呈不规则波浪式变动，2013~2017年总泰尔指数和区域内泰尔指数均呈缓慢下降的趋势；而我国基本公共服务供给综合效率的区域间泰尔指数除了在2014年略有回升以外，其余年份均有所下降，整体来看区域间泰尔指数呈下降趋势。从2014~2017年的数据来看，我国基本公共服务供给综合效率的总体差距、区域间差距和区域内差距均不断下降呈σ收敛。

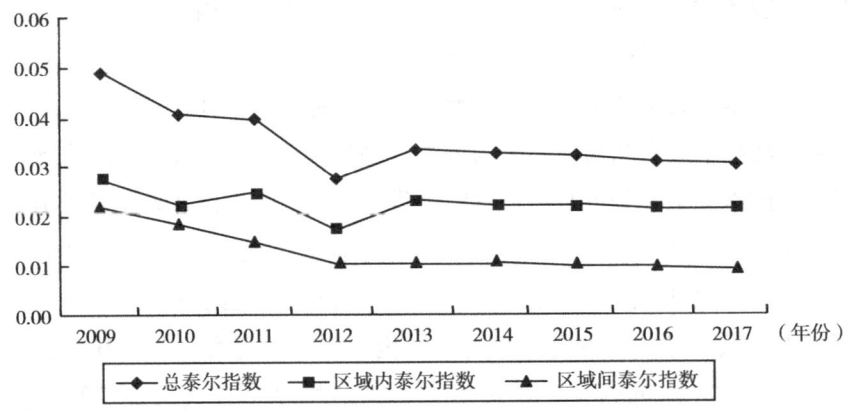

图4-8　2009~2017年全国基本公共服务供给综合效率的泰尔指数走势

进一步根据式（4-16）和式（4-17）将整体的区域内泰尔指数拆分为各个区域内的泰尔指数，如表4-15所示。我国西部地区基本公共服务供给综合效率的泰尔指数要远远大于东部、中部和东北地区。2009~2017年我国东部地区、中部地区、东北地区基本公共服务供给综合效率的平均泰尔指数分别为0.0184、0.0081、0.0072，东部地区的平均泰尔指数大于中部地区，中部地区的平均泰尔指数大于东北地区。这意味着，我国西部地区各省区市间基本公共服务供给综合效率的差距要远远大于其他区域，而东部地区各省市间基本公共服务供给综合效率的差距整体大于中部地区，中部地区各省间基本公共服务供给综合效率的差距整体大于东北地区。

虽然近年来我国基本公共服务供给综合效率整体的区域内差距呈缓慢下降的趋势，但各个区域内基本公共服务供给综合效率差距的走势并不相同，如

图 4-9 所示，四大区域基本公共服务供给综合效率的泰尔指数均呈现不规模的波浪式变动。

表 4-15　　　　2009~2017 年我国四大区域内基本
公共服务供给综合效率的泰尔指数

年份	东部地区泰尔指数	中部地区泰尔指数	西部地区泰尔指数	东北地区泰尔指数
2009	0.0209	0.0213	0.0494	0.0012
2010	0.0118	0.0109	0.0507	0.0026
2011	0.0161	0.0104	0.0479	0.0240
2012	0.0180	0.0079	0.0265	0.0029
2013	0.0207	0.0049	0.0403	0.0220
2014	0.0222	0.0083	0.0380	0.0008
2015	0.0199	0.0021	0.0448	0.0092
2016	0.0202	0.0033	0.0418	0.0014
2017	0.0159	0.0035	0.0457	0.0011

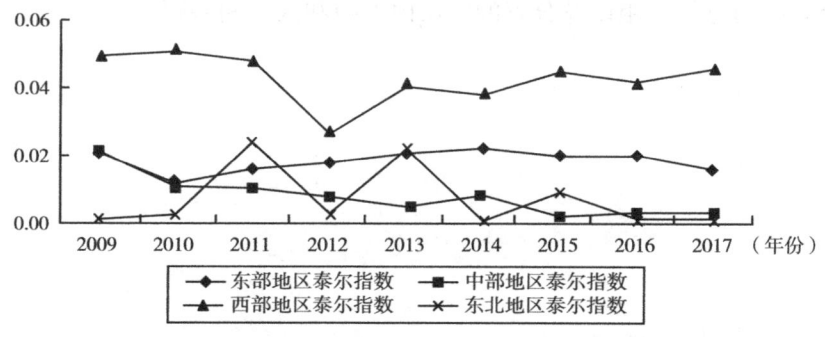

图 4-9　2009~2017 年我国四大区域基本公共服务供给综合效率的泰尔指数走势

4.3　本章小结

本章分别从水平和效率两个层面综合评价我国基本公共服务供给的现状。

首先，在总结归纳已有研究成果的基础上明确本章评价基本公共服务供给水平的研究视角，在综合考虑投入和产出两个维度的基础上构建基本公共服供给水平综合测算指标体系，采用熵权 TOPSIS 评价法测度我国 2009~2017 年各省区市基本公共服务供给水平的综合评价指数，并根据测算结果进一步分析我国基本公共服务供给水平的空间分布和时空演变趋势，同时采用变异系数法和泰尔指数法分析我国基本公共服务供给水平的总体差距、区域内差距和区域间差距，并判断其收敛特征。

其次，建立基本公共服务供给效率综合评价指标体系，在比较分析已有研究方法的基础上，结合指标体系设定情况将熵权法和 SE-SBM 法相结合测算我国 2009~2017 年各省区市基本公共服务供给效率。运用 SE-SBM-CCR 模型测算我国基本公共服务供给的综合效率，并对我国各省区市和不同区域的基本公共服务供给效率进行横向比较分析，发现北京、上海等基本公共服务供给水平较高的地区其基本公共服务供给的综合效率较低，为了剖析原因，将综合效率分解为纯技术效率和规模效率，并分析基本公共服务供给综合效率、纯技术效率和规模效率的纵向变动趋势，发现实际生产规模偏离最优生产规模是东部地区综合效率较低的原因。进一步采用泰尔指数法测算我国基本公共服务供给综合效率的总体差距以及分解的区域内差距和区域间差距。

第5章 财政纵向失衡、转移支付与基本公共服务供给水平

经济"新常态"下我国面临基本公共服务需求迅速增长与供给有限扩张的矛盾,如何保障基本公共服务供给水平稳步提升直接关乎居民的幸福感与获得感。在财政纵向失衡体制下,转移支付这一政策工具会对基本公共服务供给水平产生怎样的影响?本章从理论上分析财政纵向失衡体制中转移支付影响基本公共服务供给水平的机制,根据理论分析设定计量模型,实证检验财政纵向失衡体制中转移支付对基本公共服务供给水平的影响。

5.1 理论分析与研究假说

地方政府的财政支出规模、财政支出结构和财政支出效率直接影响地方的基本公共服务供给水平。而财政体制的设计从制度层面影响地方政府的财政支出规模、结构和效率,进而影响基本公共服务供给水平。自1994年分税制改革以来,中国的财政分权体制逐步呈现出两大特征:一是财政纵向失衡加剧;二是转移支付规模扩张。中央政府为了国家治理的阶段性目标对财政收入分配体系进行调整,使财权相对集于中央而支出责任仍多下放于地方,导致财政纵向失衡加剧,地方财政面临较大的资金缺口,仅依靠地方政府的自有财力难以为居民提供充足的基本公共服务。转移支付是政府间财政资源再分配的政策工具,不仅可以弥补地方政府的纵向财力缺口、均衡不同地方政府的横向财力差异,也是中央政府引导和纠正地方政府支出行为的重要制度安排。然而第二代财政分权理论、"粘蝇纸"效应、"公共池"效应都认为在财政纵向失衡超过一定程度后,转移支付对地方政府行为的逆向激励和扭曲作用逐步加大。转移支付对地方政府的正向引导和逆向激励共同作用于地方政府的财政支出结构和

效率，进而影响着地方的基本公共服务供给水平。可以说，转移支付对基本公共服务供给水平有正向影响也有负向影响，如图 5-1 所示。

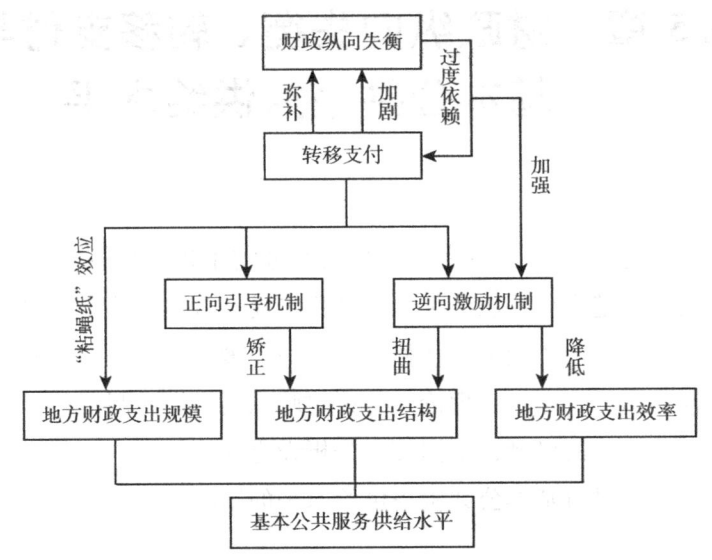

图 5-1 财政纵向失衡、转移支付影响基本公共服务供给水平的机制

转移支付对基本公共服务供给水平的正向影响体现在以下两个方面：一方面，在地方政府面临财政纵向失衡时，转移支付的再平衡作用可以缓解地方政府的财政压力，使地方政府具有更充裕的资金提供基本公共服务，转移支付的"粘蝇纸"效应会加大地方财政支出规模；另一方面，地方政府无论是为税源而竞争还是为晋升而竞争都会使地方财政支出结构重经济增长而轻民生（傅勇，2010），而在适度的财政纵向失衡下，转移支付的政策导向性功能可以矫正地方财政支出偏向，使地方政府增加教育等基本公共服务的投入（尹振东、汤玉刚，2016）。

然而，当财政纵向失衡超过一定程度时，转移支付对基本公共服务供给水平的负向影响会不断凸显。地方财政对中央转移支付的过度依赖所产生的道德风险会加大地方财政支出结构的扭曲。中央转移支付的分配重点衡量地方基本公共服务供给的能力，为了获取更多的转移支付资金，地方政府自身会更倾向于提供基础设施等经济性公共服务，而忽略关乎民生的社会性基本公共服务。这种财政支出结构扭曲的助推效应与地方财政纵向失衡程度密切相关，财政纵向失衡度越高，地方财政对中央转移支付的依赖度越高，由此产生的道德风险越大。经济发达、财政自主度高的地区会更注重社会治理成效，因此加大社会性基本公共服务的提供（李永友、张子楠，2017），而经济欠发达、财政自给能力较低的地区为了营造更高的"民生性支出缺口"，更倾向于提供经济性公共服务（韩一多、付文林，2019）。同时，转移支付这一公共资金池割裂了财政支出收益和税收成本的关系，所产生的"公共池"效应使居民难以识别和惩罚地方政府的浪费行为，削弱了地方政府对于自身财政行为的责任意识，降低了地方财政支出效率（Rodden，2002；范子英、王倩，2019）。而且随着财政纵向失衡加剧，中央政府再分配公共资金池的扩张，各地方政府会投入更多的人力、物力资源进行"游说"，以期影响中央政府的转移支付决策，甚至产生"跑部钱进"现象（范子英、李欣，2014），所产生的"寻租"成本进一步降低了地方财政资金的使用效率。地方财政支出效率的下降使同等财政投入水平下基本公共服务供给的产出水平下降。

总的来看，转移支付对基本公共服务供给水平的影响具有不确定性，而财政纵向失衡程度是解释这种不确定性的关键因素，当地方财政纵向失衡程度较小时，转移支付对基本公共服务供给水平的正向影响大于负向影响，而地方财政纵向失衡程度的扩张使转移支付对基本公共服务供给水平的负向影响也不断加大；当地方财政纵向失衡超过某阈值时，转移支付对基本公共服务供给水平的负向影响可能会大于正向影响。根据以上分析，本章提出如下假设。

假设 H5-1：转移支付对基本公共服务供给水平的影响会随着财政纵向失衡程度的变化而改变。当财政纵向失衡度较低时，转移支付有助于基本公共服务供给水平提升；当财政纵向失衡度较高且超过某阈值时，转移支付不利于基本公共服务供给水平提升。

一般性转移支付和专项转移支付由于资金使用限制和资金分配方式的不同对地方政府行为的引导和激励也不尽相同。中央政府对专项转移支付资金的用途有具体规定，一方面，这类资金更能体现中央政府的政策意图，对地方政府行为的引导与约束作用更强，与基本公共服务相关的专项转移支付可以直接增加地方政府对基本公共服务领域的资金投入；另一方面，中央政府规定具体用途的专项转移支付违背了财政分权的理念（徐琰超、杨龙见，2014），不利于地方政府因地制宜地提供当地所需要的基本公共服务，同时专项转移支付的项目交叉繁杂，项目审批存在较大的"寻租"空间（韩一多、付文林，2019），项目资金被挪用的情况屡见不鲜，大大降低了财政资金的使用效率。与一般性转移支付相比，专项转移支付对基本公共服务的正向影响和负向影响都更加强烈，最终的影响效果取决于两种效应的强弱比较。根据以上分析，本章提出如下假设。

假设 H5-2：不同类型转移支付随着财政纵向失衡程度的变化对基本公共服务供给水平的门槛效应存在一定的差异。

5.2 研究设计

5.2.1 模型设定与估计方法

根据前面的理论分析，首先设立包含财政纵向失衡、转移支付以及财政纵向失衡和转移支付交叉项的计量模型，以考察财政纵向失衡对转移支付影响基本公共服务供给水平的调节效应：

$$PS_{it} = \beta_0 + \beta_1 Lntrans_{it} + \beta_2 VFI_{it} + \beta_3 VFI_{it} \times Lntrans_{it} + \sum \alpha_j X_{ijt} + \mu_i + \lambda_t + \varepsilon_{it} \quad (5-1)$$

其中，i 表示省份，t 表示年份。PS_{it} 代表被解释变量基本公共服务供给水平；$Lntrans_{it}$ 代表核心解释变量转移支付，VFI_{it} 代表解释变量财政纵向失衡，$VFI_{it} \times Lntrans_{it}$ 为财政纵向失衡与转移支付的交互项；X_{ijt} 代表模型的相关控制变量以减轻遗漏变量偏误对实证结果的影响；μ_i 代表地区固定效应；λ_t 代表时间固定效应；ε_{it} 为随机误差项。模型（5-1）的设定为静态面板模型，理论上静态面板模型可采用混合回归、固定效应回归、随机效应进行估计，但 F 检验在 1% 的显著性水平上拒绝混合效应估计有效的原假设，Hausman 检验在 1% 的显著性水平上拒绝随机效应估计有效的原假设，因此应选择固定效应模型对模型（5-1）进行估计。鉴于计量模型（5-1）可能存在遗漏解释变量和互为因果的内生性问题，在模型（5-1）中加入基本公共服务供给水平的一阶滞后项，将财政纵向失衡和转移支付作为内生变量采用系统 GMM 方法进行估计引入被解释变量滞后项的动态面板模型。

在考察财政纵向失衡对转移支付影响基本公共服务供给水平的调节效应后,为了进一步验证不同财政纵向失衡程度下,转移支付与基本公共服务供给水平之间的非线性关系,本章借鉴 Hansen(1999)提出的面板门槛模型设立计量模型:

$$PS_{it} = \alpha_0 + \beta_1 Lntrans_{it} I(VFI_{it} < \gamma) + \beta_2 Lntrans_{it} I(VFI_{it} \geq \gamma) \\ + \sum \alpha_j X_{ijt} + \mu_i + \varepsilon_{it} \qquad (5-2)$$

其中,i 表示省份,t 表示年份。$I(*)$ 为门槛示性函数,当条件成立时取 1,否则取 0;γ 为门槛变量财政纵向失衡 VFI_{it} 的未知门槛值,μ_i 代表地区固定效应,ε_{it} 为随机误差项。

面板门槛模型的估计要确定门槛值 γ,通过组内去均值方法消除个体效应后,对于任意门槛值 γ,均可以通过求残差平方和 $S_1(\gamma)$ 得到各参数的估计值,而最优门槛值 $\hat{\gamma}$ 应使 $S_1(\gamma)$ 具有最小残差平方和,即:

$$\hat{\gamma} = \text{argmin} S_1(\gamma) = \text{argmin} e_i(\gamma)' e_i(\gamma) \qquad (5-3)$$

当门槛值 $\hat{\gamma}$ 确定之后,需要进行面板门槛效应的显著性检验,检验 VFI 是否真的会影响转移支付对基本公共服务供给水平的作用机制,原假设为不存在门槛效应 $H_0: \beta_1 = \beta_2$,构造 F 统计量 $F = (S_0 - S_1(\hat{\gamma}))/\delta^2(\hat{\gamma})$ 对原假设进行检验。其中,S_0 为零假设条件下不存在门槛值的残差平方和,$S_1(\hat{\gamma})$ 表示存在门槛值条件下的残差平方和,δ^2 代表残差方差估计值。当确定门槛效应存在后,进一步检验门槛值的真实性,原假设为 $H_0: \gamma = \hat{\gamma}$,构造似然比统计量 $LR = (S_1(\gamma) - S_1(\hat{\gamma}))/\delta^2(\hat{\gamma})$ 对原假设进行检验,$LR \leq -2\ln(1 - \sqrt{1-\alpha})$ 时无法拒绝原假设,α 为显著性水平。F 统计量和 LR 统计量的渐进分布均通过自举抽样法获取。

5.2.2 变量选取及数据来源

5.2.2.1 变量选取

被解释变量基本公共服务供给水平(PS_1)用第 4 章中熵权 TOPSIS 法计算出的各地区基本公共服务供给水平综合评价指数衡量。PS_1 的测算是基于书中构建的基本公共服务供给水平综合评价指标体系，该指标体系从投入和产出两个维度综合评价基本公共服务供给水平。由于基本公共服务供给水平的衡量标准可能对估计结果造成影响，从基本公共服务供给水平综合评价指标体系中剔除二级指标 X11、X21、X31 和 X41，仅从产出角度构建基本公共服务供给水平评价指标体系，再用熵权 TOPSIS 法根据新的指标体系测算各地区基本公共服务供给水平综合评价指数（PS_2），作为被解释变量基本公共服务供给水平的替代指标进行稳健性检验。为了检验财政纵向失衡和转移支付对不同领域基本公共服务影响的异质性，分别将教育服务供给水平（EDU）、医疗卫生服务供给水平（MED）、社会保障和就业服务供给水平（SSE）、环境保护服务供给水平（EP）作为被解释变量进行异质性分析，指标来源于第 4 章中熵权 TOPSIS 法计算出的基本公共服务供给水平综合评价指标体系中各一级指标的综合评价指数。

核心解释变量转移支付（Lntrans）用中央对地方的转移支付除以地区年末人口数衡量。根据研究假设，不仅检验转移支付对基本公共服务供给水平的影响，还需要考察不同类别转移支付对基本公共服务供给水平影响的异质性。一般性转移支付（Lngtrans）用中央对地方的一般性转移支付除以地区年末人口数衡量，专项转移支付（Lnstrans）用中央对地方的人专项转移支付除以地区年末人口数衡量。门槛变量财政纵向失衡（VFI）借鉴 Eyraud 和 Lusinyan（2013）、储德银等（2018）的度量方法，用 VFI = 1 -（财政收入分权/财政支出分权）×（1 - 地方财政自给缺口率）衡量，原因本书的第 3 章有详细说明。

财政体制只是影响基本公共服务供给水平的一个维度，为了避免遗漏变量的偏误，本章分别从经济和社会角度引入其他可能影响基本公共服务供给水平的控制变量，包括经济发展水平、工业化程度、政府竞争、城镇化水平、老年人口抚养比、少年儿童抚养比。其中，经济发展水平（Lngdp）用各地区生产总值除以地区年末总人口数衡量；工业化程度（Second）用各地区第二产业生产总值占地区 GDP 比重度量；政府竞争（Lnfdi）用各地区实际利用外商直接投资除以地区年末总人口数衡量，其中实际利用外商直接投资的计量单位为美元，指标计算时先用国家统计局公布的年平均汇率换算为人民币；城镇化水平（Urban）用各地区年末城镇人口比重占年末总人口比重衡量；老年人口抚养比（Edr）用各地区 65 岁及以上人口数占总人口比重衡量；少年儿童抚养比用各地区 0~14 岁人口数占总人口比重衡量。

转移支付（Lntrans）、一般性转移支付（Lngtrans）、专项转移支付（Lnstrans）、经济发展水平（Lngdp）和政府竞争（Lnfdi）是用货币单位表示的指标，计算时均以 GDP 平减指数（2009 年为基期）进行价格平减，同时为了削弱异方差的影响，对货币单位表示的指标作对数处理。

5.2.2.2 数据来源及统计特征

本章采用我国 2009~2017 年 30 个省、自治区和直辖市（西藏和港澳台地区除外）的面板数据进行实证检验。所需数据分别来自《中国统计年鉴》《中国财政年鉴》《地方财政运行分析》《中国人口与就业统计年鉴》《中国劳动统计年鉴》《中国社会统计年鉴》《中国教育统计年鉴》《中国环境统计年鉴》以及 2009~2017 年全国财政决算报告和各省区市财政决算报告。所有变量的统计特征如表 5-1 所示。

表 5-1　　变量的描述性统计结果

变量类型	变量	观测值	均值	标准差	最小值	最大值
被解释变量	PS_1	270	0.3094	0.1354	0.0949	0.9559
	PS_2	270	0.3042	0.1442	0.0906	0.9541
	EDU	270	0.3082	0.1203	0.1219	0.8478
	MED	270	0.3759	0.1255	0.1551	0.7426
	SSE	270	0.1986	0.0845	0.0681	0.5900
	EP	270	0.4612	0.0990	0.2436	0.8617
核心解释变量	Lntrans	270	7.8807	0.7577	5.6039	9.7239
	Lngtrans	270	7.1749	1.0237	4.0406	9.1817
	Lnstrans	270	7.1207	0.6177	5.3437	8.8529
门槛变量	VFI	270	0.6782	0.1917	0.1734	0.9383
控制变量	Lngdp	270	10.5238	0.4815	9.3030	11.6568
	Second	270	0.4589	0.0828	0.1901	0.5905
	Lnfdi	270	6.2987	1.3244	2.3484	9.0118
	Urban	270	0.5610	0.1296	0.2989	0.8960
	Cdr	270	0.2240	0.0619	0.0964	0.3826
	Edr	270	0.1309	0.0273	0.0744	0.2060

5.3 实证结果分析

5.3.1 基准模型回归结果分析

表 5 - 2 列示了不同估计方法下计量模型（5 - 1）的回归结果。第（1）、第（2）列为模型（5 - 1）的基准回归结果，其中，第（1）列为地区固定效应回归结果，第（2）列为时间和地区双向固定效应的回归结果。第（3）、第（4）列是在模型（5 - 1）中加入被解释变量 PS_1 的滞后项后采用系统 GMM 方法的估计结果，由于转移支付、财政纵向失衡与基本公共服务供给水平可能存在双向反馈关系，在采用系统 GMM 估计时将财政纵向失衡和转移支付作为内生变量，将内生解释变量的二阶滞后项和三阶滞后项作为工具变量以缓解模型潜在的内生性问题，回归通过 Arellano - Bond 自相关检验和 Sargan 检验，说明扰动项差分不存在二阶自相关，工具变量不存在过度识别。

表 5 - 2   基准模型回归结果

变量	被解释变量 PS_1			
	（1）FE	（2）FE	（3）SYS - GMM	（4）SYS - GMM
L. PS_1			0.951 *** (25.38)	0.788 *** (9.97)
Lntrans	0.211 *** (5.57)	0.123 ** (2.53)	0.076 *** (3.74)	0.071 *** (2.58)
VFI	3.285 *** (9.39)	2.467 *** (7.46)	0.386 * (1.86)	0.432 (1.59)
VFI × Lntrans	-0.403 *** (-9.44)	-0.306 *** (-6.70)	-0.073 *** (-2.67)	-0.086 ** (-2.32)
Lngdp	0.343 *** (5.16)	-0.063 (-0.78)		0.043 (1.10)
Lnfdi	0.003 (0.48)	0.001 (0.17)		-0.012 ** (-2.39)

续表

变量	被解释变量 PS$_1$			
	(1) FE	(2) FE	(3) SYS-GMM	(4) SYS-GMM
Urban	-0.020 (-0.09)	0.272 (1.58)		-0.041 (-0.39)
Second	-0.273*** (-3.53)	0.038 (0.37)		-0.135** (-2.26)
Cdr	0.603*** (3.62)	0.359** (2.24)		0.110 (0.89)
Edr	0.599*** (3.10)	0.410* (1.91)		0.259 (1.62)
观测值	270	270	240	240
组内 R^2	0.901	0.924		
地区固定效应	YES	YES		
时间固定效应	NO	YES		
AR (2)			0.1303	0.1777
Sargan 检验			1.0000	1.0000

注：常数项略；***、**和*分别表示1%、5%和10%的显著水平。

根据模型（5-1）的公式设定，转移支付对基本公共服务供给水平的偏回归系数为 $\partial PS_1 / \partial Lntrans = \beta_1 + \beta_3 VFI_{it}$。表5-2中第（1）至第（4）列的回归结果均显示转移支付（Lntrans）的系数 β_1 显著为正，而转移支付和财政纵向失衡交互项（VFI×Lntrans）的系数 β_3 显著为负，这说明财政纵向失衡确实影响转移支付对基本公共服务供给水平的作用机制，财政纵向失衡程度的增加会削弱转移支付对基本公共服务供给水平的正向影响。不同估计方法下得出的结果基本一致，说明估计结果是稳健的。财政纵向失衡对转移支付影响基本公共服务供给水平的调节效应初步验证了研究假设H5-1，但要具体分析不同财政纵向失衡程度下，转移支付与基本公共服务供给水平的非线性关系还需要进一步对面板门槛模型进行估计。

5.3.2 面板门槛模型回归结果分析

5.3.2.1 变量的平稳性检验

为了防止门槛模型的"伪回归",对各变量进行单位根检验。本章主要采用LLC检验、Breitung检验和IPS检验三种方法检验数据的平稳性。

如表5-3所示,除了控制城镇化水平(Urban)和政府竞争(Lnfdi)外,其余变量基本都通过了至少两种方法的单位根检验,水平序列均为平稳。进一步检验城镇化水平(Urban)、政府竞争(Lnfdi)和其他变量的一阶差分序列,发现所有变量的一阶差分序列均平稳。

表5-3 单位根检验结果

变量	LLC 检验	Breitung 检验	IPS 检验
PS_1	-16.2480*** (0.0000)	-1.4302* (0.0763)	-4.5234*** (0.0000)
Lntrans	-5.8547*** (0.0000)	-0.4344 (0.3320)	-1.5419* (0.0616)
VFI	-7.3092*** (0.0000)	-1.9199** (0.0274)	-1.7285** (0.0419)
Lngdp	-11.7274*** (0.0000)	-2.1782** (0.0147)	-4.6977*** (0.0000)
Second	-3.6846*** (0.0001)	-1.8206** (0.0343)	-1.7739** (0.0380)
Lnfdi	0.6633 (0.7464)	-0.3192 (0.3748)	2.3154 (0.9897)
Urban	0.0290 (0.5116)	3.2614 (0.9994)	3.5451 (0.9998)
Cdr	-6.2526*** (0.0000)	0.0366 (0.5146)	-1.6126* (0.0534)
Edr	-2.9164*** (0.0018)	-2.1653** (0.0152)	-2.7792*** (0.0027)

注:***、** 分别表示在1%和5%的置信水平上显著;下方括号数据是统计量的相应概率值。

5.3.2.2 门槛效应检验和门槛真实性检验

面板门槛模型不再拘泥于传统面板模型的线性假设,而是通过门槛值划分门槛变量的"区值",进而分析解释变量和被解释变量的非线性关系(李泽广、王群勇等,2010)。进行门槛回归首先要检验门槛效应是否存在,并估计出相应的门槛值。如表 5-4 所示,单一门槛效应检验在 1% 的显著性水平下拒绝了不存在门槛值的原假设,而双门槛效应检验无法拒绝只存在一个门槛值的原假设,说明以财政纵向失衡为门槛变量存在一个门槛值。

表 5-4　　　　　　　　门槛效应检验和门槛值估计

门槛值	F 值	P 值	门槛估计值	置信区间
单一门槛	115.48	0.0000	0.4711	[0.4665, 0.5133]
双重门槛	40.75	0.1033		

图 5-2 绘制了门槛变量 VFI 的似然比曲线图,可以发现门槛估计值 0.4711 所对应的 LR 统计量明显小于临界值 7.35,在 5% 的显著性水平上拒绝了门槛值无效的原假设。门槛估计值 0.4711 位于 95% 的置信区间 [0.4665,0.5133] 内,是真实且有效的。

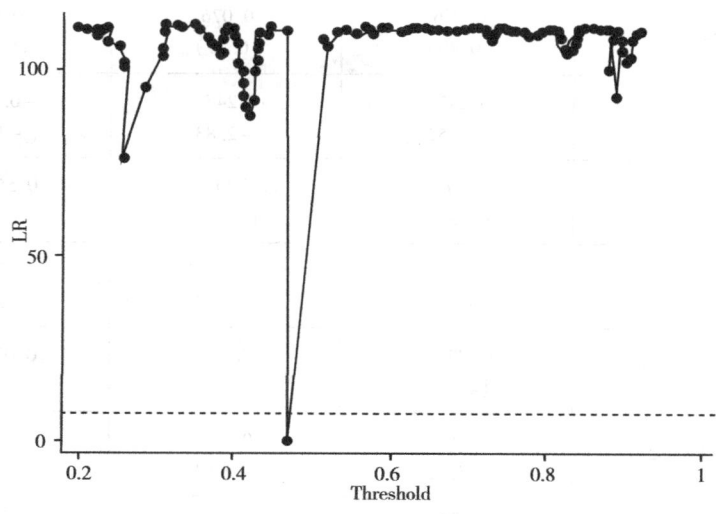

图 5-2　门槛变量 VFI 的似然比曲线图

5.3.2.3 门槛模型回归结果分析

表 5-5 列示了计量模型（5-2）面板门槛模型的回归结果，表 5-5 中第（1）列是采用普通标准误的估计结果，第（2）列为采用聚类稳健标准误的估计结果。可以发现，无论是基于扰动项独立同分布假定的普通标准误回归还是聚类稳健标准误回归，其估计结果都表明在地方财政纵向失衡小于门槛值 0.4711 时，转移支付的系数显著为正，加大中央对地方的转移支付力度有助于提高地方基本公共服务供给水平；当地方财政纵向失衡超过门槛值 0.4711 时，转移支付的系数显著为负，增加转移支付规模反而不利于地方基本公共服务供给水平的提升。

表 5-5 门槛模型回归结果

变量	被解释变量 PS_1		
	(1) FE	(2) FE-r	(3) FE-lag
Lngdp	0.323*** (11.39)	0.323*** (4.86)	0.318*** (9.21)
Lnfdi	0.003 (0.67)	0.003 (0.34)	0.005 (1.18)
Urban	0.076 (0.49)	0.076 (0.29)	0.085 (0.49)
Second	-0.247*** (-3.52)	-0.247*** (-2.83)	-0.143* (-1.94)
Cdr	0.720*** (4.88)	0.720*** (3.96)	0.562*** (3.55)
Edr	0.711*** (3.88)	0.711*** (3.00)	0.671*** (3.40)
Lntrans (VFI<0.4711)	0.092*** (4.28)	0.092*** (2.91)	0.077*** (3.94)
Lntrans (VFI≥0.4711)	-0.102*** (-5.55)	-0.102** (-2.51)	-0.065*** (-3.30)
观测值	270	270	240
组内 R^2	0.892	0.892	0.894

注：常数项略；***、** 和 * 分别表示 1%、5% 和 10% 的显著水平。

Hansen（1999）的面板门槛模型假定门槛变量和核心解释变量均为外生变量。考虑到转移支付与基本公共服务供给水平之间有可能存在互为因果的内生性问题，借鉴郭家堂、骆品亮（2016）和邹国伟等（2018）的做法，将转移支付的一阶滞后项代替当期项进行回归以缓解内生性问题，其逻辑是当期的基本公共服务供给水平难以影响转移支付的滞后期。为了与核心解释变量转移支付相对应，将门槛变量财政纵向失衡的一阶滞后项代替当期项，结果通过了门槛效应检验，存在单一门槛，门槛值也为 0.4711 且真实有效。表 5-5 的第（3）列是将转移支付和财政纵向失衡滞后一期用聚类稳健标准误回归的估计结果，与第（1）、第（2）列的回归结果基本一致，进一步验证了研究假设 H5-1，当地方财政纵向失衡超过一定程度后，中央继续增加对某个地区的转移支付并不能改善当地基本公共服务供给状况，反而通过相应的作用机制降低当地的基本公共服务供给水平。

经济发展水平（Lngdp）的估计系数显著为正，说明地区经济发展水平的提高有利于地区基本公共服务供给水平的提升。工业化程度（Second）的估计系数显著为负，说明工业化程度的提升会降低地区基本公共服务供给水平，分析原因可能是工业化程度的提高会带来更多的环境污染，如果第二产业增加值占地区 GDP 的比重较高，地方政府在发展经济的同时难以兼顾环境保护。老年人口抚养比（Edr）的估计系数显著为正，说明随着社会人口老龄化，政府会加大对社会保障、医疗卫生等基本公共服务领域的资金投入，有助于提高基本公共服务供给水平。少年儿童抚养比（Cdr）的估计系数显著为正，说明适龄儿童和少年人口数的增加也有助于政府加大对教育、社会保障、医疗卫生等基本公共服务领域的资金投入。城镇化水平（Urban）和政府竞争（Lnfdi）的估计系数均不显著。

为了进一步了解不同年份分布在财政纵向失衡门槛值两侧的省区市，制作表 5-6。可以发现，2009~2017 年位于财政纵向失衡门槛值两侧的省（自治区、直辖市）没有变化，只有三个直辖市和三个东部沿海省份的财政纵向失衡程度小于门槛值，其余省区市的财政纵向失衡程度均大于门槛值。在我国经济最发达、财政自主度较高的地区，中央的转移支付可以提高当地的基本公共服务供给水平，然而在经济欠发达、财政纵向失衡严重的地区，转移支付却抑制当地基本公共服务供给水平的提升，这说明我国转移支付促进基本公共服务均等化的作用有限，也是我国区域间基本公共服务供给水平差距扩大的原因。

表 5-6 位于财政纵向失衡不同区制内的省区市统计

年份	VFI<0.4711	VFI≥0.4711
2009~2017	北京、天津、上海、江苏、浙江、广东	重庆、黑龙江、吉林、辽宁、河北、河南、山东、山西、湖南、湖北、安徽、福建、江西、海南、贵州、云南、四川、陕西、青海、甘肃、内蒙古、新疆、宁夏、广西

5.4 异质性分析

5.4.1 不同类型转移支付对基本公共服务供给水平的影响

根据研究假设 H5-2，不同类型转移支付对地方政府行为的引导和激励机制不同，对基本公共服务供给水平的影响会存在一定的差异，为进一步考察不同类型转移支付在不同财政纵向失衡程度下如何影响基本公共服务供给水平，分别将一般性转移支付和专项转移支付作为解释变量，财政纵向失衡作为门槛变量，进行面板门槛模型回归。

首先进行门槛效应检验，如表 5-7 所示，解释变量为一般性转移支付（Lngtrans）和专项转移支付（Lnstrans）时，门槛变量 VFI 都在 5% 的显著性水平下通过了双重门槛检验。这说明在 VFI 的不同取值区间下，Lngtrans 和 Lnstrans 都与基本公共服务供给水平 PS_1 存在非线性关系。解释变量分别为 Lngtrans 和 Lnstrans 时，门槛变量 VFI 的两个门槛估计值均为 0.2557 和 0.4711，第一个门槛估计值 0.2557 在 [0.2540, 0.2845] 的置信区间，第二个门槛估计值 0.4711 在 [0.4665, 0.5133] 的置信区间。为了检验两个门槛值的真实性，图 5-3 绘制了解释变量分别为 Lngtrans 和 Lnstrans 时门槛变量 VFI 的似然比曲线图，可以发现解释变量 Lngtrans 时，两个门槛值对应 LR 统计量均小于临界值 7.35，在 5% 的显著性水平上拒绝了门槛值无效的原假设；

解释变量为 Lnstrans 时，两个门槛值对应 LR 统计量也都小于临界值 7.35，在 5% 的显著性水平上拒绝了门槛值无效的原假设。

表 5-7　不同类型转移支付对基本公共服务供给水平的门槛效应检验

解释变量	门槛值	F 值	P 值	1%	5%	10%
一般性转移支付 Lngtrans	单一门槛	84.62	0.0000	47.5705	29.8731	24.2970
	双重门槛	33.95	0.0433	153.7180	29.1021	23.9118
	三重门槛	14.92	0.4833	128.8672	51.8411	37.0927
专项转移支付 Lnstrans	单一门槛	63.94	0.0000	49.9685	31.7000	23.1437
	双重门槛	40.80	0.0467	82.0775	35.0282	20.6870
	三重门槛	13.55	0.4733	85.3958	48.1263	28.4656

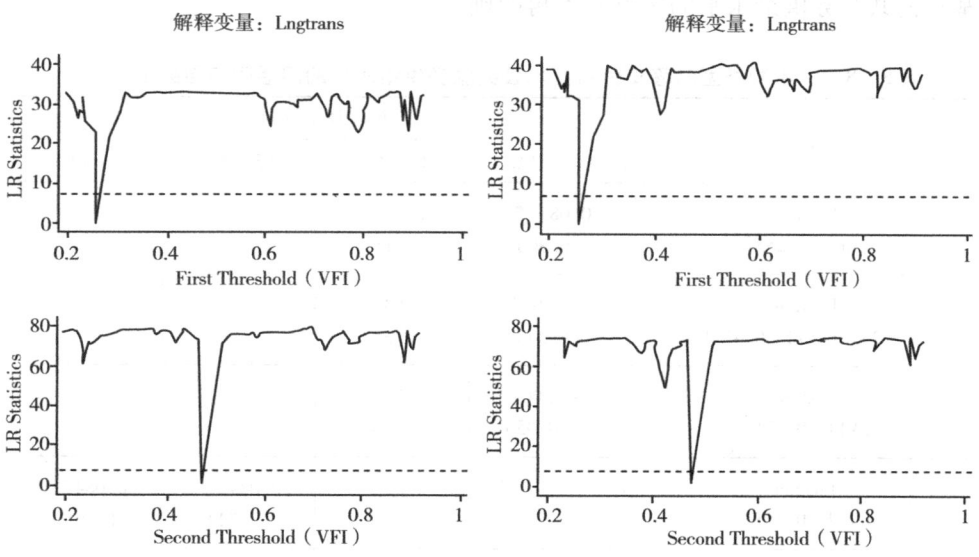

图 5-3　不同解释变量下门槛变量 VFI 的似然比曲线图

表 5-8 列示了面板门槛模型的回归结果，第（1）、第（2）列的解释变量为一般性转移支付，第（3）、第（4）列的解释变量为专项转移支付。第（1）、第（3）列是采用普通标准误的估计结果，第（2）、第（4）列为采用聚类稳健标准误的估计结果。在财政纵向失衡小于第一门槛值 0.2557 的第一区制，一般性转移支付的系数显著为正；在财政纵向失衡大于第一门槛值 0.2557 小于第二门槛值 0.4711 的第二区制，一般性转移支付的系数依旧显著为正且与

第一区制的系数相比有所增加；当财政纵向失衡大于第二门槛值 0.4711 时，一般性转移支付与基本公共服务供给水平不存在显著负相关关系。当财政纵向失衡小于第一门槛值 0.2557 时，专项转移支付的系数显著为正，当财政纵向失衡位于第一门槛值 0.2557 和第二门槛值 0.4711 之间时，专项转移支付的系数显著为正且与第一区制的系数相比有所增加；当财政纵向失衡大于第二门槛值 0.4711 时，专项转移支付的系数显著为负。比较来看，当财政纵向失衡位于第一区制时，专项转移支付促进基本公共服务供给水平提升的作用大于一般性转移支付；当财政纵向失衡位于第二区制时，专项转移支付促进基本公共服务供给水平提升的作用小于一般性转移支付；当财政纵向失衡位于第三区制时，专项转移支付会阻碍基本公共服务供给水平的提升，而一般性转移支付对基本公共服务供给水平的影响则不再明确。

表 5-8　不同类型转移支付对基本公共服务供给水平的门槛回归结果 1

变量	被解释变量 PS_1			
	(1) FE	(2) FE-r	(3) FE	(4) FE-r
Lngtrans (VFI<0.2557)	0.083*** (6.30)	0.083*** (5.18)		
Lngtrans (0.2557≤VFI<0.4711)	0.104*** (8.04)	0.104*** (6.35)		
Lngtrans (VFI≥0.4711)	-0.001 (-0.05)	-0.001 (-0.03)		
Lnstrans (VFI<0.2557)			0.084*** (3.72)	0.084*** (2.95)
Lnstrans (0.2557≤VFI<0.4711)			0.102*** (4.50)	0.102*** (3.59)
Lnstrans (VFI≥0.4711)			-0.099*** (-7.13)	-0.099*** (-4.76)
控制变量	控制	控制	控制	控制
观测值	270	270	270	270
组内 R^2	0.909	0.909	0.897	0.897

注：常数项略；*** 表示 1% 的显著水平。

同样为了缓解内生性问题，分别用解释变量 Lngtrans、Lnstrans 和门槛变量 VFI 的一阶滞后项代替当期项进行门槛检验和门槛回归。门槛效应检验的结果是在 1% 的显著性水平上存在单一门槛，不存在双重门槛，门槛值也为 0.4711 且真实有效。表 5-9 是将解释变量 Lngtrans、Lnstrans 和门槛变量 VFI 滞后一期的回归结果，当 VFI<0.4711 时，一般性转移支付和专项转移支付的系数都显著为正；当 VFI≥0.4711 时，专项转移支付的系数显著为负，而一般性转移支付的系数不再显著但是依然为正。表 5-8 和表 5-9 的回归结果都表明，当财政纵向失衡程度小于 0.4711 时，一般性转移支付和专项转移支付均有助于基本公共服务供给水平的提升；但当财政纵向失衡程度 VFI 超过 0.4711 时，一般性转移支付与基本公共服务供给水平不存在显著相关关系，而专项转移支付会抑制基本公共服务供给水平的提升。

表 5-9　不同类型转移支付对基本公共服务供给水平的门槛回归结果 2

变量	被解释变量 PS_1	
	(1) FE-lag	(2) FE-lag
Lngtrans（VFI<0.4711）	0.089*** (5.18)	
Lngtrans（VFI≥0.4711）	0.008 (0.24)	
Lnstrans（VFI<0.4711）		0.064** (2.20)
Lnstrans（VFI≥0.4711）		-0.066*** (-2.79)
控制变量	控制	控制
观测值	240	240
组内 R^2	0.903	0.885

注：常数项略；***、** 分别表示 1%、5% 的显著水平。

5.4.2　转移支付对不同领域基本公共服务供给水平的影响

本章基本公共服务的研究范围主要包括教育、社会保障和就业、医疗卫生、环境保护四大领域。四大领域的基本公共服务虽然都是关乎民生的社会性公共服务,但不同领域基本公共服务具有不同的特征,处于不同的经济社会发展阶段,地方政府对其重视程度也不尽相同。在不同财政纵向失衡程度下,转移支付对不同领域基本公共服务供给水平影响的异质性需要进一步检验。分别将教育服务供给水平(EDU)、医疗卫生服务供给水平(MED)、社会保障和就业服务供给水平(SSE)、环境保护服务供给水平(EP)作为被解释变量,转移支付(Lntrans)作为解释变量,财政纵向失衡作为门槛变量,进行面板门槛模型回归。

为了缓解内生性问题,将解释变量转移支付(Lntrans)和门槛变量(VFI)的一阶滞后项代替当期项进行门槛检验和门槛回归。如表5-10所示,在被解释变量分别为教育服务供给水平(EDU)、医疗卫生服务供给水平(MED)、社会保障和就业服务供给水平(SSE)、环境保护服务供给水平(EP)时,门槛变量VFI都在5%的显著性水平拒绝了不存在门槛值的原假设,而无法拒绝只存在一个门槛值的原假设,说明VFI存在单一门槛值,在VFI的不同取值区间下,Lntrans与EDU、MED、SSE、EP都存在非线性关系。当被解释变量为EDU、MED、SSE时,门槛变量VFI的门槛估计值均为0.4711,在[0.4665,0.5133]的置信区间;当被解释变量为EP时门槛变量VFI的门槛估计值为0.2557,在[0.2540,0.2845]的置信区间。

表5-10 转移支付对不同领域基本公共服务供给水平的门槛效应检验

被解释变量	门槛值	F值	P值	门槛估计值	置信区间
教育 EDU	单一门槛	46.87	0.0000	0.4711	[0.4665,0.5133]
	双重门槛	51.09	0.1033		
医疗卫生 MED	单一门槛	63.91	0.0000	0.4711	[0.4665,0.5133]
	双重门槛	16.60	0.2167		
社会保障和就业 SSE	单一门槛	28.96	0.0367	0.4711	[0.4665,0.5133]
	双重门槛	14.45	0.2433		
环境保护 EP	单一门槛	27.63	0.0133	0.2557	[0.2540,0.2845]
	双重门槛	16.60	0.2033		

为了检验门槛值的真实性,图5-4绘制了被解释变量分别为EDU、MED、SSE、EP时门槛变量VFI的似然比曲线图,可以发现不同被解释变量下VFI的门槛估计值对应的LR统计量均小于临界值7.35,在5%的显著性水平上拒绝了门槛值无效的原假设。

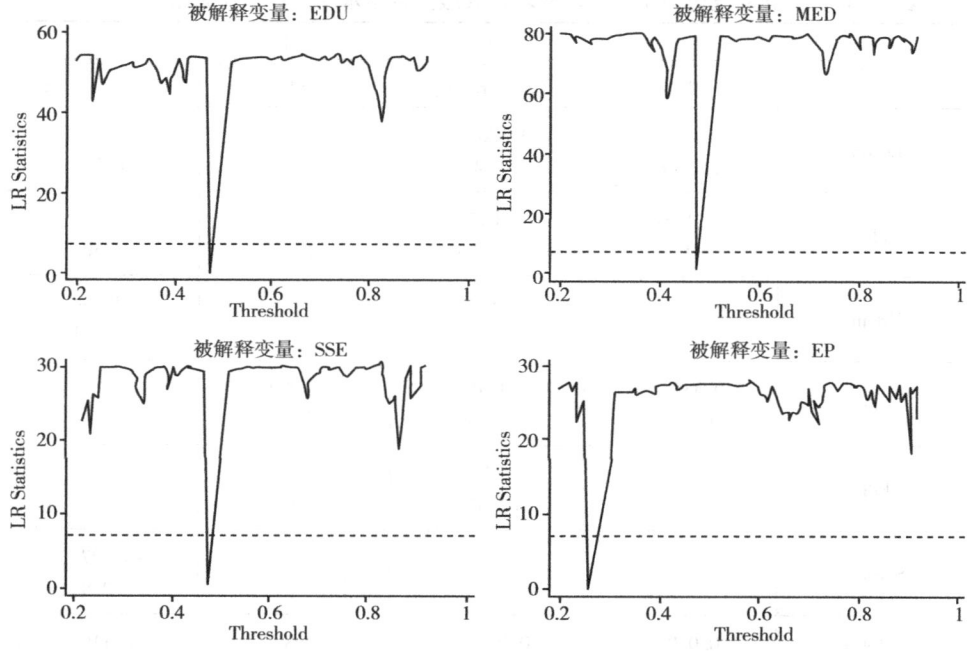

图 5-4 不同被解释变量下门槛变量 VFI 的似然比曲线图

表 5-11 第（1）至第（4）列分别列示了在不同 VFI 区制内转移支付对教育服务供给水平（EDU）、医疗卫生服务供给水平（MED）、社会保障和就业服务供给水平（SSE）、环境保护服务供给水平（EP）的门槛回归结果。之前模型的控制变量是针对基本公共服务供给的综合水平，当被解释变量分别为不同领域基本公共服务供给水平时，应分别选取相应的控制变量。当被解释变量为教育服务供给水平时，选取经济发展水平、政府竞争、少年儿童抚养比为控制变量；当被解释变量为医疗卫生服务供给水平时，选取经济发展水平、政府竞争、城镇化水平、老年人口抚养比、少年儿童抚养比为控制变量；当被解释变量为社会保障和就业服务供给水平时，选取经济发展水平、政府竞争、老年人口抚养比、少年儿童抚养比为控制变量；当被解释变量为环境保护服务供给水平时，选取经济发展水平、政府竞争、城镇化水平、工业化程度为控制变量。被解释变量不同，门槛变量 VFI 的门槛值 λ 也不同，根据表 5-10 门槛检验的结果可知，第（1）至第（3）列被解释变量为 EDU、MED、SSE 时 λ = 0.4711，第（4）列被解释变量为 EP 时 λ = 0.2557。

表 5-11　转移支付对不同领域基本公共服务供给水平的门槛回归结果

变量	EDU (1) FE-lag	MED (2) FE-lag	SEE (3) FE-lag	EP (4) FE-lag
Lngdp	0.279*** (13.48)	0.326*** (11.46)	0.055** (2.06)	0.041 (0.58)
Lnfdi	-0.005 (-1.10)	-0.013*** (-3.55)	0.013*** (2.79)	0.013 (1.30)
Urban		0.781*** (5.46)		-0.149 (-0.41)
Cdr	0.433*** (3.12)	-0.047 (-0.36)	0.099 (0.61)	
Edr		0.374** (2.52)	0.563*** (3.08)	
Second				-0.427*** (-2.93)
Lntrans (VFI<λ)	0.038** (2.13)	0.081*** (5.12)	0.098*** (5.00)	-0.110*** (-3.01)
Lntrans (VFI≥λ)	-0.072*** (-4.19)	-0.038** (-2.45)	0.003 (0.14)	-0.076** (-2.02)
观测值	240	240	240	240
组内 R^2	0.788	0.947	0.510	0.193

注：常数项略；***、** 分别表示 1%、5% 的显著水平。

当 VFI 小于 0.4711 时，转移支付对教育、医疗卫生、社会保障和就业服务供给水平的影响均显著为正，即转移支付有助于教育、医疗卫生、社会保障和就业服务供给水平的提升；当 VFI 大于 0.4711 时，转移支付对教育、医疗卫生服务供给水平的影响显著为负，对社会保障和就业服务供给水平的影响不再显著为正，即转移支付不利于教育、医疗卫生服务供给水平的提升，对社会保障和就业服务供给水平提升的促进作用减弱且不再显著。当 VFI 小于 0.2557 时，转移支付对环境保护服务供给水平的影响显著为负；当 VFI 大于 0.2557 时，转移支付对环境保护服务供给水平的影响依然显著为负，但影响变弱。

不同财政纵向失衡程度下，转移支付对教育、医疗卫生、社会保障和就业服务的门槛效应基本一致。当财政纵向失衡程度超过阈值时,转移支付对教育、医疗卫生、社会保障和就业服务供给水平提升的促进作用均有所减弱,甚至从促进作用转变为阻碍作用,这与理论分析基本一致。但是回归结果表明转移支付对环境保护服务的门槛效应不同于转移支付对其他三种基本公共服务的门槛效应。一方面,VFI 的门槛值为 0.2557 小于 0.4711,而 VFI 小于 0.2557 的地区只有北京市和上海市;另一方面,转移支付始终不利于环境保护服务供给水平的提升。分析其原因,一是政府对环境保护服务的重视程度不如其他三种基本公共服务,转移支付引导地方政府加大环境保护投入的政策意图较弱,因为环境保护服务属于《国家基本公共服务体系"十二五"规划》中界定的大口径基本公共服务,而对于教育、医疗卫生等小口径的基本公共服务,地方政府会制订相应的发展目标并建立监督评估机制;二是中国"粗放式"的经济发展模式使环境保护与发展经济之间存在"零和博弈",这是环境保护服务区别于其他基本公共服务的特征,地方政府无论是出于财政激励还是晋升激励,都会选择优先发展经济而暂时忽略环境保护,转移支付可能进一步降低地方环境保护支出效率。

5.5 稳健性检验

由于被解释变量基本公共服务供给水平(PS_1)是基于相应的指标体系由一定的统计方法计算得出的,为了得到可靠的研究结论,本章将替换被解释变量的衡量指标以检验回归结果的稳健性。PS_1 的测算是基于投入和产出视角综合评价的基本公共服务供给水平指标体系,下面仅从产出视角重新构建基本公共服务供给水平评价指标体系,具体做法是首先在第 4 章基本公共服务供给水平综合评价指标体系中剔除指标 X11、X21、X31 和 X41,然后用熵权 TOPSIS 法计算各地区基本公共服务供给水平的综合评价指数 PS_2,并将其作为被解释变量的替代指标。

如表 5-12 所示,当被解释变量为 PS_2 时,门槛变量 VFI 单一门槛效应检验在 1% 的显著性水平上拒绝了不存在门槛值的原假设,而双门槛效应检验无法拒绝只存在一个门槛值的原假设,说明门槛变量财政纵向失衡仅存在一个门槛值。图5-5绘制了门槛变量VFI的似然比曲线图,可以发现门槛估计值0.4711所对应的LR统计量明显小于临界值7.35,在5%的显著性水平上拒绝了门槛值无效的原假设。门槛估计值0.4711位于95%的置信区间[0.4665,0.5133]内,是真实且有效的。

表5-12　　　替换被解释变量后门槛效应检验和门槛值估计

门槛值	F值	P值	门槛估计值	置信区间
单一门槛	84.80	0.0000	0.4711	[0.4665, 0.5133]
双重门槛	48.59	0.1133		

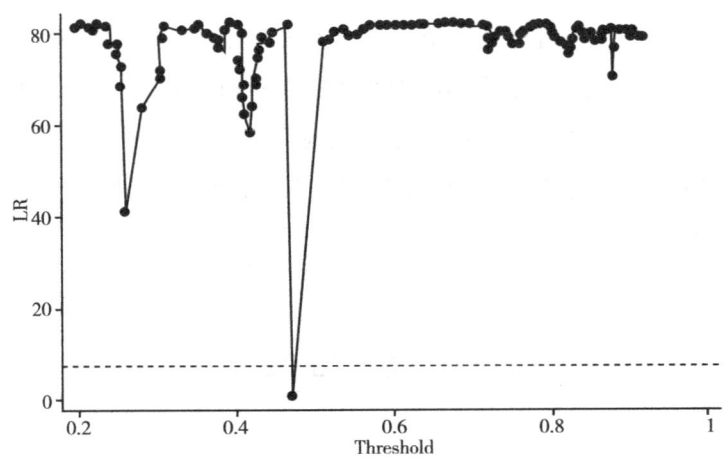

图5-5　替换被解释变量后门槛变量VFI的似然比曲线图

这说明替换被解释变量基本公共服务供给水平的衡量指标后,在不同财政纵向失衡程度下,转移支付与基本公共服务供给水平依然存在非线性关系。表5-13为稳健性检验的回归结果,第(1)列是采用普通标准误的估计结果,第(2)列为采用聚类稳健标准误的估计结果,第(3)列是将转移支付和财政纵向失衡滞后一期的估计结果。可以发现,当被解释变量为PS_2时,核心解释变量转移支付的系数变化不大,在VFI小于门槛值0.4711时,转移支付的系数显著为正,在VFI超过门槛值0.4711时,转移支付的系数显著为负,说明本章的研究结论是稳健的。

表 5-13　　　　　　　　稳健性检验的回归结果

变量	被解释变量 PS$_2$		
	（1）FE	（2）FE-r	（3）FE-lag
Lntrans （VFI<0.4711）	0.080 *** (4.06)	0.080 *** (2.90)	0.077 *** (3.94)
Lntrans （VFI≥0.4711）	-0.073 *** (-4.30)	-0.073 ** (-2.10)	-0.065 *** (-3.30)
观测值	270	270	240
控制变量	控制	控制	控制
组内 R^2	0.884	0.884	0.894

注：常数项略；***、** 分别表示 1%、5% 的显著水平。

5.6　本章小结

财政纵向失衡是中国式财政分权体制的重要制度特征，转移支付是财政分权体制下的重要制度工具。本章先从理论上梳理财政纵向失衡和转移支付影响基本公共服务供给水平的作用机制，发现转移支付对基本公共服务供给水平的影响会随着财政纵向失衡程度的变化而改变，而不同类型的转移支付对地方政府行为的引导和激励机制不同，对基本公共服务供给水平的影响可能存在一定的差异，然后用 2009~2017 年我国 30 个省（自治区、直辖市）的面板数据实证检验财政纵向失衡、转移支付对基本公共服务供给水平的影响，得出以下结论：

一是财政纵向失衡确实影响转移支付对基本公共服务供给水平的作用机制，财政纵向失衡程度的增加会削弱转移支付对基本公共服务供给水平的正向影响。

二是在财政纵向失衡的不同区制下，转移支付与基本公共服务供给水平存在非线性关系，当地方财政纵向失衡小于门槛值 0.4711 时，加大中央对地方的转移支付力度有助于提高地方基本公共服务供给水平；当地方财政纵向失衡超过门槛值 0.4711 时，加大中央对地方的转移支付并不能改善当地基本公共服务供给状况，反而通过相应的作用机制降低当地的基本公共服务供给水平，这也说明我国转移支付制度促进基本公共服务均等化的作用有限。

三是不同类型转移支付随着财政纵向失衡程度的变化对基本公共服务供给水平的门槛效应确实存在一定的差异，主要表现为当财政纵向失衡超过 0.4711 门槛值后专项转移支付明显抑制基本公共服务供给水平的提升，而一般性转移支付只是对基本公共服务供给水平的影响不再显著。

四是转移支付对不同领域基本公共服务供给水平的影响存在一定的异质性，具体而言，转移支付对教育、医疗卫生、社会保障和就业服务的影响基本一致，当财政纵向失衡程度超过阈值时，转移支付对教育、医疗卫生、社会保障和就业服务供给水平提升的促进作用均有所减弱，甚至从促进作用转变为阻碍作用，但是转移支付对环境保护服务的影响则有所不同，其一，财政纵向失衡的门槛值过低，不具有实际意义；其二，门槛值前后转移支付始终不利于环境保护服务供给水平的提升。

第6章 财政纵向失衡、转移支付与基本公共服务供给效率

经济"新常态"下我国财政收入增速本就放缓，而2020年初全球新冠肺炎疫情大暴发使地方财政更是雪上加霜，地方政府加大基本公共服务财政支出会面临较大的资金压力，在此背景下满足居民对基本公共服务的需求应思考如何在有限的财政投入下提升基本公共服务供给水平，也就是如何提升基本公共服务供给效率。财政体制是影响基本公共服务供给效率的重要因素之一，我国财政纵向失衡的体制特征如何影响基本公共服务供给效率？转移支付是否降低了基本公共服务供给效率？转移支付是否影响财政纵向失衡和基本公共服务供给效率的关系？本章从理论上分析财政纵向失衡、转移支付对基本公共服务供给效率的影响机制，根据理论分析设定计量模型，实证检验财政纵向失衡、转移支付对基本公共服务供给效率的影响。

6.1 理论分析与研究假说

基本公共服务供给效率主要衡量基本公共服务投入产出的综合效率，包括财政支出的配置效率和生产效率。配置效率是指财政资金使用的有效性，即财政支出的规模是否合理；生产效率是指由管理和技术水平所决定的效率。

根据第一代财政分权理论，财政分权体制下中央政府和地方政府的不同职能定位决定了各级政府间收入划分与支出责任安排存在不一致，财政纵向失衡也就不可避免（赵为民、李光龙，2016）。同时，第一代财政分权理论认为财政分权是有利于效率的，一方面纳税人可以通过"用脚投票"选择公共服务供给成本较低的辖区，地方政府的有效竞争可以提高地方公共服务的供给效率（Tiebout，1956）；另一方面地方政府具有信息优势，可以根据自身辖区的特定需求提供公共服务，有助于实现地方公共服务供给的帕累托最优（Oates，

1972)。国内许多学者通过实证检验财政分权与公共服务供给效率、社会性支出效率、地方福利性支出效率的关系（龚锋、卢洪友，2013；赵为民、李光龙，2016；储德银、韩一多等，2018；徐琰超、杨龙见，2014；崔志坤、张燕，2017）。

而对于财政分权体制所产生的财政纵向失衡与效率之间的关系，目前大部分学者没有进行相关的实证研究，仅从理论上分析两者可能存在的关系，学术界普遍认为财政纵向失衡是否适度，直接决定了财政纵向失衡与基本公共服务供给效率的关系（赵为民、李光龙，2016；林春、孙英杰，2019）。适度的财政纵向失衡使地方政府更加注重将地方资源禀赋与当地居民偏好相结合，提高财政资金的使用效率，优化地方投资发展环境，确保社会治理成效，进而有助于提升基本公共服务供给效率。而过度的财政纵向失衡则会降低基本公共服务供给效率，根据第二代财政分权理论，财政纵向失衡超过一定程度将严重损害地方财政自主权，使地方政府的财政激励从提供有利于市场、让居民满意的公共产品变为从中央获取更多的转移支付（Rodden，2003），削弱地方政府对其财政决策的责任意识，降低地方政府提高财政支出效率和发展创新的动力（Bahl and Linn，1992）。根据以上分析，本章提出以下假设。

假设 H6-1：财政纵向失衡与基本公共服务供给效率存在倒"U"形非线性关系，即适度的财政纵向失衡有助于提升基本公共服务供给效率，而过度的财政纵向失衡则会降低基本公共服务供给效率。

转移支付本身会降低基本公共服务供给效率。一是转移支付的"公共池"效应弱化了地方居民对地方政府的监管能力，使地方财政支出决策相对盲目，降低了地方财政支出的配置效率；二是转移支付的"公共池"效应所引发的道德风险，使地方政府具有为了获取更多的公共资金而故意浪费财政资金的动机，降低了地方财政支出的生产效率；三是转移支付制度容易滋生"寻租"和腐败，转移支付是中央政府对地方政府的决策权力提供规则和约束，转移支付的分配往往由中央政府决定，地方政府为了获取更多的转移支付会参与更多的腐败活动，向利益集团输送利益，甚至产生"跑部钱进"现象，无形中增加了基本公共服务的供给成本，降低了基本公共服务供给效率。根据以上分析，本章提出以下假设。

假设 H6-2：转移支付与基本公共服务供给效率呈负相关关系，即转移支付会降低基本公共服务供给效率。

根据上述分析，财政纵向失衡对基本公共服务供给效率的影响具有不确定性，转移支付会降低基本公共服务供给效率。而财政纵向失衡对基本公共服务供给效率的逆向激励源于过度财政纵向失衡下地方政府对转移支付的依赖。转移支付可以弥补财政纵向失衡所带来的地方财政收支缺口，但根据第 3 章的理论与实证分析，转移支付规模扩张也会推动财政纵向失衡加剧，也可以说转移支付规模的扩张会进一步加大地方政府对中央转移支付的依赖，进而降低财政纵向失衡对基本公共服务供给效率的正向影响或进一步加剧财政纵向失衡对基本公共服务供给效率的负向影响。

假设 H6-3：转移支付影响财政纵向失衡对基本公共服务供给效率的作用机制。财政纵向失衡对基本公共服务供给效率的正向影响会随着转移支付的增加而减弱，或者说财政纵向失衡对基本公共服务供给效率的负向影响会随着转移支付的增加而增强。

一般性转移支付和专项转移支付都存在"公共池"效应，会降低基本公共服务供给效率，但无论从资金的分配方式还是从资金的使用限制，专项转移支付都更不利于基本公共服务供给效率。从资金分配方式来看，专项转移支付不是按照因素法统一进行分配，而是按照项目进行分配，项目审批主观性较强、"寻租"空间较大，更容易滋生腐败；从资金使用限制来看，地方政府所取得中央专项转移支付资金应严格用于中央规定的项目用途，地方政府难以发挥自身的信息优势，这违背了财政分权的理念，不利于提高基本公共服务供给效率（徐琰超、杨龙见，2014）。根据以上分析，本章提出以下假设。

假设 H6-4：与一般性转移支付相比，专项转移支付对基本公共服务供给效率的负向影响更强。

6.2 研究设计

6.2.1 模型设定与估计方法

为了验证研究假设 H6-1 和假设 H6-2，以财政纵向失衡和转移支付为核心解释变量设立基准模型（6-1），同时引入财政纵向失衡的平方项以验证财政纵向失衡与基本公共服务供给效率的倒"U"形曲线关系：

$$TE_{it} = \eta_1 TE_{it-1} + \beta_1 VFI_{it} + \beta_2 Lntrans + \beta_3 VFI_{it}^2 + \sum \alpha_j X_{ijt} + \mu_i + \varepsilon_{it} \quad (6-1)$$

为了验证研究假设 H6-3，设立包含财政纵向失衡、转移支付以及财政纵向失衡和转移支付交互项的基准模型（6-2），以考察转移支付如何影响财政纵向失衡对基本公共服务供给效率的作用机制：

$$TE_{it} = \eta_1 TE_{it-1} + \beta_1 VFI_{it} + \beta_2 Lntrans + \beta_3 VFI_{it} \times Lntrans + \sum \alpha_j X_{ijt} + \mu_i + \varepsilon_{it} \quad (6-2)$$

其中，i 表示省份，t 表示年份。TE_{it} 代表被解释变量基本公共服务供给效率；TE_{it-1} 代表被解释变量基本公共服务供给效率的滞后一期，VFI_{it} 代表解释变量财政纵向失衡，$Lntrans_{it}$ 代表解释变量转移支付；VFI_{it}^2 为财政纵向失衡的平方项，$VFI_{it} \times Lntrans_{it}$ 为财政纵向失衡与转移支付的交互项；X_{ijt} 代表模型的相关控制变量以减轻遗漏变量偏误对实证结果的影响；μ_i 代表地区固定效应；ε_{it} 为随机误差项。

由于基本公共服务供给效率可能存在路径依赖和递延效应，因此在模型设定时没有采用静态面板模型，而是加入被解释变量的滞后一期建立动态面板模型，同时采用系统 GMM 方法估计动态面板模型（6-1）和模型（6-2），由于转移支付、财政纵向失衡与基本公共服务供给效率可能存在双向反馈关系，在采用系统 GMM 估计时将财政纵向失衡和转移支付作为内生变量，将内生解释变量的二阶滞后项和三阶滞后项作为工具变量以缓解模型潜在的内生性问题。

6.2.2 变量选取及数据来源

6.2.2.1 变量选取

被解释变量基本公共服务供给效率（TE_1）采用第 4 章中 SE-SBM-CCR 方法基于投入导向测算出的基本公共服务供给的综合效率衡量。SE-SBM 模型可以选择基于投入导向、产出导向或者双导向进行效率测算，而基本公共服务供给效率的测算方式可能对估计结果造成影响，因此采用 SE-SBM-CCR

方法基于投入和产出双导向测算出基本公共服务供给的综合效率（TE_2）作为被解释变量的替代指标进行稳健性检验。

解释变量财政纵向失衡（VFI_1）借鉴 Eyraud 和 Lusinyan（2013）、储德银等（2018）的度量方法，用 $VFI_1 = 1 -$（财政收入分权/财政支出分权）$\times$（1 - 地方财政自给缺口率）衡量，不仅考虑到政府间财政收支划分的不匹配，同时也体现了地方政府自有收入与支出的不匹配。为了检验模型的稳健性，用 $VFI_2 = 1 -$ 地方本级财政收入/地方本级财政支出，作为财政纵向失衡的替代指标。

解释变量转移支付（Lntrans）用中央对地方的转移支付除以地区年末人口数衡量。根据研究假设，不仅检验转移支付对基本公共服务供给效率的影响，还需要考察不同类别转移支付对基本公共服务供给效率影响的异质性。一般性转移支付（Lngtrans）用中央对地方的一般性转移支付除以地区年末人口数衡量，专项转移支付（Lnstrans）用中央对地方的人专项转移支付除以地区年末人口数衡量。同时，为了检验模型的稳健性，用中央转移支付占地方本级财政支出比重作为转移支付（Trans）的替代指标。

财政体制只是影响基本公共服务供给效率的一个维度，为了避免遗漏变量的偏误，将经济发展水平（Lngdp）、经济开放程度（Open）、市场化水平（Mak）作为模型的控制变量。其中，经济发展水平（Lngdp）用各地区生产总值除以地区年末总人口数衡量；经济开放程度（Open）用各地区进出口贸易总额占地区 GDP 比重衡量；市场化程度（Mak）用各地区私有企业和个体就业人员数占全体就业人员数比重衡量。

转移支付（Lntrans）、一般性转移支付（Lngtrans）、专项转移支付（Lnstrans）、经济发展水平（Lngdp）是用货币单位表示的指标，计算时均以 GDP 平减指数（2009 年为基期）进行价格平减，同时为了削弱异方差的影响，对货币单位表示的指标作对数处理。

6.2.2.2 数据来源及统计特征

本章采用我国 2009~2017 年 30 个省、自治区和直辖市（西藏和港澳台地区除外）的面板数据进行实证检验。所需数据分别来自《中国统计年鉴》《中国财政年鉴》《地方财政运行分析》《中国人口与就业统计年鉴》《中国劳动统计年鉴》《中国社会统计年鉴》《中国教育统计年鉴》《中国环境统计年鉴》以及 2009~2017 年全国财政决算报告和各省区市财政决算报告。所有变量的统计特征如表 6-1 所示。

表 6-1 主要变量的统计描述

变量名称	指标选择	观测值	均值	标准差	最小值	最大值
基本公共服务供给效率	TE_1	270	0.8601	0.2232	0.3043	1.3066
	TE_2	270	0.7784	0.2606	0.1765	1.2233
财政纵向失衡	VFI_1	270	0.6782	0.1917	0.1734	0.9383
	VFI_2	270	0.4897	0.1934	0.0686	0.8517
转移支付	Lntrans	270	7.8807	0.7577	5.6039	9.7239
	Trans	270	0.4009	0.1921	0.0226	0.8207
一般性转移支付	Lngtrans	270	7.1749	1.0237	4.0406	9.1817
专项转移支付	Lnstrans	270	7.1207	0.6177	5.3437	8.8529
经济发展水平	Lngdp	270	10.5238	0.4815	9.3030	11.6568
市场化程度	Mak	270	0.5645	0.0824	0.3349	0.7420
经济开放程度	Open	270	0.3370	0.6571	0.0170	6.9584

6.3 实证结果与分析

6.3.1 基准模型回归结果

表 6-2 列示了用系统 GMM 方法估计的动态面板模型的回归结果，回归均通过 Arellano-Bond 自相关检验和 Sargan 检验，说明扰动项差分不存在二阶自相关，工具变量不存在过度识别。表 6-2 中第（1）列中解释变量只有财政纵向失衡和转移支付，第（2）列中解释变量加入了财政纵向失衡的平方项以验证财政纵向失衡和基本公共服务供给效率的非线性关系，第（3）列中解释变量加入了财政纵向失衡和转移支付的交互项，以验证转移支付对财政纵向失衡影响基本公共服务供给效率的调节作用。

表 6-2 中第（1）列的估计结果显示财政纵向失衡的系数显著为正，转

移支付的系数显著为负,第(2)列中加入财政纵向失衡平方项后,财政纵向失衡的系数显著为正,其平方项的系数显著为负,说明财政纵向失衡与基本公共服务供给效率确实存在倒"U"形非线性关系,如图6-1所示,当财政纵向失衡小于拐点时,提高财政纵向失衡有助于提升基本公共服务供给效率;当财政纵向失衡超过拐点时,提高财政纵向失衡会降低基本公共服务供给效率。根据第(2)列中财政纵向失衡及其平方项的系数值推算财政纵向失衡的拐点约为0.7536,这一结果与图6-1基本吻合,意味着当财政纵向失衡超过0.7536时,进一步提升财政纵向失衡会降低基本公共服务供给效率。

表6-2　　　　　　　　　基准模型回归结果

变量	被解释变量 TE_1		
	(1)	(2)	(3)
L. TE_1	0.428 *** (4.41)	0.343 *** (3.64)	0.430 *** (4.74)
VFI_1	0.502 *** (3.21)	2.276 ** (2.55)	2.534 ** (2.53)
Lntrans	-0.148 *** (-6.71)	-0.156 *** (-5.77)	0.021 (0.26)
VFI_1^2		-1.510 ** (-2.10)	
$VFI_1 \times Lntrans$			-0.260 ** (-2.06)
Lngdp	0.114 *** (2.62)	0.125 ** (2.53)	0.126 *** (2.59)
Mak	0.133 (0.71)	0.075 (0.39)	0.120 (0.65)
Open	-0.003 (-0.37)	0.005 (0.73)	0.003 (0.46)
观测值	240	240	240
AR(2)	0.7258	0.9808	0.8532
Sargan检验	1.0000	1.0000	1.0000

注:常数项略;***、**分别表示1%、5%的显著水平。

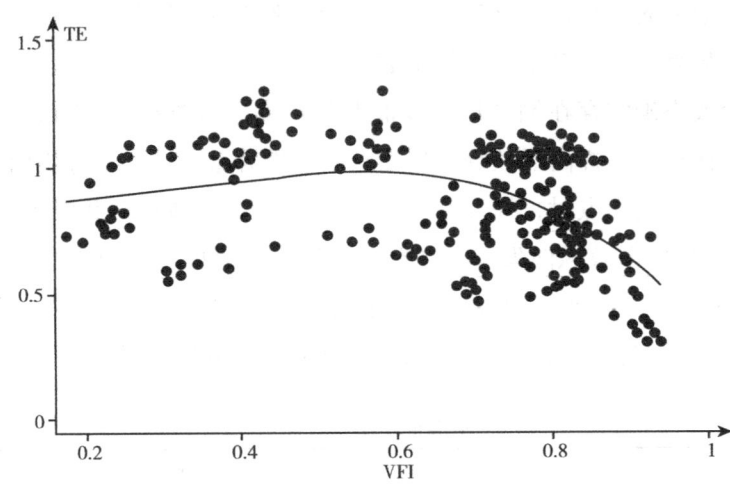

图 6-1　财政纵向失衡与基本公共服务供给效率的非线性关系

表 6-3 列示了 2009~2017 年全国及各地区财政纵向失衡程度超过 0.7536 的省（自治区、直辖市），2009~2011 年全国超过一半的省区市财政纵向失衡程度位于拐点右侧，2012 年全国财政纵向失衡程度位于拐点右侧的省区市略有下降，2015 年该数值又重新上升，2017 年全国又有超过半数的省区市财政纵向失衡程度位于拐点右侧。从区域结构来看，财政纵向失衡程度超过拐点的省区市主要位于西部地区。在倒"U"形关系中，财政纵向失衡程度在拐点附近的省区市基本公共服务供给效率较高，这与第 4 章统计分析的结果相符合。

表 6-3　　　　　财政纵向失衡程度超过拐点的省份数

年份	全国	东部	中部	西部	东北
2009	18	2	5	9	2
2010	17	1	5	9	2
2011	16	1	5	8	2
2012	14	0	4	8	2
2013	12	0	2	8	2
2014	12	0	2	8	2
2015	13	1	2	8	2
2016	14	0	3	9	2
2017	16	0	4	10	2

表 6-2 中第（1）、第（2）列的估计结果中转移支付的估计系数始终显著为负，说明转移支付规模的扩张不利于基本公共服务供给效率的提升。第（3）列中加入财政纵向失衡和转移支付交互项后，交互项的估计系数显著为负，说明转移支付确实影响财政纵向失衡对基本公共服务供给效率的作用机制，财政纵向失衡对基本公共服务供给效率的正向影响会随着转移支付的增加而减弱，或者说，财政纵向失衡对基本公共服务供给效率的负向影响会随着转移支付的增加而增强。

6.3.2 异质性分析

根据研究假设 H6-4，由于资金的分配方式和资金的使用限制不同，不同类型转移支付对基本公共服务供给效率的影响机制有所差异，应进一步分析不同类型转移支付影响基本公共服务供给效率的异质性。在验证不同类型转移支付的异质性时学术界有两种做法：一是分别将一般性转移支付和专项转移支付替代模型中的转移支付进行回归（徐琰超、杨龙见，2014；缪小林等，2017；刘贯春、周伟，2019）；二是将原模型中转移支付拆分成一般性转移支付和专项转移支付同时代入回归方程（胡祖铨等，2013；贾晓俊等，2015；储德银、迟淑娴，2018）。为了结果的稳健性和可靠性，本章同时采用以上两种方法进行异质性检验。

首先根据基准模型（6-1）检验不同类型转移支付对基本公共服务供给效率直接影响的异质性。将一般性转移支付代替基准模型（6-1）中转移支付变量进行回归，估计结果如表 6-4 第（1）列所示；用专项转移支付代替基准模型（6-1）中转移支付变量进行回归，估计结果如表 6-4 第（2）列所示；将基准模型（6-1）中转移支付拆分成一般性转移支付和专项转移支付同时代入回归方程，估计结果如表 6-4 第（3）列所示。表 6-4 第（1）至第（3）列中一般性转移支付和专项转移支付的估计系数均显著为负，说明一般性转移支付和专项转移支付都会降低基本公共服务供给效率。专项转移支付估计系数的绝对值要大于一般性转移支付估计系数的绝对值，说明专项转移支付比一般性转移支付更加不利于基本公共服务供给效率的提升。

表 6-4　　　　　　　　　　不同类型转移支付异质性分析 1

变量	被解释变量 TE_1		
	(1)	(2)	(3)
$L.TE_1$	0.299*** (3.41)	0.412*** (4.99)	0.344*** (3.83)
VFI_1	2.805*** (3.18)	1.184 (1.48)	2.155*** (2.78)
VFI_1^2	-1.967*** (-2.67)	-0.648 (-0.94)	-1.307** (-2.07)
Lngtrans	-0.107*** (-4.65)		-0.064* (-1.68)
Lnstrans		-0.178*** (-6.21)	-0.131*** (-2.68)
Lngdp	0.103* (1.92)	0.064 (1.45)	0.121** (2.24)
Mak	0.196 (1.02)	0.145 (0.72)	0.142 (0.66)
Open	0.010* (1.84)	0.006 (1.28)	0.008* (1.80)
观测值	240	240	240
AR（2）	0.6902	0.5329	0.9745
Sargan 检验	1.0000	1.0000	1.0000

注：常数项略；***、**和*分别表示1%、5%和10%的显著水平。

进一步根据基准模型（6-2）检验不同类型转移支付对财政纵向失衡影响基本公共服务供给效率的调节作用。表6-5中第（1）、第（3）、第（5）列为未加入交互项的对比回归结果，第（2）、第（4）、第（6）列为加入交互项后的回归结果，分析调节效应主要考察交互项回归系数的符号及显著性。第（2）、第（4）列分别用一般性转移支付和专项转移支付替代基准模型（6-2）中的转移支付变量，回归结果显示，一般性转移支付和财政纵向失衡交互项的系数显著为负，专项转移支付和财政纵向失衡交互项的系数也显著为负，并且专项转移支付和财政纵向失衡交互项系数的绝对值高于一般性转移支付和财政纵向失衡交互项系数的绝对值。第（6）列将基准模型（6-2）中的转移支付拆分成一般性转移支付和专项转移支付同时代入回归方程，回归结果显示，只有专项转移支付和财政纵向失衡交互项系数显著为负。综合分析各列回归结果，与一般性转移支付相比，专项转移支付在更大程度上削弱了财政纵向失衡对基本公共服务供给效率的正向影响。

表6-5　　　　　　　　　不同类型转移支付异质性分析2

变量	被解释变量 TE_1					
	(1)	(2)	(3)	(4)	(5)	(6)
L. TE_1	0.401*** (4.27)	0.426*** (4.80)	0.437*** (5.49)	0.459*** (5.43)	0.403*** (4.83)	0.448*** (5.28)
VFI_1	0.149 (0.68)	2.034*** (3.40)	0.424*** (3.22)	2.257*** (3.10)	0.471*** (2.82)	2.563*** (3.39)
Lngtrans	-0.060*** (-2.88)	0.059 (1.03)			-0.020 (-0.61)	-0.069 (-1.13)
VFI_1 × Lngtrans		-0.238*** (-2.70)				0.047 (0.38)
Lnstrans			-0.182*** (-6.77)	-0.008 (-0.11)	-0.178*** (-4.76)	0.073 (0.92)
VFI_1 × Lnstrans				-0.257** (-2.54)		-0.334** (-2.37)
Lngdp	0.039 (0.69)	0.098** (2.17)	0.062 (1.51)	0.064 (1.46)	0.083* (1.68)	0.090* (1.89)
Mak	0.296 (1.51)	0.254 (1.25)	0.186 (0.92)	0.154 (0.78)	0.207 (0.99)	0.267 (1.20)
Open	-0.001 (-0.09)	0.002 (0.31)	0.002 (0.46)	0.005 (1.08)	0.001 (0.27)	-0.005 (-0.51)
观测值	240	240	240	240	240	240
AR (2)	0.7096	0.8745	0.4209	0.5839	0.4738	0.7568
Sargan 检验	1.0000	1.0000	1.0000	1.0000	1.0000	1.0000

注：常数项略；***、**和*分别表示1%、5%和10%的显著水平。

6.4　稳健性检验

为进一步保证估计结果的稳健性，本章进行以下两项稳健性检验：

第一，更换被解释变量基本公共服务供给效率的衡量指标。由于被解释变量的衡量标准可能对估计结果造成影响，为了得到可靠的研究结论，本章采用 SE-SBM-CCR 方法基于投入和产出双导向测算出的基本公共服务供给效率（TE_2）作为被解释变量的替代指标进行稳健性检验。表 6-6 列示了被解释变量基本公共服务供给效率度量指标为 TE_2 时基准模型的估计结果。表 6-6 的第（1）、第（2）列中转移支付的系数显著为负，第（2）列中加入财政纵向失衡平方项后，财政纵向失衡的系数显著为正，其平方项的系数显著为负，说明基准模型（6-1）的估计结果是稳健的。第（3）列中引入交互项后，交互项系数依然显著为负，证明基准模型（6-2）的估计结果是也稳健的。

表 6-6　　　　　　　　稳健性检验 1

变量	被解释变量 TE_2		
	(1)	(2)	(3)
L.TE_2	0.171 (1.46)	0.107 (0.99)	0.165 (1.49)
VFI_1	0.656** (2.46)	3.054*** (3.62)	4.191*** (2.82)
Lntrans	-0.174*** (-4.86)	-0.182*** (-4.61)	0.122 (0.93)
VFI_1^2		-2.106*** (-3.29)	
$VFI_1 \times$ Lntrans			-0.463** (-2.41)
Lngdp	0.172** (2.55)	0.166** (2.39)	0.186** (2.46)
Mak	0.276 (0.99)	0.270 (1.00)	0.331 (1.24)
Open	-0.003 (-0.37)	0.004 (0.58)	-0.001 (-0.14)
观测值	240	240	240
AR(2)	0.6534	0.7538	0.6856
Sargan 检验	1.0000	1.0000	1.0000

注：常数项略；***、** 分别表示 1%、5% 的显著水平。

第6章 财政纵向失衡、转移支付与基本公共服务供给效率

第二，更换解释变量财政纵向失衡和转移支付的衡量指标。解释变量财政纵向失衡用 $VFI_2 = 1 -$ 地方本级财政收入/地方本级财政支出作为替代指标，解释变量转移支付 Trans 用中央转移支付占地方本级财政支出比重作为替代指标。表6-7列示了更换解释变量衡量指标后基准模型的估计结果。表6-7中的第（1）、第（2）列中转移支付的系数显著为负，第（2）列中加入财政纵向失衡平方项后，财政纵向失衡的系数显著为正，其平方项的系数显著为负，说明基准模型（6-1）的估计结果是稳健的，财政纵向失衡与基本公共服务供给效率确实存在倒"U"形非线性关系，转移支付会降低基本公共服务供给效率。第（3）列中引入交互项后，交互项系数依然显著为负，证明基准模型（6-2）的估计结果也是稳健的，转移支付会削弱财政纵向失衡对基本公共服务供给效率的正向影响。

表6-7　　　　　　　　稳健性检验2

变量	被解释变量 TE_1		
	（1）	（2）	（3）
L. TE_1	0.454*** (4.91)	0.442*** (4.17)	0.435*** (4.02)
VFI_2	0.328 (1.16)	1.266*** (3.47)	0.660** (2.29)
Trans	-0.953*** (-3.94)	-1.096*** (-5.46)	-0.586* (-1.82)
VFI_2^2		-0.904** (-2.13)	
$VFI_2 \times$ Trans			-0.810** (-2.09)
Lngdp	-0.191*** (-3.59)	-0.198*** (-3.90)	-0.176*** (-3.48)
Mak	0.412 (1.50)	0.326 (1.28)	0.320 (1.24)
Open	-0.005 (-0.63)	-0.002 (-0.28)	-0.004 (-0.41)
观测值	240	240	240
AR（2）	0.5771	0.9414	0.7430
Sargan 检验	1.0000	1.0000	1.0000

注：常数项略；***、**和*分别表示1%、5%和10%的显著水平。

6.5　本章小结

在经济下行压力大、财政赤字率高的经济社会背景下，提高基本公共服务供给效率是保障基本公共服务供给水平的关键因素。财政是国家治理的重要支柱，财政体制的变动一定会影响社会管理的公平与效率。以往文献大多研究财政分权与效率的关系，而对于分权不对称所产生的财政纵向失衡会怎样影响效率并没有深入探讨也缺少实证检验。作为财政分权体制下的政策工具，除了弥补财政纵向失衡所带来的地方财政收支缺口外，转移支付的目标和功能更倾向于公平，包括均衡地方政府财政能力进而推进基本公共服务均等化。以公平为目标的转移支付是否会造成效率损失？本章从理论上梳理财政纵向失衡、转移支付对基本公共服务供给效率的影响，进一步分析转移支付是否影响财政纵向失衡对基本公共服务供给效率的作用机制。并根据理论分析设定计量模型，用2009~2017年我国30个省（自治区、直辖市）的面板数据实证检验财政纵向失衡、转移支付对基本公共服务供给效率的影响，得出以下结论：

一是财政纵向失衡与基本公共服务供给效率存在倒"U"形非线性关系，在财政纵向失衡小于拐点时，提高财政纵向失衡程度有助于提高基本公共服务供给效率；在财政纵向失衡超过拐点后，财政纵向失衡程度的扩张会降低基本公共服务供给效率。实证结果显示，2017年我国超过一半的省区市财政纵向失衡程度位于拐点右侧。

二是转移支付会直接降低基本公共服务供给效率，同时转移支付也影响财政纵向失衡对基本公共服务供给效率的作用机制。财政纵向失衡对基本公共服务供给效率的正向影响会随着转移支付的增加而减弱，或者说，财政纵向失衡对基本公共服务供给效率的负向影响会随着转移支付的增加而增强。

三是从直接效应来看，专项转移支付比一般性转移支付对基本公共服务供给效率的负向影响更强。从调节效应来看，专项转移支付比一般性转移支付在更大程度上削弱了财政纵向失衡对基本公共服务供给效率的正向影响。因此，与一般性转移支付相比，专项转移支付对基本公共服务供给效率的负向影响更强。

第7章 主要结论、政策建议与研究展望

7.1 主要结论

基本公共服务关乎居民的生存权和发展权，政府在基本公共服务供给中承担主导职能和兜底义务，财政体制是理解和分析我国基本公共服务供给问题的基本制度背景。自1994年分税制改革以来，"财权上移、事权下解、大规模转移支付"已经成为中国式财政分权体制的重要特征（徐琰超、杨龙见，2014），这意味财政纵向失衡在中国式财政分权体制下尤为突出，转移支付已经成为中国式财政分权体制下重要的制度工具。本书首先对中国的财政体制进行全面剖析，其次基于省级面板数据运用相应的统计方法对我国基本公共服务供给水平和基本公共服务供给效率的特征事实做出基本的判断，最后以财政纵向失衡和转移支付为切入点，通过理论分析和实证检验来综合判断财政体制对基本公共服务供给水平和效率的影响，主要研究结论如下。

第一，1994年后中国财政纵向失衡的加剧主要源于中央政府为了满足当时国家治理的需要对财政收入分配体系的主动调整，以加强中央政府的统筹协调和政策引导能力。由于不同地区的经济发展、资源禀赋不同，在相同的财政收支分配制度下，各地区依然面临不同程度的财政纵向失衡，我国东部地区的财政纵向失衡程度要远远小于中部、西部和东北地区。分税制改革后，我国逐步建立了规范的转移支付制度，转移支付可以实现政府间财政收入的再分配，以缓解财政纵向失衡下地方政府自有财政收入不足的压力，同时中央政府也可以通过转移支付引导地方财政支出行为，均衡地方财政能力。然而转移支付作为政府间财政收入再分配的手段本质上与征税这种汲取财政收入的方式不同，

转移支付会降低地方政府征税努力、刺激地方财政支出规模扩张。实证研究发现，转移支付规模的扩张确实会对地方政府行为产生逆向激励，造成财政纵向失衡加剧，而且与专项转移支付相比，一般性转移支付对财政纵向失衡的推动作用更强。

第二，根据熵权 TOPSIS 法计算出的 2009~2017 年我国各省（自治区、直辖市）基本公共服务供给水平综合评价指数，发现 2009~2017 年我国四大区域的基本公共服务供给水平均呈上升趋势，并且随着时间的推移基本公共服务供给高水平地区在东部沿海地区集聚。用总泰尔指数及其分解指数测算我国基本公共服务供给水平的总体差距、区域内差距和区域间差距，发现我国基本公共服务供给水平的总体差距和区域内差距呈 σ 收敛，而基本公共服务供给水平的区域间差距对总体差距的贡献率不断提升甚至超过 50%，说明近年来我国基本公共服务供给水平的区域间差距更为突出。

第三，采用 SE - SBM 模型测算 2009~2017 年我国各省（自治区、直辖市）基本公共服务供给的综合效率，发现东部地区和中部地区各省市的基本公共服务供给综合效率整体高于西部地区和东北地区，同时发现，北京、上海、天津等地基本公共服务供给的综合效率并不高，为了探究其原因，我们将基本公共服务供给的综合效率分解为纯技术效率和规模效率，发现实际生产规模与最优生产规模的偏离是造成上海、北京等地基本公共服务供给低效的主要原因。2009~2017 年我国基本公共服务供给综合效率的区域内差距对总体差距的贡献率始终高于 50%，这说明我国基本公共服务供给综合效率的区域内差距要远大于区域间差距。

第四，财政纵向失衡影响转移支付对基本公共服务供给水平的作用机制，当财政纵向失衡度较低时，转移支付有助于基本公共服务供给水平提升；当财政纵向失衡度超过某阈值时，转移支付会降低基本公共服务供给水平。在我国经济最发达、财政自主度较高的地区，中央的转移支付可以提高当地的基本公共服务供给水平；然而在经济欠发达、财政纵向失衡严重的地区，中央的转移支付却抑制当地基本公共服务供给水平的提升，这也是我国基本公共服务供给水平区域间差距扩大的原因。推进基本公共服务均等化是转移支付的重要目标，然而过度的财政纵向失衡会阻碍转移支付推进基本公共服务均等化的进程。不同类型的转移支付对基本公共服务供给水平的影响存在异质性，实证研究发现，当财政纵向失衡低于门槛值时，一般性转移支付和专项转移支付均显著提升基本公共服务供给水平；当财政纵向失衡超过门槛值后，专项转移支付显著抑制基本公共服务供给水平的提升，而一般性转移支付与基本公共服务供给水平不存在显著相关关系。

第五，财政纵向失衡与基本公共服务供给效率存在倒"U"形非线性关系，适度的财政纵向失衡有助于提高基本公共服务供给效率，而过度的财政纵向失衡会降低基本公共服务供给效率。实证研究发现，我国超过半数的省区市财政纵向失衡程度位于拐点右侧，不利于基本公共服务供给效率的提升。转移支付会直接降低基本公共服务供给效率，同时转移支付也影响财政纵向失衡对基本公共服务供给效率的作用机制，削弱财政纵向失衡对基本公共服务供给效率的正向影响。不同类型的转移支付对基本公共服务供给效率的影响存在异质性，从直接效应来看，专项转移支付比一般性转移支付对基本公共服务供给效率的负向影响更强。从调节效应来看，专项转移支付比一般性转移支付在更大程度上削弱了财政纵向失衡对基本公共服务供给效率的正向影响。因此，与一般性转移支付相比，专项转移支付对基本公共服务供给效率的负向影响更强。

综上所述，1994年的分税制改革契合了当时国家治理的阶段性目标，扭转了分税制改革前"反向财政纵向失衡"的局面，提高了中央政府的宏观调控能力。然而分税制改革后形成的财政体制垂直关系也引发了新的问题，财政纵向失衡与转移支付相结合的制度模式使转移支付规模不断扩张、财政纵向失衡程度日益加剧，过度的财政纵向失衡降低基本公共服务供给效率，不利于基本公共服务供给水平的提升，阻碍了转移支付推进基本公共服务均等化的进程。

7.2 政策建议

新的国家治理需求必然推动新的财政体制变革。针对财政纵向失衡加剧所产生的一系列问题，我国亟须理顺中央和地方的权责划分，把财政纵向失衡控制在合理的水平，在此基础上完善转移支付制度，建立权责清晰、财力协调、区域均衡的政府间财政关系。在现代财政制度框架下，政府间财政关系改革应倾向于"以支定收",它的基本逻辑是"财政事权划分—支出责任划分—收入划分—转移支付",首先依据"谁的财政事权谁承担支出责任"的原则划分各级政府的支出责任,其次将收入划分与支出责任划分相结合保证地方政府一定的财政自给能力,最后将转移支付作为实现政府间财力协调的最后防线,而不是过度依赖于转移支付进行纵向财力的再分配而忽略初次分配中政府间财权与事权的平衡。

7.2.1 政府间财政事权与支出责任划分改革的深化

党的十八届三中全会以来,中央和地方财政事权与支出责任划分改革一直在稳步推进。国务院于2016年出台了《关于推进中央与地方财政事权和支出责任划分改革的指导意见》(以下简称《指导意见》),2018年开始国务院先是制定了《基本公共服务领域中央与地方共同财政事权和支出责任划分改革方案》,随后陆续颁布了不同公共服务领域内中央与地方财政事权和支出责任改革的具体方案,包括医疗卫生领域、教育领域、科技领域、交通运输领域和生态环境领域。后续出台的系列文件秉承了《指导意见》中提出的改革思路,即适度加强中央财政事权,减少并规范中央与地方的共同财政事权,并依据财政事权的划分指导支出责任的划分,做到中央财政事权由中央政府承担支出责任,地方财政事权由地方政府承担支出责任,中央和地方的共同财政事权由中央和地方共同承担支出责任。随着改革的推进,中央和地方财政事权与支出责任的划分虽然逐步清晰但依然存在模糊地带,财政事权与支出责任划分不合理、不规范的问题依然存在。深化政府间财政事权与支出责任改革应从以下几个方面入手。

一是完善财政事权的界定维度。财政事权的清晰界定是合理划分支出责任的基础,但从已经出台的各公共服务领域的财政事权划分方案来看,我国对中央和地方财政事权的界定仅仅停留在"事"上,并未从"权"的视角明确财政事权的划分。严格来讲,只有提供某项公共服务供给的决策权和执行权同时归属一级政府,才能说这项财政事权属于一级政府的独有财政事权,否则应该属于多级政府的共同财政事权。事实上,受传统计划体制影响我国各级政府事权划分行政色彩浓厚,天然缺乏清晰分工的理念,上级政府习惯于通过行政命令约束下级政府按上级偏好履行事权（楼继伟，2019）。因此，除了依据公共服务供给项目划分政府间财政事权以外，还应根据"权"的要素界定各级政府的职责，应明确规定地方政府拥有地方财政事项的决策权和执行权，避免上级政府通过行政干预影响地方财政事权的独立性形成事实上的共同财政事权。

二是以机构改革为依托推动中央财政事权"实体化"。《指导意见》中提出要"适度加强中央财政事权"，如果中央政府缺乏履行相关财政事权的机构和人员，那么中央财政事权的落实方法依旧难免"中央点菜、地方买单"的老路。对于国防、外交、国家安全、出入境管理、国防公路、国界河湖治理、全国性重大传染病防治、全国性大通道、全国性战略性自然资源使用和保护等需要上划中央的财政事权，应做到中央决策权和中央执法权相统一，合理配置机构和人员，实现中央的事权由中央的机构执行的实体化事权配置模式（楼继伟，2019）。

三是建立科学的共同财政事权与支出责任的划分模式。即使仅从"事"的角度划分政府间财政事权，我国依然存在大量的共同财政事权，因为按照公共服务的受益原则，如果公共服务的受益范围无法恰好与某一级政府辖区范围相吻合，若由较低层级的政府提供此公共服务很可能会产生外溢性问题，而由较高层级的政府提供此公共服务则会随着辖区的扩大产生效率损失，在这种情况下各国往往选择由多级政府共同承担（孙开、王冰，2018）。例如，根据国务院出台的《教育领域中央与地方财政事权和支出责任划分改革方案》，义务教育、学生资助、其他教育基本都属于中央和地方的共同财政事权。我国共同财政事权的划分一直采用"上级主导"的划分模式，2018年出台的《基本公共服务领域中央与地方共同财政事权和支出责任划分改革方案》也再次强调"坚持财政事权划分由中央决定。完善中央决策、地方落实的机制"。单纯的上级主导型的共同财政事权划分模式在实践中往往会导致下级政府为了满足上级政府的决策事项履行了更多的支出责任。因此，我国应逐步建立"事权法定、上级统筹、超负上移"的共同事权划分模式并使之优化，进而形成权责清晰的基本公共服务保障机制（见图7-1）。所谓"事权法定、上级统筹、超负上移"，是指以法律形式明确共同财政事权的责任主体，规范各级政府对于不同财政事项的决策权、执行权，具有决策权的上级政府对本级决策承担"兜底"义务，当下级政府为执行上级政府决策承担的被动支出责任与其财力不相匹配时，则所超出的财政负担部分可上移至决策级政府，此时上级政府需要统筹规划决策标准，在承担本级支出责任的同时，通过实施财政转移支付保障下级政府履行支出责任（孙开、王冰，2018）。

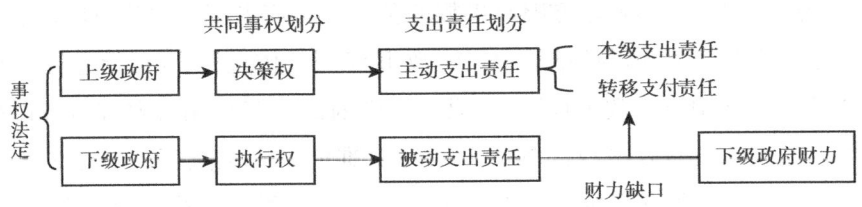

图 7-1　政府间共同财政事权和支出责任的划分路径

四是健全法律体系，推动政府间财政事权与支出责任划分和调整的规范化。目前我国政府间财政事权与支出责任的划分偏行政化，缺乏规范的法律保障。《宪法》只是规定了国家机构职权的划分原则，即"在中央的统一领导下，充分发挥地方的主动性、积极性"，目前中央和地方财政事权与支出责任划分的实质性规定主要依据国务院颁布的政策文件，省以下各级政府间财政事权与支出责任划分主要依据省级政府颁布的政策文件，而政策的时效性和随意性，制约了政府间财政事权与支出责任划分的规范化水平。应当在《宪法》中增加政府间财政事权与支出责任划分的基本原则，同时在各相关单行法律中明确该领域政府间事权的划分，以保证财政事权与支出责任划分的稳定性和连续性。《地方组织法》要求地方政府"办理上级国家行政机关交办的其他事项"，但是没有法律规范上级政府的权力，应当完善相关法律，规范上级政府干预下级政府的权力。

7.2.2　以税制改革为契机调整政府间收入划分模式

历次的财政体制改革都会对我国政府间收入分配关系进行一定调整，我国目前适度集中的政府间收入分配格局是在1994年分税制改革后逐步形成的。以提高"两个比重"为目的分税制改革改变了中央和地方以往的收入分成模式，形成了按税种划分收入的新模式，按收入隶属关系可以将各税种分为中央税、中央和地方共享税、地方税。按税种划分收入只是分税制的表现形式，税收权力的配置才是分税制的内核,也是分税制与收入分成制的最大区别。税收权力的配置体现在税收立法权、税收征管权和税收支配权三个维度。按照西方传统分税理论,"地方税"通常具有如下特征:一是地方政府拥有地方税的立法权,即地方政府可以决定地方税是否开征以及具有税基、税率等税收要素决定权;二是地方税的税收征管由地方政府组织实施;三是地方税的税收收入由地方政府支配(谷成、蒋守建,2017)。鉴于我国的政体模式和基本国情与西方国家不同,我国的税权配置明显区别于西方国家,我国的税收立法权集于中央政府,中央政府和地方政府根据税种划分享有相应的税收征管权和税收支配权。

这种税权配置决定了地方政府在与中央政府的税收博弈中始终处于劣势地位,分税制改革后中央政府多次调整共享税的范围、分享比例和征管权限,地方政府都被动接受(王冰,2016)。增值税、企业所得税、个人所得税等税基较大、税源充沛的税种均被划为共享税。2016年为了解决"营改增"后地方主体税种缺失的困境,弥补"营改增"后地方财政收入的损失,中央政府将增值税的共享比例从75:25(中央:地方)调整至50:50。2018年我国共享税[①]税收收入占全国税收收入的76.34%,占全国一般公共预算收入的65.12%;地方政府从共享税中取得的税收收入占地方税收收入比重的74.91%,占地方一般公共预算收入的58.11%。这说明我国已形成了以共享税为主、专享税为辅的税收结构,共享税税收收入成为地方税收收入的主要来源,共享税占比的提高弱化了分税制的特征使政府间收入划分具有回归收入分成制的倾向(刘明慧、侯雅楠,2019)。2018年为了降低征纳成本,提高征管效率,我国将省级和省级以下的国税地税机构合并,这次征管体制的改革使地方政府不再有独立的税收征管机构,地方政府的税权再次被削弱。无论是从税权配置还是从税收结构来看,地方政府的税收自主权都在不断缩小,分税制逐渐向"分钱制"演变(高培勇,2018),这也是我国财政纵向失衡程度不断扩张的重要原因。

"发挥中央和地方两个积极性"是新一轮财政体制改革对中央和地方关系的改革目标,政府间收入划分应当在保护中央宏观调控能力的情况下考虑地方

---

① 共享税包括增值税、企业所得税、个人所得税、印花税、城市维护建设费、资源税。

政府的利益诉求，给地方政府正向的财政激励。税收收入是财政收入最重要的组成部分，其他非税收入的获取大多秉承受益原则具有专款专用的特征。政府间税收划分与政府间支出责任划分相适应是新一轮政府间收入划分改革的基准（刘明慧、赵雅丹，2019）。当既定的税收划分方案不能满足地方政府自身的支出需求时，地方政府将会过度依赖于非税收入、债务收入和转移支付，继而引发土地财政、地方债务规模扩张、预算软约束等问题，降低地方居民的福利水平。理论上讲，至少财政能力最强的地方政府所取得的税收收入规模应当能够大致满足其自身的支出需求（谷成、刘逸凡，2019）。

以税收划分与支出责任划分相适应为原则调整政府间税收划分模式已经成为许多学者的共识，在具体调整方式上学术界基本有以下三种思路：一是在维持现有税权配置和税收结构的基础上，调整共享税的收入分享比例以保障地方税收收入（刘明慧、侯雅楠，2019）；二是维持现有税收结构的基础上，赋予地方政府更大的税收权限，将共享税的收入分成制改为税率分享制，由全国人大及其常委会确定共享税的税基和中央税率，地方人大及其常委会在全国人大规定的范围内确定地方税率，中央和地方政府分别按照各自的税率征税（谷成、蒋守建，2017）；三是以税制改革为契机，降低共享税规模，加强地方专享税建设，培育地方主体税种，健全地方税体系，重塑以"分税制"为灵魂的中央和地方收入分配关系（高培勇，2018）。

本书认为虽然以共享税为主、专享税为辅的税收结构短期内难以改变，通过调整共享税的收入分享比例也能实现政府间税收收入规模的合理划分，但是由于中央政府可以随时调整共享税收入分享比例，地方政府税收自主权的缺失会降低地方政府税收收入的稳定性。而将共享税的收入分成制改为税率分享制虽然可以给予地方政府一定的税收要素控制权，提高地方政府税收收入的可预见性和稳定性，但是我国大部分共享税都具有税基流动性大的特点，允许不同地区对同一共享税选择不同的地方税率，很可能会加大地区间的税收竞争，经济落后地区为了提高本地区的吸引力将不得不选择低于发达地区的地方税率。因此，长期来看，以税制改革为契机加强地方专享税建设，培育地方主体税种，并逐步降低共享税比重，才是提高地方政府税收自主权，规范政府间税收划分的路径选择。

理论上，建设地方专享税有两种路径：一是与税制改革相结合将原有的中央专享税和共享税改为地方专享税；二是开征新的具有地方税功能和特征的税种。实践中，第一种路径需要打破西方传统税收划分理论的制约；第二种路径需要的周期更长同时也面临更大的阻力。本书认为我国应该根据具体国情两种路径并行来逐步完善我国地方税体系。一方面，传统税收划分理论是以地方政府充分拥有地方税的税收权利为前提，才认为地方税应具有税基流动性弱等特点，而我国地方政府没有税收立法权，因此即使将税基流动性大的税种划为地方专享税也并非完全不可取；另一方面，虽然纳税人对于房地产税等直接税带来的税收负担更为敏感，抵触情绪也更加强烈，但是以减税为主的间接税改革已经接近尾声，为了保障税收在财政收入的主体地位，优化我国的税制结构，房地产税等直接税的改革势在必行，长期来看房地产税的开征是完善我国地方税体系的必经之路。

具体而言，现阶段国际形势复杂多变，同时受全球新冠肺炎疫情的影响我国经济下行压力较大，此时开征房地产税的时机尚不成熟，因此短期内可以考虑将我国的消费税和车辆购置税划为地方税。理论上消费税作为特殊性销售税可以设置差别税率、收入弹性较大，同时消费税的征收也可以体现受益原则，例如，地方政府对燃油和车辆征税也需要承担道路的修缮和维护；事实上烟、酒、汽油和汽车等消费税主要税目在批发和零售环节的纳税主体比较规范，已经具备把消费税征收环节从生产环节改为零售环节的条件，这可以有效避免消费税变成地方税后，地方政府基于税收激励大建酒厂、烟厂的情况（王冰，2016）。我国《关于印发实施更大规模减税降费后调整中央与地方收入划分改革推进方案的通知》也提出要加快消费税立法，后移消费税征收环节，并逐步将消费税下划为地方税。而车辆购置税和消费税的税基有所重合，可以作为地方税一起征收。长期来看，房地产税的税基流动性小、潜在税源充足、符合受益原则，最适宜做地方税主体税种。我国已经搭建了覆盖全国的不动产统一登记信息平台，近年来也在积极探讨如何建立较为合理的不动产价值动态评估制度。开征房地产税所需的配套制度在逐步完善，待时机成熟后应积极推动房地产税立法，整合房地产行业所涉及房产税、土地增值税、耕地占用税以及城镇土地使用税，统一征收房地产税以解决现在房地产流转环节多重征税、保有环节税收缺位的问题。此外，规范政府间税收划分除了在收入归属上建设地方专享税外，在税权配置上也应赋予地方政府更大的权利，对于房地产税等具有传统税收理论中地方税特征的税种，应当赋予地方政府适宜的税收立法权，至少应当使其具备税基、税率等税收要素的决定权。

7.2.3 科学、规范的转移支付制度构建

转移支付在政府间财政关系中扮演着重要的角色。现阶段我国政府间财政关系的协调过度依赖于转移支付进行政府间财力的再分配，而忽略了初次分配中政府间财权与事权的平衡，然而转移支付规模的无序扩张会对地方政府行为产生逆向激励，削弱地方政府培育税源获取财政收入的主观能动性，降低地方政府的财政支出效率。因此，在收入划分与支出责任划分相适应的情况下，控制转移支付规模，建立科学的、激励相容的转移支付制度至关重要。转移支付协调纵向财力、均衡横向财力的功能不一定要以牺牲地方政府发展经济、培育税源的积极性为代价。完整的转移支付制度应当同时涉及转移支付资金的筹集与分配，我国的转移支付制度只规范转移支付资金的分配方式，而忽略了转移支付资金的筹集方式，转移支付资金的筹集主要通过分税体制实现（李永友、张子楠，2017）。事实上转移支付资金的筹集和分配同时影响着地方政府的行为选择。Weingast（2009）提出采用非线性的转移支付筹资模式可以确保地方政府发展经济的高边际财政激励，而这并不影响中央政府通过转移支付的分配调节财政纵向、横向不平衡。如果要借鉴这种激励相容的转移支付制度，一方面我国可以加快横向转移支付制度的建设，并且同时从筹资和分配视角完善横向转移支付制度；另一方面通过调整共享税的收入分享方式来改变现有纵向转移支付的筹资模式，即我国的共享税税收收入的分享比例可以采用累退的分享模式，当某一省区市共享税收入达到中央预先确定的水平之前，中央从这个省获取中等或适度比例的收入，当这个省的共享税收入达到中央预先确定的水平之后，中央允许这个省对超出规定水平的共享税收入保留较高的留存率，同时中央对于特别贫穷的省区市要给予特殊的照顾。这种筹集方式给予地方政府发展经济、培育税源的财政激励，中央所筹集的转移支付资金会比缺乏相应激励时多出许多，尽管区域间的经济发展差距可能会被进一步拉大，但是因为部分地区更富裕，中央可以向贫困地区分配的转移支付金额也会增加，也就是说这种转移支付筹集方式可以实现帕累托改进。

此外，仅从转移支付的分配视角来看，我国的转移支付制度尚存在项目界定不规范、分类标准不清晰、实体结构不合理等现象。2009年转移支付分类改革后，我国转移支付包括一般性转移支付和专项转移支付两大类。2014年《国务院关于改革和完善中央对地方转移支付制度的意见》提出要建立一般性转移支付稳定增长机制。近几年全国财政决算报告中所公布的一般性转移支付的比重确实在不断提高，但是一般性转移支付中的许多项目是直接从专项转移支付划转的，这种项目划转的处理方式使一般性转移支付已经背离了最初的分类标准。为了与我国政府间财政事权与支出责任划分改革配套，我国转移支付的分类也在调整，然而与此相关的政策规定并不统一。2014年《国务院关于改革和完善中央对地方转移支付制度的意见》提出应将一般性转移支付中属于中央委托事权或中央地方共同事权的项目转列专项转移支付，属于地方事权的项目归并到均衡性转移支付；而2018年《基本公共服务领域中央与地方共同财政事权和支出责任划分改革方案》（以下简称《改革方案》）则提出在一般性转移支付下设立共同财政事权分类分档转移支付，将改革前一般性转移支付和专项转移支付安排的基本公共服务领域共同财政事权事项，统一纳入共同财政事权分类分档转移支付，完整反映中央承担的基本公共服务领域共同财政事权的支出责任。2019年财政部公开的《中央对地方转移支付预算表》中转移支付的分类按照2018年《改革方案》的要求进行了调整，调整后一般性转移支付的规模是专项转移支付的10倍。2020年中央为了解决基层政府在疫情防控、基本民生保障中面临的困难，提出建立特殊转移支付机制，将特殊转移支付资金重点用于"保就业、保民生、保市场"主体。

优化转移支付结构的前提是明晰和规范转移支付的分类标准，并切实依据分类标准划分具体项目，推进转移支付的实体结构优化。具体而言，不同的分类标准产生不同的分类形式，就如同我国政府支出分类有支出功能分类和支出经济分类两种形式。按照资金的使用限制对转移支付进行分类和按照事权归属对转移支付进行分类本身属于两种分类标准，如果将两种分类方式进行融合难免出现分类标准不清晰、项目界定不规范的问题，分别按照各自的分类标准制作转移支付预决算表才是更严谨、更科学的做法。就第一种分类方式而言，理论上依据资金的使用限制分类，转移支付应包括一般性转移支付、分类转移支付和专项转移支付,而实践中我国将分类转移支付也纳入一般性转移支付进行统计,甚至有将长期存在的专项转移支付划转至一般性转移支付的现象,本书认为为了建立清晰、规范的转移支付制度应当增设分类转移支付这一类级科目,将具体的转移支付项目清理、整合,严格按照资金的使用限制划归到各类级科目。就第二种分类方式而言,按照事权归属可以将转移支付分为共同事权转移支付、委托事权转移支付、地方事权转移支付,其中共同事权转移支付体现中央政府在共同事权中承担的支出责任,委托事权转移支付体现中央委托地方代理事权给予地方的财政补助,地方事权转移支付体现中央为弥补地方自有财力不足而给予地方的财政补助。总之,优化转移支付结构,首先要明晰转移支付的分类标准,其次要严格按照分类标准界定具体项目,提高一般性转移支付比重不能只通过简单的划转来解决,转移支付的结构优化必须是实体结构的优化。

7.3 研究展望

本书主要以财政纵向失衡和转移支付为切入点研究财政体制对基本公共服务供给的影响。鉴于基本公共服务研究范畴的动态发展、基本公共服务评价视角的多维性以及转移支付相关数据获取的难度,同时受本人研究技术和水平的限制,本书尚且存在不足之处,需要在后续研究中进一步补充与完善。

首先,要不断拓展研究对象的广度。在实证分析中受制于数据的可得性,本书只选取了教育服务、医疗卫生服务、环境保护服务、社会保障和就业服务作为基本公共服务的研究对象。而从发展视域来看,基本公共服务的范畴在不断变动与更新,"十二五"规划和"十三五"规划对于基本公共服务范畴的界定也不尽相同,笔者应当在后续的研究中不断调整基本公共服务的研究范畴,并且在数据可得的情况下尽量拓宽基本公共服务的研究对象。

其次,应适时转换评价基本公共服务供给水平和效率的视角,丰富研究的维度。本书主要从投入和产出的视角(生产者视角)评价基本公共服务供给水平。随着各个微观数据库的完善,接下来的研究可以从居民满意度的视角(消费者视角)评价基本公共服务的供给水平和效率。

最后，要努力获取市县级相关数据，丰富研究的层次。由于2009年后省级以下转移支付数据的获取存在一定难度，因此本书的实证研究主要选择省级面板数据，得出的研究结论也主要针对中央与地方财政关系的完善。接下来，随着政府预算的进一步公开，笔者应当争取采用市县级面板数据来研究市县级政府的财政纵向失衡、转移支付与基本公共服务供给的关系。

参 考 文 献

[1] 安体富,任强. 中国公共服务均等化水平指标体系的构建——基于地区差别视角的量化分析 [J]. 财贸经济,2008 (6): 79 - 82.

[2] 白永平,张晓州,郝永佩,等. 基于 SBM - Malmquist - Tobit 模型的沿黄九省（区）环境效率差异及影响因素分析 [J]. 地域研究与开发,2013,32 (2): 90 - 95.

[3] 鲍曙光,符维,姜永华. 上级转移支付与地方财政努力——基于中国县级数据的实证分析 [J]. 财经论丛,2018 (11): 22 - 30.

[4] 曹贤忠,曾刚. 基于熵权 TOPSIS 法的经济技术开发区产业转型升级模式选择研究——以芜湖市为例 [J]. 经济地理,2014,34 (4): 13 - 18.

[5] 常修泽. 中国现阶段基本公共服务均等化研究 [J]. 中共天津市委党校学报,2007 (2): 66 - 71.

[6] 陈聪. 农村公共品供给对城乡收入差距影响的实证检验 [J]. 统计与决策,2020,36 (1): 57 - 61.

[7] 陈海威. 中国基本公共服务体系研究 [J]. 科学社会主义,2007 (3): 98 - 100.

[8] 陈娟,吴昊. 转移支付制度对基本公共服务均等化的影响机制研究 [J]. 湖北社会科学,2017 (7): 84 - 92.

[9] 陈思霞,田丹. 均衡性转移支付与公共服务供给效率——基于中国地市一级的经验证据 [J]. 华中农业大学学报（社会科学版）,2013 (3): 139 - 146.

[10] 陈希聪. 省内财政分权、转移支付与支出偏好对区域公共服务均等化的影响研究 [D]. 长春：吉林大学,2017.

[11] 成刚,萧今. 政府间转移支付对县域基础教育供给的影响——基于江西省的证据 [J]. 北京大学教育评论,2011,9 (2): 143 - 161.

[12] 程慧平. 基于主成分分析与熵权TOPSIS方法的期刊学术影响力研究 [J]. 情报科学, 2015, 33 (12): 77-82.

[13] 程岚, 文雨辰. 不同城镇化视角下基本公共服务均等化的测度和影响因素研究 [J]. 经济与管理评论, 2018, 34 (6): 106-115.

[14] 储德银, 迟淑娴. 转移支付降低了中国式财政纵向失衡吗 [J]. 财贸经济, 2018, 39 (9): 23-38.

[15] 储德银, 韩一多, 张同斌, 等. 中国式分权与公共服务供给效率: 线性抑或倒"U" [J]. 经济学 (季刊), 2018, 17 (3): 1259-1288.

[16] 储德银, 邵娇. 财政纵向失衡与公共支出结构偏向: 理论机制诠释与中国经验证据 [J]. 财政研究, 2018 (4): 20-32.

[17] 储德银, 邵娇, 迟淑娴. 财政体制失衡抑制了地方政府税收努力吗? [J]. 经济研究, 2019, 54 (10): 41-56.

[18] 褚福灵. 共享发展的内涵及衡量标准研究 [J]. 中国社会保障, 2016 (6): 30-32.

[19] 崔志坤, 张燕. 财政分权、转移支付和地方福利性财政支出效率 [J]. 财政研究, 2017 (5): 24-37.

[20] 戴平生, 陈壮. 我国转移支付的地方财力均等化效应——基于水平公平与垂直公平分解的实证研究 [J]. 统计研究, 2015, 32 (5): 20-25.

[21] 单菲菲, 高秀林. 基于DEA方法的新疆基本公共服务财政支出绩效评价——以新疆14个地州市为例 [J]. 新疆社会科学, 2015 (2): 33-38.

[22] 党秀云, 彭晓祎. 我国基本公共服务供给中的中央与地方事权关系探析 [J]. 行政论坛, 2018, 25 (2): 50-55.

[23] 丁玮蓉, 张帆. 均衡性转移支付制度会带来地方政府福利性公共服务支出偏向吗? [J]. 财经论丛 (浙江财经学院学报), 2018 (10): 19-28.

[24] 杜彤伟, 张屹山, 杨成荣. 财政纵向失衡、转移支付与地方财政可持续性 [J]. 财贸经济, 2019: 1-15.

[25] 段晓红. 促进公共服务均等化: 均衡性转移支付抑或专项性一般转移支付——基于民族地区的实证分析 [J]. 中南民族大学学报 (人文社会科学版), 2016, 36 (4): 135-140.

[26] 范子英, 李欣. 部长的政治关联效应与财政转移支付分配 [J]. 经

济研究，2014，49（6）：129-141.

[27] 范子英，王倩. 转移支付的公共池效应、补贴与僵尸企业[J]. 世界经济，2019，42（7）：120-144.

[28] 范子英，张军. 粘纸效应：对地方政府规模膨胀的一种解释[J]. 中国工业经济，2010（12）：5-15.

[29] 范子英，张军. 转移支付、公共品供给与政府规模的膨胀[J]. 世界经济文汇，2013（2）：1-19.

[30] 方红生，张军. 财政集权的激励效应再评估：攫取之手还是援助之手？[J]. 管理世界，2014（2）：21-31.

[31] 方晓利，周业安. 财政分权理论述评[J]. 教学与研究，2001（3）：53-57.

[32] 伏润民，常斌，缪小林. 我国省对县（市）一般性转移支付的绩效评价——基于DEA二次相对效益模型的研究[J]. 经济研究，2008，43（11）：62-73.

[33] 付文林，沈坤荣. 均等化转移支付与地方财政支出结构[J]. 经济研究，2012，47（5）：45-57.

[34] 付文林，赵永辉. 财政转移支付与地方征税行为[J]. 财政研究，2016（6）：16-27.

[35] 傅志华，李三秀. 转移支付制度设计中的激励与约束机制[J]. 地方财政研究，2007（2）：9-13.

[36] 高培勇. 中国财税改革40年：基本轨迹、基本经验和基本规律[J]. 经济研究，2018，53（3）：4-20.

[37] 高永，王玖，石德文. 加权TOPSIS法综合评价在Excel中的实现[J]. 中国卫生统计，2007，24（4）：428-429.

[38] 龚锋，李智."援助之手"还是"激励陷阱"——中国均衡性转移支付的有效性评估[J]. 经济评论，2016（5）：3-23.

[39] 龚锋，卢洪友. 财政分权与地方公共服务配置效率——基于义务教育和医疗卫生服务的实证研究[J]. 经济评论，2013（1）：42-51.

[40] 谷成. 财政分权下政府间税收划分的再思考[J]. 财贸经济，2008（4）：74-78.

[41] 谷成, 蒋守建. 基于国家治理现代化的中国政府间税收划分 [J]. 华中师范大学学报(人文社会科学版), 2017, 56 (1): 39-47.

[42] 谷成, 刘逸凡. 完善我国政府间税收划分的路径选择 [J]. 税务研究, 2019 (9): 16-21.

[43] 谷成, 曲红宝. 发展中国家政府间税收划分: 理论分析与现实约束 [J]. 经济社会体制比较, 2015 (2): 32-43.

[44] 顾昕, 白晨. 中国医疗救助筹资的不公平性——基于财政纵向失衡的分析 [J]. 国家行政学院学报, 2015 (2): 35-40.

[45] 官永彬. 财政分权体制下的区域民生类公共服务差距研究 [M]. 北京: 中国社会科学出版社, 2016.

[46] 官永彬. 政府竞争和转移支付对区际公共服务不均等的影响 [J]. 技术经济, 2019, 38 (1): 121-128.

[47] 郭庆旺, 贾俊雪. 中央财政转移支付与地方公共服务提供 [J]. 世界经济, 2008 (9): 74-84.

[48] 郭小聪, 代凯. 国内近五年基本公共服务均等化研究: 综述与评估 [J]. 中国人民大学学报, 2013, 27 (1): 145-154.

[49] 郭小聪, 朱侃. 党的十八大以来基本公共服务研究的系统回顾与评估 [J]. 上海行政学院学报, 2019, 20 (3): 47-59.

[50] 韩军, 刘学芝. 基于超效率DEA的公共文化服务供给效率及其影响因素研究 [J]. 宏观经济研究, 2019 (3): 168-175.

[51] 韩一多, 付文林. 垂直财政不对称与收入不平等——基于转移支付依赖的门槛效应分析 [J]. 财贸经济, 2019, 40 (6): 40-54.

[52] 胡斌, 毛艳华. 转移支付改革对基本公共服务均等化的影响 [J]. 经济学家, 2018 (3): 63-72.

[53] 胡洪曙. 粘蝇纸效应及其对公共产品最优供给的影响 [J]. 经济学动态, 2011 (6): 149-152.

[54] 胡洪曙, 武锶芪. 转移支付、财政努力对基本公共服务供给影响的研究——一个基于省级面板数据的门槛效应分析 [J]. 华中师范大学学报(人文社会科学版), 2019, 58 (6): 95-105.

[55] 胡洪曙, 武锶芪. 中国基本公共服务供给效率的评价与供给方式优

化——基于省级面板数据的 DEA 分析 [J]. 财经论丛, 2020 (1): 33-42.

[56] 胡祖铨, 黄夏岚, 刘怡. 中央对地方转移支付与地方征税努力——来自中国财政实践的证据 [J]. 经济学 (季刊), 2013, 12 (3): 799-822.

[57] 纪江明. 我国城市公共服务满意度指数研究——基于熵权 TOPSIS 法的分析 [J]. 国家行政学院学报, 2013 (2): 38-46.

[58] 纪江明, 胡伟. 中国城市公共服务满意度的熵权 TOPSIS 指数评价——基于 2012 连氏"中国城市公共服务质量调查"的实证分析 [J]. 上海交通大学学报 (哲学社会科学版), 2013, 21 (3): 41-51.

[59] 贾俊雪, 郭庆旺, 高立. 中央财政转移支付、激励效应与地区间财政支出竞争 [J]. 财贸经济, 2010 (11): 52-57.

[60] 贾晓俊, 岳希明. 我国均衡性转移支付资金分配机制研究 [J]. 经济研究, 2012, 47 (1): 17-30.

[61] 贾晓俊, 岳希明. 我国不同形式转移支付财力均等化效应研究 [J]. 经济理论与经济管理, 2015 (1): 44-54.

[62] 贾晓俊, 岳希明, 王怡璞. 分类拨款、地方政府支出与基本公共服务均等化——兼谈我国转移支付制度改革 [J]. 财贸经济, 2015 (4): 5-16, 133.

[63] 江庆. 分税制与中国纵向财政不平衡度: 基于 Hunter 方法的测量 [J]. 中央财经大学学报, 2007 (1): 13-16.

[64] 江庆. 中国省、市、县乡级纵向财政不平衡的实证研究 [J]. 安徽大学学报 (哲学社会科学版), 2009, 33 (3): 134-140.

[65] 姜文芹. 民生类基本公共服务绩效指标体系构建 [J]. 统计与决策, 2018, 34 (22): 36-40.

[66] 姜晓萍, 吴菁. 国内外基本公共服务均等化研究述评 [J]. 上海行政学院学报, 2012, 13 (5): 4-16.

[67] 靳继东. 政府间事权关系划分: 理论逻辑、体制约束和实践方向 [J]. 学海, 2018 (3): 84-90.

[68] 靳涛, 梅伶俐. 中央转移支付与地方政府公共支出谁更有效率?——基于教育和卫生服务视角的实证研究 [J]. 经济管理, 2015, 37 (2): 156-166.

[69] 孔薇. 中国基本公共服务供给区域差异研究 [D]. 长春：吉林大学，2019.

[70] 寇铁军，汪洋. 完善我国过渡期财政转移支付的对策 [J]. 财经问题研究，2003（8）：71-74.

[71] 李丹，裴育. 均衡性转移支付能促进贫困地区基本公共服务供给吗——基于国定扶贫县的实证研究 [J]. 财贸研究，2016，27（3）：91-98，125.

[72] 李建军，王瑞祥. 谁从政府间税收划分中受益？——基于税收背离和税收受益的分析 [J]. 财经问题研究，2018（1）：76-84.

[73] 李建军，张伟，蒋海英. 我国所得税收入划分研究——基于理论、国际经验和税收能力视角 [J]. 税务研究，2017（10）：75-83.

[74] 李俊清，谢星全. 中央一般转移支付与边疆省（区）公共服务供给 [J]. 国家行政学院学报，2017（4）：79-84.

[75] 李楠楠. 从权责背离到权责一致：事权与支出责任划分的法治路径 [J]. 哈尔滨工业大学学报（社会科学版），2018，20（5）：32-39.

[76] 李齐云，马万里. 中国式财政分权体制下政府间财力与事权匹配研究 [J]. 理论学刊，2012（11）：38-43.

[77] 李拓，李斌，余曼. 财政分权、户籍管制与基本公共服务供给——基于公共服务分类视角的动态空间计量检验 [J]. 统计研究，2016，33（8）：80-88.

[78] 李万慧. 中国财政转移支付结构辨析及改革方向展望 [J]. 地方财政研究，2016（11）：48-52.

[79] 李文. 试析我国地方政府征税努力程度的影响因素 [J]. 税务研究，2014（11）：37-43.

[80] 李祥云，徐淑丽. 我国政府间转移支付制度的平衡效应——基于2000~2010年省际面板数据的实证分析 [J]. 中南财经政法大学学报，2012（4）：36-41.

[81] 李奕宏. 我国政府间事权及支出划分研究 [J]. 财政研究，2014（8）：56-59.

[82] 李永友. 转移支付与地方政府间财政竞争 [J]. 中国社会科学，

2015 (10): 114 – 133.

[83] 李永友, 沈玉平. 转移支付与地方财政收支决策——基于省级面板数据的实证研究 [J]. 管理世界, 2009 (11): 41 – 53.

[84] 李永友, 沈玉平. 财政收入垂直分配关系及其均衡增长效应 [J]. 中国社会科学, 2010 (6): 108 – 124.

[85] 李永友, 张帆. 垂直财政不平衡的形成机制与激励效应 [J]. 管理世界, 2019, 35 (7): 43 – 59.

[86] 李永友, 张子楠. 转移支付提高了政府社会性公共品供给激励吗？[J]. 经济研究, 2017, 52 (1): 119 – 133.

[87] 林春, 孙英杰. 纵向财政失衡、地方政府行为与经济波动 [J]. 经济学家, 2019 (9): 44 – 53.

[88] 林春, 孙英杰. 财政失衡与全要素生产率损失：中国的证据 [J]. 云南财经大学学报, 2019, 35 (1): 3 – 14.

[89] 林阳衍, 张欣然, 刘晔. 基本公共服务均等化：指标体系、综合评价与现状分析——基于我国198个地级市的实证研究 [J]. 福建论坛（人文社会科学版）, 2014 (6): 184 – 192.

[90] 刘蓓, 赵修安. 基于熵权TOPSIS法的基本公共服务均等化评价实证研究——以广西为例 [J]. 学术论坛, 2016, 39 (3): 72 – 76.

[91] 刘冰峰, 金群. 援助之手、攫取之手与民生类公共品供给 [J]. 财经论丛, 2015 (6): 34 – 40.

[92] 刘畅, 马光荣. 财政转移支付会产生"粘蝇纸效应"吗？——来自断点回归的新证据 [J]. 经济学报, 2015, 2 (1): 25 – 46.

[93] 刘成奎, 柯飈. 纵向财政不平衡对中国省际基础教育服务绩效的影响 [J]. 经济问题, 2015 (1): 7 – 14.

[94] 刘成奎, 王朝才. 城乡基本公共服务均等化指标体系研究 [J]. 财政研究, 2011 (8): 25 – 29.

[95] 刘承礼. 中国式财政分权的解释逻辑：从理论述评到实践推演 [J]. 经济学家, 2011 (7): 61 – 69.

[96] 刘传明, 张春梅, 任启龙, 等. 基本公共服务与经济发展互动耦合机制及时空特征——以江苏省13城市为例 [J]. 经济地理, 2019, 39 (4): 26 – 33.

[97] 刘丹,李永友,童幼雏,等.中国财政体制垂直失衡:测度方法与特征分析[J].经济学家,2018(10):80-89.

[98] 刘德吉.民生类公共服务财政支出规模的影响因素研究——基于中国省级面板数据的分析[J].华东理工大学学报(社会科学版),2011,26(6):66-74.

[99] 刘贯春,周伟.转移支付不确定性与地方财政支出偏向[J].财经研究,2019,45(6):4-16.

[100] 刘明慧,侯雅楠.政府间收入划分:理论与现实驱动的重新审视[J].财经问题研究,2019(6):66-74.

[101] 刘明慧,赵雅丹.政府间纵向财力协调:内涵厘定、约束条件与模式构想[J].经济与管理评论,2019(3):37-48.

[102] 刘尚希,李敏.论政府间转移支付的分类[J].财贸经济,2006(3):17-22.

[103] 刘士义.财政转移支付制度的现实困境与改革路径研究[J].财经问题研究,2018(2):89-94.

[104] 刘玮琳,夏英.我国农村基本公共服务供给效率研究——基于三阶段DEA模型和三阶段Malmquist模型[J].现代经济探讨,2018(3):123-132.

[105] 刘小勇.分税制、转移支付与地方政府财政努力[J].南方经济,2012(5):38-53.

[106] 刘晓路.财政分权与经济增长:第二代财政分权理论[J].财贸经济,2007(3):47-53.

[107] 刘星,文政.财政分权理论述评[J].管理世界,2008(5):184-185.

[108] 楼继伟.40年重大财税改革的回顾[J].财政研究,2019(2):3-29.

[109] 鲁建坤,李永友.超越财税问题:从国家治理的角度看中国财政体制垂直不平衡[J].社会学研究,2018,33(2):62-87.

[110] 罗伟卿.财政分权理论新思想:分权体制与地方公共服务[J].财政研究,2010(3):11-15.

[111] 罗植. 基于治理能力现代化的转移支付优化体系框架 [J]. 河南社会科学, 2015, 23 (12): 50-53.

[112] 吕冰洋. "顾炎武方案" 与央地关系构建: 寓活力于秩序 [J]. 财贸经济, 2019, 40 (10): 50-65.

[113] 吕冰洋, 毛捷, 马光荣. 分税与转移支付结构: 专项转移支付为什么越来越多? [J]. 管理世界, 2018, 34 (4): 25-39.

[114] 吕冰洋, 张凯强. 转移支付和税收努力: 政府支出偏向的影响 [J]. 世界经济, 2018, 41 (7): 98-121.

[115] 吕炜, 张妍彦. 城市内部公共服务均等化及微观影响的实证测度 [J]. 数量经济技术经济研究, 2019, 36 (11): 101-120.

[116] 吕炜, 张妍彦, 周佳音. 财政在中国改革发展中的贡献——探寻中国财政改革的实践逻辑 [J]. 经济研究, 2019, 54 (9): 25-40.

[117] 吕炜, 赵佳佳. 中国转移支付的粘蝇纸效应与经济绩效 [J]. 财政研究, 2015 (9): 44-52.

[118] 马光荣, 郭庆旺, 刘畅. 财政转移支付结构与地区经济增长 [J]. 中国社会科学, 2016 (9): 105-125.

[119] 马海涛, 任强. 我国中央对地方财政转移支付的问题与对策 [J]. 华中师范大学学报 (人文社会科学版), 2015, 54 (6): 43-49.

[120] 马静. 转移支付、财力均衡与基本公共服务均等化 [D]. 北京: 中央财经大学, 2007.

[121] 马文浩, 彭奥蕾. 财政集权、转移支付与民生类公共品供给 [J]. 现代管理科学, 2015 (1): 78-80, 96.

[122] 毛捷, 吕冰洋, 马光荣. 转移支付与政府扩张: 基于 "价格效应" 的研究 [J]. 管理世界, 2015 (7): 29-41.

[123] 缪小林, 王婷, 高跃光. 转移支付对城乡公共服务差距的影响——不同经济赶超省份的分组比较 [J]. 经济研究, 2017, 52 (2): 52-66.

[124] 南锐, 王新民, 李会欣. 区域基本公共服务均等化水平的评价 [J]. 财经科学, 2010 (12): 58-64.

[125] 彭健. 分税制财政体制改革20年: 回顾与思考 [J]. 财经问题研究, 2014 (5): 71-78.

[126] 戚学祥. 省域基本公共服务均等化指标体系建构及其运用——基于四川省的实证研究 [J]. 经济体制改革, 2015 (2): 58-63.

[127] 亓寿伟, 胡洪曙. 转移支付、政府偏好与公共产品供给 [J]. 财政研究, 2015 (7): 23-27.

[128] 乔宝云, 范剑勇, 彭骥鸣. 政府间转移支付与地方财政努力 [J]. 管理世界, 2006 (3): 50-56.

[129] 丘大为. 公共体育服务、公众体育参与对幸福感的影响研究 [J]. 云南行政学院学报, 2019, 21 (3): 149-154.

[130] 任超然, 曾益. 转移支付纵向分配结构的财力均等化效应研究: 基于省内县际差异的视角 [J]. 中央财经大学学报, 2016 (8): 15-24.

[131] 申亮, 王玉燕. 我国公共文化服务政府供给效率的测度与检验 [J]. 上海财经大学学报, 2017, 19 (2): 26-37.

[132] 宋小宁, 陈斌, 梁若冰. 一般性转移支付: 能否促进基本公共服务供给? [J]. 数量经济技术经济研究, 2012, 29 (7): 33-43.

[133] 孙浩, 王玉凤. 湖北省公共文化服务体系发展水平测度 [J]. 统计与决策, 2018, 34 (1): 70-73.

[134] 孙开, 孙琳. 基于投入产出率的财政环境保护支出效率研究——以吉林省地级市面板数据为依据的 DEA-Tobit 分析 [J]. 税务与经济, 2016 (5): 101-106.

[135] 孙开, 王冰. 政府间普通教育事权与支出责任划分研究——以提供公平而有质量的教育为视角 [J]. 财经问题研究, 2018 (8): 73-81.

[136] 孙开, 王冰. 环境保护支出责任划分、转移支付与环境治理 [J]. 税务与经济, 2019 (4): 20-28.

[137] 孙开, 张磊. 分权程度省际差异、财政压力与基本公共服务支出偏向——以地方政府间权责安排为视角 [J]. 财贸经济, 2019: 1-15.

[138] 孙开, 张磊. 政府竞争、财政压力及其调节作用研究——以地方政府财政支出偏向为视角 [J]. 经济理论与经济管理, 2020 (5): 22-34.

[139] 孙琳. 我国基本公共服务均等化区域差异研究——基于医疗和教育省级面板数据的 DEA 分析 [J]. 山西农业大学学报（社会科学版), 2017, 16 (3): 51-56.

[140] 孙晓莉. 共享发展视域中的基本公共服务: 困境与突破 [J]. 新视野, 2016 (6): 64-69.

[141] 孙秀梅, 张慧, 王格. 基于超效率SBM模型的区域碳排放效率研究——以山东省17个地级市为例 [J]. 生态经济, 2016, 32 (5): 68-73.

[142] 孙志华. 问题与对策: 健全和完善我国基本公共服务体系的探讨 [J]. 山东大学学报 (哲学社会科学版), 2014 (6): 44-51.

[143] 谭德凯, 田利辉, 李亭亭. 高房价会损害地方政府财政支出效率吗 [J]. 当代财经, 2020 (2): 40-51.

[144] 唐善永, 李丹. 政府间转移支付可能诱导民族扶贫县财政收入负面激励——来自241个民族扶贫县的数据验证 [J]. 现代财经 (天津财经大学学报), 2014, 34 (3): 44-54.

[145] 唐铁汉, 李军鹏. 公共服务的理论演变与发展过程 [J]. 新视野, 2005 (6): 38-40.

[146] 田侃, 亓寿伟. 转移支付、财政分权对公共服务供给的影响——基于公共服务分布和区域差异的视角 [J]. 财贸经济, 2013 (4): 29-38.

[147] 汪彤. 共享税模式下的地方税体系: 制度困境与路径重构 [J]. 税务研究, 2019 (1): 38-44.

[148] 王冰. 义务教育均等化问题研究 [D]. 大连: 东北财经大学, 2013.

[149] 王冰. "营改增"后重构我国地方税体系的基本思路 [J]. 财政监督, 2016 (10): 21-24.

[150] 王海龙. 公共服务的分类框架: 反思与重构 [J]. 东南学术, 2008 (6): 48-58.

[151] 王华春, 刘栓虎. 转移支付是否促进了省内财政分权?——基于全国县级面板数据的分析 [J]. 财经论丛, 2017 (11): 11-23.

[152] 王磊, 周亚楠, 张宇. 基于熵权-TOPSIS法的低碳城市发展水平评价及障碍度分析——以天津市为例 [J]. 科技管理研究, 2017, 37 (17): 239-245.

[153] 王洛忠, 李帆. 我国基本公共文化服务: 指标体系构建与地区差距测量 [J]. 经济社会体制比较, 2013 (1): 184-195.

[154] 王谦, 董艳玲. 公共风险约束下中国地方财政支出效率评价与影响因素分析 [J]. 财政研究, 2018 (11): 46-61.

[155] 王谦, 于楠楠. 基于超效率 SBM – DEA 模型的山东省财政环境保护支出效率评价 [J]. 经济与管理评论, 2020, 36 (2): 113 – 122.

[156] 王瑞民, 陶然. 中国财政转移支付的均等化效应: 基于县级数据的评估 [J]. 世界经济, 2017, 40 (12): 119 – 140.

[157] 王瑞祥, 王文甫, 倪锦文. 财政制度垂直失衡、政府竞争与市场化进程 [J]. 财经论丛, 2019 (2): 21 – 29.

[158] 王守义. 财政转移支付对县级政府基本公共服务供给效率影响研究 [D]. 昆明: 云南大学, 2016.

[159] 王小龙, 余龙. 财政转移支付的不确定性与企业实际税负 [J]. 中国工业经济, 2018 (9): 155 – 173.

[160] 王晓玲. 我国省区基本公共服务水平及其区域差异分析 [J]. 中南财经政法大学学报, 2013 (3): 23 – 29.

[161] 王新民, 南锐. 基本公共服务均等化水平评价体系构建及应用——基于我国 31 个省域的实证研究 [J]. 软科学, 2011, 25 (7): 21 – 26.

[162] 魏福成, 胡洪曙. 我国基本公共服务均等化: 评价指标与实证研究 [J]. 中南财经政法大学学报, 2015 (5): 26 – 36.

[163] 吴敏, 刘畅, 范子英. 转移支付与地方政府支出规模膨胀——基于中国预算制度的一个实证解释 [J]. 金融研究, 2019 (3): 74 – 91.

[164] 吴强, 李楠. 我国财政转移支付及税收返还变动对区际财力均等化影响的实证分析 [J]. 财政研究, 2016 (3): 27 – 38.

[165] 吴永求, 赵静. 转移支付结构与地方财政效率——基于面板数据的分位数回归分析 [J]. 财贸经济, 2016 (2): 28 – 40.

[166] 肖文东. 中国政府间财政关系改革: 地方视角 [J]. 中央财经大学学报, 2006 (7): 1 – 5.

[167] 肖育才. 转移支付与县级基本公共服务均等化研究 [D]. 成都: 西南财经大学, 2014.

[168] 肖育才, 谢芬. 转移支付与县级基本公共服务均等化: 基于四川省 138 个县 (市) 的实证分析 [J]. 西南民族大学学报 (人文社科版), 2016, 37 (6): 107 – 113.

[169] 辛冲冲, 陈志勇. 中国基本公共服务供给水平分布动态、地区差异

及收敛性 [J]. 数量经济技术经济研究, 2019, 36 (8): 52-71.

[170] 熊伟. 分税制模式下地方财政自主权研究 [J]. 政法论丛, 2019 (1): 64-77.

[171] 熊兴, 余兴厚, 王宇昕. 我国区域基本公共服务均等化水平测度与影响因素 [J]. 西南民族大学学报 (人文社科版), 2018, 39 (3): 108-116.

[172] 徐琰超, 杨龙见. 财政分权、转移支付与地方政府福利性支出效率 [J]. 金融评论, 2014, 6 (2): 37-49.

[173] 续竞秦, 杨永恒. 地方政府基本公共服务供给效率及其影响因素实证分析——基于修正的 DEA 两步法 [J]. 财贸研究, 2011, 22 (6): 89-96.

[174] 严妮飒, 张建清. 长江中游城市群基本公共服务均等化的测度与特征分析 [J]. 生态经济, 2017, 33 (1).

[175] 颜晓畅. 政府投入与不同地区医疗卫生机构静态和动态运营效率——基于 DEA-Tobit 方法的实证研究 [J]. 南开经济研究, 2018 (6): 93-111.

[176] 杨波. 论基本公共服务均等化的演进特征与变迁逻辑——基于2006-2018年政策文本分析 [J]. 西南民族大学学报 (人文社科版), 2019, 40 (5): 196-202.

[177] 杨灿明, 赵福军. 关于财政分权后果的理论述评 [J]. 财贸经济, 2004 (7): 51-56.

[178] 杨灿明, 赵福军. 财政分权理论及其发展述评 [J]. 中南财经政法大学学报, 2004 (4): 3-10.

[179] 杨光. 省际间基本公共服务供给均等化绩效评价 [J]. 财经问题研究, 2015 (1): 111-116.

[180] 杨莉, 张雪磊. 长三角地区环境基本公共服务绩效评价及影响因素研究 [J]. 现代经济探讨, 2019 (11): 21-29, 49.

[181] 杨龙见, 徐琰超, 尹恒. 转移支付形式会影响地方政府的收支行为吗?——理论研究和经验分析 [J]. 财经研究, 2015, 41 (7): 95-109.

[182] 杨志勇. 分税制改革中的中央和地方事权划分研究 [J]. 经济社会体制比较, 2015 (2): 21-31.

[183] 姚东旻, 王麒植, 李静. 事权属性与专项转移支付——来自省级差异的博弈均衡 [J]. 经济科学, 2018 (5): 30-42.

[184] 易莹莹. 中国基本公共服务支出效率及其溢出效应测度 [J]. 城市问题, 2016 (1): 64-70.

[185] 尹恒, 朱虹. 中国县级地区财力缺口与转移支付的均等性 [J]. 管理世界, 2009 (4): 37-46.

[186] 尹振东, 汤玉刚. 专项转移支付与地方财政支出行为——以农村义务教育补助为例 [J]. 经济研究, 2016, 51 (4): 47-59.

[187] 岳红举, 王雪蕊. 中央与地方政府间事权与支出责任划分的制度化路径 [J]. 财经科学, 2019 (7): 54-66.

[188] 曾红颖. 我国基本公共服务均等化标准体系及转移支付效果评价 [J]. 经济研究, 2012 (6).

[189] 曾军平. 政府间转移支付制度的财政平衡效应研究 [J]. 经济研究, 2000 (6): 27-32.

[190] 曾明, 华磊, 刘耀彬. 地方财政自给与转移支付的公共服务均等化效应——基于中国31个省级行政区的面板门槛分析 [J]. 财贸研究, 2014, 25 (3): 82-91.

[191] 詹国彬. 公共服务与城镇化质量的关联测度 [J]. 政治学研究, 2016 (4): 113-124.

[192] 詹新宇, 白晨曦. 中央对地方转移支付的经济发展不平衡效应研究——基于省际面板数据的经验分析 [J]. 南京审计大学学报, 2019, 16 (3): 92-102.

[193] 詹新宇, 胡洪曙. 中央对地方转移支付机制的优化研究——基于财政激励的视角 [J]. 财政研究, 2015 (10): 9-14.

[194] 张德勇. 健全我国地方税体系的现实选择 [J]. 税务研究, 2018 (4): 57-61.

[195] 张海枝. 我国区域公共就业服务效率研究——基于DEA和Malmquist指数法的实证分析 [J]. 中南财经政法大学学报, 2014 (1): 36-42.

[196] 张恒龙, 陈宪. 政府间转移支付对地方财政努力与财政均等的影响 [J]. 经济科学, 2007 (1): 15-23.

[197] 张铭洪, 罗振华. 西方财政幻觉假说研究述评 [J]. 财政研究, 2002 (8): 22-24.

[198] 张蕊. 预算软约束真的会降低地方政府整体财政努力程度吗 [J]. 当代财经, 2017 (6): 36-47.

[199] 张洋. 联邦政府的财政纵向失衡研究——以加拿大为例 [J]. 现代管理科学, 2015 (3): 66-68.

[200] 张仲芳. 财政分权、卫生改革与地方政府卫生支出效率——基于省际面板数据的测算与实证 [J]. 财贸经济, 2013 (9): 28-42.

[201] 赵建国, 廖藏宜. 我国地区间基本公共服务供给均等化问题分析——基于中央财政转移支付的视角 [J]. 宏观经济研究, 2015 (8): 8-14.

[202] 赵为民, 李光龙. 财政分权、纵向财政失衡与社会性支出效率 [J]. 当代财经, 2016 (7): 24-35.

[203] 赵永辉, 付文林. 转移支付、财力均等化与地区公共品供给 [J]. 财政研究, 2017 (5): 13-23.

[204] 赵云旗. 我国财政转移支付总体结构优化研究 [J]. 经济研究参考, 2013 (67): 3-20.

[205] 郑垚, 孙玉栋. 转移支付、地方财政自给能力与基本公共服务供给——基于省级面板数据的门槛效应分析 [J]. 经济问题探索, 2018 (8): 18-27.

[206] 郑垚, 孙玉栋. 老龄化背景下转移支付对基本公共服务供给影响研究——基于省级面板数据的门槛效应分析 [J]. 价格理论与实践, 2018 (10): 145-148.

[207] 钟辉勇, 陆铭. 财政转移支付如何影响了地方政府债务? [J]. 金融研究, 2015 (9): 1-16.

[208] 周泽炯, 胡建辉. 基于Super-SBM模型的低碳经济发展绩效评价研究 [J]. 资源科学, 2013, 35 (12): 2457-2466.

[209] 朱德云, 孙若源. 地方财政对转移支付长期依赖问题: 理论机制及治理选择 [J]. 财政研究, 2018 (9): 81-92, 105.

[210] 朱光, 李平, 姜永华. 专项转移支付、一般性转移支付与地方政府公共服务支出——基于专项转移支付分项数据的空间计量分析 [J]. 华东经济管理, 2019, 33 (3): 145-151.

[211] 朱润喜, 王群群. 地方政府非正式财权、转移支付与公共服务均等

化——基于中国省际面板门槛效应分析 [J]. 经济问题, 2017 (11): 28-34.

[212] Aragon, F. M., and Gayoso, V. J., 2005, "Intergovernmental Transfers and Fiscal Effort in Peruvian Local Governments", *SSRN Electronic Journal*.

[213] Alesina. A, EL. Ferrara, 2005, "Ethnic Diversity and Economic Performance", *Journal of Econometrics*, Vol. 3, PP. 762-800.

[214] Bell, D., and Eiser, D., 2015, "The Economic Case for Further Fiscal Decentralisation to Scotland: Theoretical and Empirical Perspectives," *National Institute Economic Review*, Vol. 233 (1), PP. R27-R36.

[215] Bird, R. M., and Tarasov, A. V., 2004, "Closing the Gap: Fiscal Imbalances and Intergovernmental Transfers in Developed Federations", *Environment and Planning C*, Vol. 22, PP. 77-102.

[216] Boadway, R., and Tremblay, J. F., 2006, "A Theory of Vertical Fiscal Imbalance," *Working Papers*, Vol 62 (1), PP. 1-27.

[217] Brennan, G. and J. M. Buchanan, 1980, The Power to Tax: Analytical Foundations of a Fiscal Constitution. Cambridge, Cambridge University Press.

[218] Courant, P. N., Gramlich, E. M., Rubinfeld, D. L., 1979, "The stimulative effects of intergovernmental grants: Or why money sticks where it hits", In Mieszkowski, P., Oakland, W. H. eds., Fiscal federalism and grant-in-aid, Washington, D. C.: Urban Institute.

[219] Dahlby, B. and Wilson, L. S., 1994, "Fiscal Capacity, Tax Effort and Optimal Equalization Grants", *Canadian Journal of Economics*, Vol. 27 (3), PP. 657-672.

[220] Dahlby, B., 2011, "The marginal cost of public funds and the flypaper effect", *International Tax & Public Finance*, Vol. 18 (3), PP. 304-321.

[221] Dahlby, B., and Ferede, E., 2011, "What Does it Cost Society to Raise a Dollar of Tax Revenue? *The Marginal Cost of Public Funds*," *Ssrn Electronic Journal*, Vol. 324, PP. 955.

[222] Dahlby, B., and Ferede, E., 2012, "The stimulative effects of intergovernmental grants and the marginal cost of public funds", *International Tax & Public Finance*, Vol. 23 (1), PP. 1-26.

［223］Dougan, W. R. and Kenyon, D. A. , 1988, "Pressure Groups and Public Expenditure: The Flypaper Effect Reconsidered", *Economic Inquiry*, Vol. 26, PP 159 – 170.

［224］Filimon, R. , Romer, T. , and Rosenthal, H. , 1982, "Asymmetric information and agenda control", *Journal of Public Economics*, Vol 17 (1), PP. 51 – 70.

［225］Goodspeed, T. J. , 2002, "Bailouts in a Federation", *International Tax & Public Finance*, Vol. 9 (4), PP. 409 – 421.

［226］Hamilton, J. H. , 1986, "The flypaper effect and the deadweight loss from taxation", *Journal of Urban Economics*, Vol. 19 (2), PP. 148 – 155.

［227］Hines, J. R. , and Thaler, A. R. H. , 1995, "Anomalies: The Flypaper Effect", *Journal of Economic Perspectives*, Vol. 9 (4), PP. 217 – 226.

［228］Hallwood, P. and R. MacDonald, 2005, "The Economic Case for Fiscal Federalism", in B. Ashcroft, D. Coyle and W. Alexander (eds), New Wealth for Old Nations. Princeton, NJ: Princeton University Press, PP. 96 – 116.

［229］Inman, R. P. , 1987, "Federal Assistance and Local Services in the United States", NBER *Working Papers*.

［230］Jiménez – Rubio, D. , 2011a, "The Impact of Decentralization of Health Services on Health Outcomes: Evidence from Canada", *Applied Economics*, Vol. 43 (26), PP. 3907 – 3917.

［231］Jiménez – Rubio, D. , 2011b, "The Impact of Fiscal Decentralization on Infant

［232］MacDonald, R. and Hallwood, P. , 2004, "Allander Series: The economic case for fiscal federalism in Scotland", Working Paper, University of Strathclyde.

［233］Massimo Bordignon, Matteo Gamalerio and Gilberto Turati, 2013, "Decentralization, Vertical Fiscal Imbalance and Political Selection", CES Working Paper.

［234］Mogues, T. , and Benin, S. , 2012, "Do External Grants to District Governments Discourage Own Revenue Generation? A Look at Local Public Finance Dynamics in Ghana", *World Development*, Vol. 40 (5), PP. 1054 – 1067.

[235] Musgrave, Richard A., 1959, The Theory of Public Finance, New York: McGraw Hill Press.

[236] Musgrave, R. A., 1969, Fiscal Systems, Yale University Press.

[237] Musgrave, Richard A., 1983, "Who Should Tax, Where, and What?", Tax Assignment in Federal Countries, Australian National University Press.

[238] Niskanen, W. A., 1968, "The Peculiar Economics of Bureaucracy", *American Economic Review*, Vol. 58 (2), PP. 293 – 305.

[239] Oates, W., 1972, Fiscal Federalism, Harcourt Brace Jovanovich Press.

[240] Oates, W., 1979, "Lump – Sum Intergovernmental Grants Have Price Effects", in Mieszkowski, P. and W. H. Oakland, eds., Fiscal Federalism and Grants – in – Aid, Urban Institute, PP. 23 – 30.

[241] Oates, and Wallace, E., 2005, "Toward A Second – Generation Theory of Fiscal Federalism", *International Tax & Public Finance*, Vol. 12 (4), PP. 349 – 373.

[242] Olson, Mancur, 1969, "The Principle of Fiscal Equivalence: The Division of Responsiblities among Different Levels of Government", *American Economic Review Papers and Proceedings*, Vol. 59, PP. 479 – 87.

[243] Panda, P. K., 2009, "Central Fiscal Transfers and States Own – Revenue Efforts in India: Panel Data Models", *Margin the Journal of Applied Economic Research*, Vol. 3 (3), PP. 223 – 242.

[244] Peterson, G. E., 1997, "Decentralization in Latin America: Learning Through Experience", World Bank Publications.

[245] Qian, Y., and Weingast, B. R., 1997, "Federalism as a Commitment to Preserving Market Incentives", *Working Papers*, Vol. 11 (4), PP. 83 – 92.

[246] Rodden, J., 2002, "The Dilemma of Fiscal Federalism: Grants and Fiscal Performance around the World", *American Journal of Political Science*, Vol. 46, PP. 670 – 687.

[247] Rodden, J., 2003, "Reviving Leviathan: Fiscal Federalism and the Growth of Government", *International Organization*, Vol. 57 (4), PP. 695 – 729.

[248] Rodden, J., G. S. Eskeland and J. Litvack, et al, 2003, Fiscal Decentralization and the Challenge of Hard Budget Constraints. Cambridge, MA: MIT Press.

[249] Rodden, J., 2003, "Reviving Leviathan: Fiscal Federalism and the Growth of Government", *International Organization*, Vol. 57, PP. 695 – 729.

[250] Ross, and Michael, L., 2001, "Does Oil Hinder Democracy?", *World Politics*, Vol. 53 (03), PP. 325 – 361.

[251] Rubio, D. J., 2011, "The impact of decentralization of health services on health outcomes: evidence from Canada", *APPlied Economics*, Vol. 43, PP. 3907 – 3917.

[252] Richard M Bird & Andrey V Tarasov, 2004, "Closing the Gap: Fiscal Imbalances and Intergovernmental Transfers in Developed Federations", *Environment and Planning C*, Vol. 22 (1), PP. 77 – 102.

[253] Shah, A., 2006, "Lessons from International Practices of Intergovernmental Fiscal Transfers", Paper presented at the International Conference on Fiscal Decentralization, Islamabad, Pakistan.

[254] Sharma, C. K., 2012, "Beyond Gaps and Imbalances: Restructuring the Debate on Intergovernmental Fiscal Relations", *Public Administration*, Vol. 90, PP. 99 – 128.

[255] Walter, D. M., 2004, "The Nation's Growing Fiscal Imbalance", Presentation to CSIS Global Aging Forum (June 16), US Government Accountability Office.

[256] Weingast, B. R., 2009, "Second generation fiscal federalism: The implications of fiscal incentives", *Journal of Urban Economics*, Vol. 65 (3), PP. 279 – 293.

[257] Winer, S., and Hettich, W., 1986, "Vertical Imbalance in the Fiscal Systems of Federal States", *Canadian Journal of Economics*, Vol. 19, PP. 745 – 765.

后　　记

　　2007年的夏天，我带着青涩、忐忑与憧憬迈入东北财经大学，开启了长达6年的求学生涯。之远楼、博学楼、雅言楼、体育馆、梁园……都承载着我的欢笑和汗水，见证了我的努力与成长。我在东财度过了最美好的青春岁月，大连也早已成为我的第二个故乡。2017年当我能够重返东财攻读博士学位时，我的内心无比喜悦。这里浓厚的学术氛围以及熟悉的校园生活都帮助我较为迅速地进入最佳学习状态。转眼已到2020年末，三年半的博士生涯让我备感充实，论文写作中不断突破的过程是痛苦并快乐的。

　　感谢我的博士导师孙开教授，孙老师渊博深厚的学识、认真严谨的治学态度以及全心全意为学生着想的处事风格都深深影响着我，使我终身受益。每篇小论文提交给孙老师后，他都会在一周之内给予详细的修改意见。至今仍记得第一次收到孙老师修改后的小论文的感动，整篇文章分别用不同颜色标注，从论文的逻辑结构到遣词用字，孙老师都一一指正。博士论文从选题、拟定大纲到定稿，孙老师都倾注了大量的心血。由于自身能力有限，博士论文研究的广度和深度都未达恩师的期望，在日后的学习和工作中我定不忘恩师的鼓励与教诲，努力进步，不断钻研。

　　感谢我的硕士导师崔惠玉教授，崔老师是我学术生涯的启蒙老师，在我工作后她也一直关心我的工作和生活状态，鼓励我选择更适合自己的职业道路。正是崔老师的鼓励，让我成为一名高校教师；也是崔老师的推荐，让我得以师从孙开老师。崔老师的关怀和帮助，我终生难忘。

　　感谢东北财经大学财税学院的各位老师，你们生动而又丰富的专业课程奠定了我的专业基础。感谢谷成老师、刘明慧老师、张海星老师、李晶老师、金双华老师、贺蕊莉老师和周波老师在论文开题和预答辩过程中对我论文写作与修改提供的建设性意见。感谢河南财经政法大学的各位领导，是你们的支持让我能够心无旁骛地完成学业。感谢我的同事陈海宇老师和赵德昭老师在我论文写作过程中给予的宝贵意见。感谢周伟师弟、孙志颖师妹、沈安媛师妹在我搜集论文所需数据时提供的帮助。感谢梓楠楼346工作室的小伙伴们，张磊、张凯丽、李文明、牛雪红、杨丹，和你们一起探讨学术问题，分享生活的喜怒哀乐，让我的博士生活充实而温暖。

当然，我还要感谢我的家人。感谢我的丈夫乔立伟，在我博士论文写作期间主动承担家务，让我安心学习；在我遇到写作瓶颈时不断安慰和鼓励我，让我重拾信心。感谢我的父亲，感谢你的养育和栽培。长年在外读书和工作的我不能经常回家陪伴您，心中十分愧疚，希望您身体健康，开心快乐。

我爱大连夏日的海风，我爱蜿蜒盘旋的滨海路，我爱星海公园的海鸥，我爱东财的每一个角落。漫漫人生路，我定勇往直前，但我爱东财，从未离开。

王冰

2020 年 12 月 2 日